20세기 지성

T.S. 엘리엇

문학과 종교

III

양 병 현

펴내면서

필자가 생각한 문학과 종교에 대한 텍스트는 우선 전체 3권이었다. 제1권은 문학과 종교에 대한 교양강좌 텍스트로 이론부분에 치중하였다. 제2권은 동서양의 이야기들을 문학과 종교적인 관점으로 살펴보았다. 본서는 제3권으로 T.S. 엘리엇의 문학과 종교 문제를 다양한 논제로 다루었다.

제1권의 특징은 문학과 종교에 대한 논란과 쟁점, 문학의 종교성의 문제, 문학의 탈종교성의 문제, 종교성과 관련된 모더니즘과 포스트모더니즘을 다루었다. 그 중에서 부조리 문학과 포스트모던 문학을 이론적으로 살펴보고자 노력하였다.

제2권은 1권에 비하여 실제 연구 사례를 접할 수 있도록 구체적인 연구 실제에 초점을 맞추었다. 2권은 동서양의 스토리들을 문학과 종교적인 관점으로 살펴보았다. 심층 연구로서 우선 에코의 『장미의 이름』을 다루었고, 이어 그리스 스토리의 종교성, 유대 스토리의 종교성, 기독교 스토리의 종교성을 다루었다. 그리고 폭 넓게 이슬람 스토리의 종교성, 힌두 스토리의 종교성, 그리고 불교 스토리의 종교성을 다루었다. 보다 보편적인 차원에서 문학이라는 것을 이해하고 종교적인 것을 개별 성격에 따라 적용하는 방법을 취하였다.

제1권과 제2권은 스토리를 논의의 중심으로 정하여 스토리텔링이란 수식어를 달았다. 문학과 종교수업에서 늘 출발점이 되고 있는 문학과 종교 간의 논란과 쟁점사항을 쉽게 접근하고자 스토리텔링으로 정리하여 보았다. 그러한 출발점으로 움베르토 에코의 『장미의 이름』과 세계적인 화두가 되었던 댄 브라운의 『다빈치 코드』를 구체적인 예로 들었다.

제3권은 T.S. 엘리엇의 문학과 종교에 대한 폭넓은 주제를 다루었다. 엘리엇의 문학과 종교는 현대인에게 인간의 본질과 종교성에 대한 관심을 주기에 충분한 지적 깊이를 갖고 있다. 엘리엇은 문학의 본질과 인간의 본질을 종교의 본질로 접근하고 있다. 문학은 인간이 종교의 입장을 유지해야 비로소 표현과 사상이 건전하다고 한다. 이 시대에 건전하다는 의미는 도덕성을 느끼게 하기 때문에 고루해 보이지만 건강한 삶을 주는 원동력이라고 한다면 일반 독자들도 솔깃해지지 않을까 생각한다. 이처럼 엘리엇에 대한 문학과 종교논의는 21세기를 살아가는 현대인에게 새로운 느낌을 주고 있다.

엘리엇은 이야기꾼이며, 시인이며 비평가이며 문화연구가이고 종교연구가, 국수주의자, 민족주의자, 인종편견주의자, 정치꾼 등 늙은 들쥐처럼 다양한 얼굴을 하고 있다. 그럼에도 왜 지금 엘리엇의 문학과 종교인가? 인쇄문학이 디지털문학의 성장으로 위협을 받고 있고 종교 또한 현대인의 관심에서 점차 멀어져 보이는 현대사회에서 문학과 종교 주제는 낡고 구태의연해 보인다. 현대문화는 쾌락과 욕망을 추구한다고 한다. 그 끝은 무엇일까? 인간의 욕구에 끝이란 없지만 욕망의 끝에는 거의 비극이 차지하고 있다.

디지털문학에서도 인간의 비극성은 개개인의 쾌락만큼이나 깊게 차지하고 있다. PC방에서의 젊은이의 죽음과 인터넷을 통해 실제로 자살을 시도하는 등은 사건에 해당되지만 많은 현대인들은 인터넷 세계에 중독되어 있고, 인터넷의 쾌락과 현실을 구별하고 있지 못한다. 비극은 문학의 생존력과 자생력을 키워주지만 자기구원이라는 종교적 테마를 벗어나 본적이 거의 없다. 여기에 과거와는 차원이 다르겠지만 문학과 종교의 이야기를 계속해야 할 당위성이 주어진다.

본서의 내용으로는 엘리엇 문학의 종교성 논란과 쟁점, 유사 종교형태와 모티브들, 엘리엇 문학과 중국 유학, 엘리엇의 '구원' 프로젝트, 종교철학 논쟁, 낭만주의와 고전주의 논쟁과 종교수사학, 모더니즘과 포스트모더니즘 논쟁과 종교미학, 종교기호학 논쟁 그리고 종교정치학 논쟁을 다루고 있다. 엘리엇 문학으로부터 종교연구를 이해하고 연구하려는 일반인이나 학자에게 본 저서는 2000년 공동편저 『엘리엇과 동양사상 I』에 이어 보다 심층적으로 엘리엇의 문학과 종교 주제에 대한 이론적인 토대를 살펴보고 그의 지적 스펙트럼을 살펴볼 수 있는 연구서가 되리라고 기대한다.

본서가 다소 부족한 부분이 있지만 일반서적으로서 뿐만 아니라 종교관련 분야에 도움이 되었으면 한다. 필자로서는 엘리엇에 대한 그간의 연구논문과 업적을 문학과 종교라는 주제로 체계적이고 종합적으로 정리한 텍스트를 마련할 수 있어서 무엇보다 뿌듯한 생각을 지울 수 없다. 전문가는 물론 일반 독자도 엘리엇에 대한 다양한 논란과 쟁점이 되어온 주제를 접할 수 있을 것이다.

문학과 종교 분야의 시리즈 연구를 이해하여 주시고 기꺼이 출판해

주신 한빛문화 정영기 사장에게 늘 감사드리고자 한다. 그리고 늘 곁에서 함께 해준 아내 김지숙 님, 우열, 한열 그리고 가족들에게 고마움을 전하고자 한다.

2008년 11월
글쓴이 양 병 현

차 례

머리말

T.S. 엘리엇(Eliot)은 서양문화를 이해하는데 매우 유익한 인물이며 오늘날 현대문화를 이해하는 데 있어서도 빼놓을 수 없는 20세기 서구 지식인 중의 하나이다. 그가 과거에 동양문화에 관심을 기울였던 것은 자신의 서양문화에 대한 새로운 이정표를 세우자고 했던 노력의 일환으로 보인다. 20세기 초 침체되어 있던 서양문화에 새로운 활력과 방향을 세우고자 하였다면 그가 아무리 부정하여도 동양문화는 이에 중요한 역할과 기능을 하였던 것이다. 그러하니 동양문화에 그나마 익숙해 있던 필자가 서양문화에 대한 학문적인 연구와 관심을 기울인 것은 엘리엇의 마음이었을 것으로 생각된다. 필자 역시 오늘의 동양문화에 대한 정체성과 서양문화와의 관계에 대한 역사적인 과제에 흥미가 갈 수밖에 없었다. 그것은 문화스왑현상이었다. 엘리엇이 곧 나였고 내가 곧 엘리엇이었던 셈이다.

필자는 1990년 당시 박사논문을 준비하면서 엘리엇(T.S. Eliot)과 동양사상에 대한 관심을 가지게 되었다. 무엇보다 엘리엇이 서양문화에 대한 나름대로의 집대성을 세우려고 한 배경에는 과거 하버드대학원 재학시 동양문화에 심취하였다는 사실이 크게 나의 마음을 움직였다.

우연치 않게 1990년경 미국 로스엔젤레스 한인 경영 서점에서 김용옥의 『동양학 어떻게 할 것인가』를 구입하게 되었고 이 책은 많은 점을 나에게 시사하였다. 그 책에서 김용옥은 하버드대 철학박사 학위 논문인 중국 근대철학자인 왕부지(王夫之: 1619-1692)의 철학으로 학위를 받았고, 서양과 동양에 대한 폭넓은 식견과 동양의 학문하는 방식에 대한 많은 비판과 고견을 접하게 되었다. 그의 논문을 입수하면서 지적 자극은 커졌다. 거의 그 책에 몰두한 기억이 있다. 그 역시 아시아인으로서 엘리엇이었고 나였던 셈이다.

1990년대 초 이후 관심이 커지기 시작하였던 이집트계 미국인 사이드(Edward Said)의 *Orientalism* (1979)을 포함하여 동양과 서양의 관계에 대한 많은 학문적 업적을 모으고 연구하게 되면서 엘리엇에 대한 동양사상 연구는 매우 탄력을 받았다. 무엇보다 엘리엇의 동양연구에 대한 자료를 수집하면서 알게 된 것은 그가 하버드대학 대학원 시절 인도사상에 대한 많은 관심을 갖게 되었기 때문에 그의 사상을 연구하는 많은 학자들이 인도학에 치우쳐 있는 것을 알게 되었다.

인도학은 사실 힌두사상 이외에도 불교사상의 뿌리를 형성하고 있고, 이것이 극동아시아 문화나 사상에 매우 깊은 연관성을 맺고 있는 것은 재미있는 현상이었다. 물론 한국을 포함하여 중국, 일본이 한 때 불교를 국가적인 차원에서 수용하였고, 지금도 불교사상이 극동문화와 사회현상에 깊게 뿌리를 두고 있는 현실을 모르는 바 아니다. 또한 중국의 유불선, 한국의 유불선, 일본의 유불선 등 생활 자체에서 쉽게 느끼면서 접해 온 불교사상은 동양사상의 중요한 맥을 형성하고 있는 현상도 새삼스러운 것은 아니었다.

하지만 사이드의 동양사상 연구는 적어도 인도의 힌두교나 불교연구와 극동지방의 문화나 사상을 떠나 동양사상이라고 논의하기 어려웠던 부분이 있었고, 또한 사이드가 논한 중동문화를 벗어나 기존의 인도학 중심도 매우 협소해 보였던 것은 사실이다. 특히 나의 관심을 끈 것은 19세기 독일의 이상주의와 인도의 힌두사상이 매우 밀접한 관련이 있었다는 레이몬드 슈왑(Raymond Schwab)의 업적인 『동양 르네상스: 인도와 동양에 대한 유럽의 재발견: 1680-1880』(*The Oriental Renaissance: Europe's Rediscovery of India and the East: 1680-1880*)의 저서이다. 17세기 이전부터 인도사상이 그리스문화니 로마문화니 서양문화와 깊숙이 관여를 해 온 것은 너무 잘 알려져 있었다. 하지만 18세기 들어서 인도문화는 특히 독일의 낭만주의에 많은 영향을 미치고 있었고, 이어 영국의 낭만주의를 거쳐 20세기 미국의 많은 지식인들에게 정신적인 영향을 미친 것은 오늘날 엘리엇에 대한 인도학 연구의 주요한 배경이 되고 있다.

미국인으로서 엘리엇에 대한 인도학 연구의 업적이라 할 클레오 커언즈(Cleo M. Kearns)의 저서 『엘리엇과 인도 전통』(*T.S. Eliot and Indic Traditions: A Study in Poetry and Belief*)이 1987년 출간되어 있었다. 이 저서 또한 인도학에 대한 그간의 연구물들을 뛰어넘는 매우 우수한 학문적인 업적을 후학에 남기고 있다. 하지만 이 모두가 여전히 인도학 중심이었다.

따라서 엘리엇에 대한 동양사상 연구는 중국과 일본 문화와 사상에 대한 연구를 접목시키지 않고는 온전하다고 보기 어렵다고 생각했다. 엘리엇은 하버드대학 대학원 재학시 일본인 학자 마사하루 아내사키(Masaharu Anesaki)로부터 선불교와 학문적인 연대를 갖게 되었다. 이에 따라 극동문화에 대한 엘리엇의 이해는 우리가 생각하는 것보다 그 깊이와 폭에 있어 훨씬 넓었으리라는 생각이 든다. 엘리엇은 자신의 학문적 스승인 어빙 베빗(Irving Babbitt)의 극동문화 영향을 비판한 적이 있다. 베빗이 중국 유학에 지나치게 의존하고 있다는 엘리엇의 지적은 그가 중국학에 대한 이해가 크다는 추정을 할 수밖에 없다.

그래서 필자는 엘리엇에 대한 동양사상 연구가 인도학 중심을 벗어나 동양사상 전체로 확대되어야 한다고 보았다. 우연하게도 엘리엇과 극동문화가 관련된 배경에는 19세기 말 일본문화와 선불교를 미국에 소개하였던 어니스트 페노로사(Ernest F. Fenollosa)가 있었고, 중국문화와 유교와 관련된 배경에는 그의 정신적인 지주였던 베빗은 물론 에즈라 파운드(Ezra Pound)가 있었다. 일본의 선불교는 인도 불교문화나 사상과 다르기는 하지만 나가르주나(Nagarjuna - 용수)의 중관사상(中觀思想)에 이어 대승불교와 함께 여전히 그 뿌리가 불교에 두고 있었기 때문에 인도학에 익숙한 엘리엇에게 크게 낯설지는 않았을 것이다.

다만 중국문화와 유교는 마르코 폴로(Marco Polo)의 『동방견문록』과 그 이후 실크로드를 통한 동서양의 교류, 예수교파(the Society of Jesus)의 서양 선교사들을 통해 본격적으로 서양에 알려지게 되었지만 19세기 말 20세기 초 서구열강들에 의해서야 비로소 동양문화의 중요한 부분으로 인식되고 있었다. 18세기 서구 계몽주의시대에서도 서구의 합리성과 전통 중심의 문화배경에는 중국학이 어느 정도 상호영향을 주기는 하였지만 직접적으로 학문적인 연구 대상으로 떠오르게 된 때는 19세기말에서 20세기 들어서일 것이다. 그러나 이 분야에 대한 연구도 거의 서구학자들에 의해 이루어져 있었다.

최근의 동양학 연구는 동양학자들의 관심에 의해서 동양사상과 서양사상에 대한 관계가 매우 폭 넓게 이루어지고 있기는 하다. 하지만 기존의 서구학자들이 이루어 논 동양학 연구에 많은 빚을 지고 있고, 서구학자들의 연구 방법론을 기반으로 동양사상 연구가 이루어지고 있는 것도 사실이다. 미 웨인주립대학(Wayne State University) 대학의 한국인 교수였던 유병천 박사의 연구서인 『위대한 주기: 미국작가들과 동양』(*The Great Circle: American Writers and the Orient,* 1983)은 미국지성사에 대한 동양학 연구이기는 하지만 여전히 힌두사상과 불교사상, 일본의 선불교를 다루고 있기는 하지만 중국학 연구는 빠져 있다. 학자 자신이 중국학

연구에 정통하지 못한 것도 있겠지만 그 방향역시 서양문화와 사상 연구를 기반으로 인도학 연구가 주를 이루고 있었다.

엘리엇 관련 동양학 연구 역시 초기에 인도인 학자 중심으로 옮겨져 있었다. 이 또한 중국학에서 비껴서 있다. 1980년대 들어 중국인 학자들에 의한 서양사상에 대한 중국학 연구가 매우 활발하게 이루어지고 있었던 점을 주목할 필요가 있다. 엘리엇에 대한 중국학 관련 연구는 에즈라 파운드 중심으로 이루어지고 있었다. 그 중에서 대표적인 논문으로는 팔란드리(Angela Jung Palandri)의 「공자시인에 경의」("Homage to a Confucian Poet", *Tamkang Review*, 1974)로 엘리엇과 파운드를 동시에 인터뷰하여 엘리엇이 파운드와 더불어 매우 유교적 시인이라고 처음 밝히고 있었다. 중국학 연구는 이후 다소 느리게 진행되고 있었으나 엘리엇의 동양사상 연구는 거시적인 안목에서 중국학을 포함하여 동아시아 관계 전체를 중심으로 연구가 이루어질 필요가 있었다.

필자는 지난 2000년 전주대학교 최희섭 교수와 함께 『엘리엇과 동양사상 I』(동인, 2000)을 편저로 그간의 국내 연구업적을 정리해 본 적이 있다. 우선 이창배 교수의 「T.S. 엘리엇과 동양사상」을 첫 장으로 하여 불교와 인도철학이 엘리엇의 시에 미친 영향을 살펴 볼 수 있도록 하였다. 이 글은 엘리엇에게 미친 동양학의 근원을 머 지성사 전체에 걸쳐서 매우 포괄적으로 다루고 있다. 이 점에서 이 글은 엘리엇의 동양사상과 직접 관련이 있는 『황무지』와 『네 4중주』를 개괄적으로 살펴보는데 도움이 될 것이다. 이어서 박경일 교수의 글은 불교연구를 보다 체계적으로 다루고 있다. 지금까지 엘리엇의 동양사상은 힌두교와 불교에 많은 초점을 맞추고 있기는 하지만 대체적으로 인도학에 치우쳐 있었던 것이 사실이다. 그러나 1980년대 들어 새로운 문학비평이론인 해체주의와 포스트모더니즘에 대한 논의가 가열되면서 엘리엇의 불교를 새로운 각도로 보기 시작했다. 박 교수의 글은 이러한 시대적인 흐름을 적절하게 대변하고 있기도 하지만 이후 불교연구에 새로운 전기를 불러일으키고 있는 점에서 매우 가치가 있다. 무엇보다 당시 동양에 대한 서양 지식인들에게 엘리엇의 불교사상 연구가 이미 크게 작용하게 있었고, 국내에서 박 교수의 글은 이에 따른 지적 동향과 연구방법에 새로운 활기를 불어넣어주었다.

이어 본인의 글인 엘리엇과 유교에 관한 부분은 지금까지 인도학에 치우치고 있는 엘리엇의 동양사상을 극동지역으로 확대하고자 한 노력의 일환이다. 엘리엇이 알려진 것과는 달리 일찍이 유교연구에 매우 심취해 있었다는 것을 보여주는 첫 연구라 할 것이다. 그의 정신적 스승이었던 베빗 및 파운드가 모두 중국학에 심취해 있었고, 일본인 학자였던 아네사키로부터 극동불교의 하나인 선불교를 학습할 수 있었던 계기는 엘리엇에게 대승불교와 유교를 기독교와 상호작용하는 데 도움을 주었다. 실제로 그의 비평 글이나 산문은 공자에 대한 언급뿐만 아니라 『황무지』와 『네 사중주』는 인도적인 신비주의 경향보다 중국적인 철인정신(sagehood)을 보이며 중국의 실천적 신비주의 경향을 보이고 있다. 이 글은 바로 이러한 인도적인 것과 중국적인 것을 비교 분석하여 중국적 이해를 명시하고 있다.

지금까지 위에 언급된 세 편의 글은 엘리엇에 대한 동양사상의 총론이라 할 수 있을 것이다. 다음의 글들은 개별적인 작품이나 산문을 중심으로 엘리엇의 동양종교를 다루고 있다. 전종봉 교수의 「엘리엇의 시에서 순야(空)의 심상(心象)」은 동양철학 역시 서양철학처럼 종교와 밀접도가 크다고 전제하고 있다. 그는 힌두교, 불교, 도교, 유가 등은 생활 속에서 여타 종교에 비해 상대적으로 상호 유기적이기 때문에 이러한 동양사상이 엘리엇과 같은 시인에게 낯설지 않다는 것이다. 그 중에서 전 교수는 중관사상의 핵심인 '순야'(sunyata - 공)의 형상화된 심상을 탐색한다. 최희섭 교수는 「『황무지』의 인도사상적 접근」에서 『황무지』를 엘리엇이 동양종교에 심취했던 시기의 작품으로 보고, 불교 내지는 힌두교 등의 동양종교사상의 영향을 살펴보고 있다. 최 교수는 불교와 힌두교에 대한 엘리엇의 수용과 작품에 나타난 기독교의 정통적인 관점을 살펴보고 있다. 이명섭 교수는 『네 사중주』와 불교의 태장계 만달라에 육화된 「날카로운 자비」를 매우 복잡하고 체계적으로 설명하여 불교사상이 얼마나 철저하고 뿌리깊게 엘리엇에 영향을 주었을까 하는 가능성을 보여준다. 이 교수는 만달라에 대한 불교적인 이해가 엘리엇의 심상에 깔려있는 융(Karl Jung)의 개념 숫자 4와 관련이 많다며, "현상 속에 顯現된 하느님의 원형적 영상"으로 4원소는 투쟁을 통해 조화를 이루는 헤라클레이토스의 로고스이며 이 또한 만달라 구조를 지니고 있다는 것이다.

약간 다른 시각이지만 양재용 교수는 『네 사중주』가 동양의 성인(聖人)을 형상화하고 있다고 전제한다. 그에 따르면, 엘리엇에게 "인생의 궁극적 목표는 인격의 완성이며 성인다움(聖人)을 이루는데"있으며, "개인에게 최대한의 기회를 주려면 개인의 성장이 사회와 경제 구조에 있어 유일한 목적이어야 한다". 그는 이어 이런 엘리엇의 말은 신비주의나 종교의 가장 높은 경지인 성인을 염두에 두고 있기 때문으로 보고 있다. 따라서 종교와 문학에서 문학과 종교를 완전히 분리해서 생각할 수 없다고 말한(*Selected Essays* 392) 점으로 보아 엘리엇이 문학에서 종교의 궁극적인 문제, 즉 인도 사상뿐 아니라 불교 그리고 유교 사상에 관심이 있었다는 것을 보여준다. 양재용 교수는 엘리엇의 동양사상을 중국학까지 확대해 본다. 노자와 공자 모두 성인이 되는 근본 체험에 있어 어떤 유사한 선(parallel)을 가지고 있고 노자의 사상까지 『네 사중주』가 구체적으로 조명(照明)하고 있다고 한다. 양 교수는 엘리엇이 궁극적으로 깨달음의 '봄'(vision, 觀)의 세계를 갖게 되어 성인의 경지에 이르고자 한다고 강조한다.

다니엘 A. 키스터 교수는 한국 서강대학교에서 영문학을 가르치고 있는 서구 지식인으로서 동양 속의 서양문화를 보다 다른 관점에서 보려고 한다. 그의 글인 「T.S. 엘리엇의 『성당의 살인』과 네 사중주에 대한 아시아적 관점」은 동아시아 독자가 아시아의 종교적, 시적 전통이란 측면에서 어떻게 이 연극을 자신의 세계와 관련 맺을 수 있을까하는 관심에서 출발한다. 그 다음에 그는 『네 사중주』를 동아시아의 독자가 동서양을 떠난 어떤 보편성이 가능한 것인가를 살펴보고 있다. 즉, 영국의 기독교 관객이 엘리엇의 연극에 대해 자신의 고유한 종교적, 연극적 전통을 갖고 자신의 경험과 관련 지워 이해하려는 자세와 전혀 이러한 배경을 갖고 있지 않은 아시아 독자가 경험하는 자세를 비교하여 보는 것이다.

마지막으로 정갑동 교수는 엘리엇의 또 다른 연극 『칵테일 파티』로부터 불교사상의 원리를 발견하고 이에 대한 불교의 근본사상인 고제(苦諦), 집제(集諦), 멸제(滅諦), 도제(道諦)의 4성제(四聖諦)를 통해 서양철학과 접목을 시도해본다. 엘리엇의 불교문학의 이해를 돕기 위하여 고대 인도사상과 불교의 경전을 바탕으로 그의 시극 세계에 펼쳐진 인간의 최대목표인 '정점'(the still point), 즉 '니르바나'(nirvana)에 이르는 과정을 다루고 있다.

이미 이러한 2000년 이전의 초기 연구들은 엘리엇문학의 동양종교가 일반적으로 생각할 수 있는 범위 이상으로 그 뿌리가 깊고 광범위하다는 것을 웅변해 준다. 초기 인도학 연구에서 벗어나 극동의 불교학뿐만 아니라 유학 연구까지 엘리엇에 대한 동양종교사상 연구는 동양학의 깊이와 넓이만큼이나 확대될 수 있는 가능성을 제시해주고 있다. 이처럼 엘리엇 문학으로부터 동양종교를 이해하고 연구하려는 일반인이나 학자에게 본 저서는 이 『엘리엇과 동양사상 I』에 이어 보다 심층적으로 엘리엇의 문학과 종교 주제에 대한 이론적인 토대를 살펴보고 그의 지적 스펙트럼을 살펴볼 수 있는 연구서가 되리라고 기대한다.

제1장 엘리엇 문학의 종교성 논란과 쟁점

왜 지금 엘리엇의 문학과 종교인가? 인쇄문학이 디지털문학의 성장으로 쇠퇴하고 있고 종교 또한 현대인의 관심에서 점차 멀어져 보이는 현대사회에서 문학과 종교 주제는 낡고 구태의연해 보인다. 현대문화는 쾌락과 욕망을 추구한다고 한다. 그 끝은 무엇일까? 인간의 추구에 끝이란 없지만 욕망의 끝에는 거의 비극이 차지하고 있다. 채워지지도 않고 채워줄 수도 없기 때문이다. 문학은 이러한 개인의 욕망세계를 그려 내기 위해 욕망과 관련된 온갖 가치의 세계를 그려내고 있지만 현실은 이를 채워주지 못한다.

디지털문학에서도 인간의 비극성은 개개인의 쾌락만큼이나 깊게 차지하고 있다. PC방에서의 젊은이의 죽음과 인터넷을 통해 실제로 자살을 시도하는 등은 사건에 해당되지만 많은 현대인들은 인터넷 세계에 중독되어 있고 인터넷의 쾌락과 현실감을 구별하고 있지 못한다. 비극은 문학의 생존력과 자생력을 키워주지만 자기 구원이라는 종교적 테마를 벗어나 본적이 거의 없다. 여기에 과거와는 차원이 다르겠지만 문학과 종교의 이야기를 계속해야 할 당위성이 주어진다.

엘리엇의 문학과 종교는 현대인에게 인간의 본질과 종교성에 대한 관심을 주기에 충분한 지적 깊이를 갖고 있다. 엘리엇에 대한 문학과 종교 논의는 21세기를 살아가는 현대인에게 새로운 느낌을 주고 있다. 아마 엘리엇의 문학과 종교연구를 위해 가장 대표적인 산문으로는 『낯선 신을 쫓아서』(*After Strange Gods* - ASG)이다. 엘리엇은 이 글에서 문학의 본질과 인간의 본질을 종교의 본질로 접근하고 있다. 문학은 인간은 종교의 입장을 유지해야 비로소 표현과 사상이 건전하다고 한다. 이 시대에 건전하다는 의미는 도덕성을 느끼게 하기 때문에 고루해 보이지만 건강한 삶을 주는 원동력이라고 한다면 일반 독자들도 솔깃해지지 않을까 생각한다.

엘리엇의 주장은 마치 프라이(Northrop Frye) 교수가 『성서와 문학』(*The Bible and Literature*)에서 문학비평을 다루고 있으면서도 종교에 대한 신중한 태도를 버리지 못하고 있는 자세와 비교가 된다. 프라이 교수는 "이 책은 성서와 나 자신과의 개인적 만남만을 표현하고 있으며 학문적으로 합의된 권위를 말하고 있지 않다"며 매우 신중하다(5). 그 만큼 종교 주제는 무겁게 느껴지는 그 무엇이다. 인간의 삶에 진솔한 종교적 체험은 어떤 것이며, 우리는 그 체험을 어떤 형식으로 어떻게 표현하는 것이 욕망의 끝에 지친 영혼을 위로할 수 있고 위안을 줄 수 있을까? 굳이 형식 종교에 의지하지 않아도 일상에서 개인의 구원을 찾고 사색하는 문제는 지금도 매우 흥미로운 주제이다. 그것이 철학이든 사상이든 디지털문학이든, 인터넷이든 무엇인가 현실을 구원해 줄 것 같은 그 무엇을 우리는 항상 찾고 있다.

문학과 종교이든 종교와 문학이든 이 분야의 관심이 있는 사람은 엘리엇을 상당히 비중 있게 다룰 수밖에 없다. 20세기에서도 대표적으로 가드너 교수의 『종교와 문학』은 엘리엇의 종교관과 문학관, 종교와 문학의 관계를 훌륭하게 고찰한 예이다. 1968년 미 켄트대학(the University of Kent)에서 「종교와 비극에 대한 엘리엇의 기념강연」("The T.S. Eliot Memorial Lectures on Religion and Tragedy")과 1966년 로스앤젤레스 소재 캘리포니아 대학(the University of California at Los Angeles)에서 행한

「종교시에 대한 에윙 강연」("the Ewing Lectures on the Topic of Religious Poetry")을 시리즈 형식으로 묶은 가드너 교수는 엘리엇이 여러 시기에 걸쳐 종교적인 신념 및 태도를 문학의 장르 관계로 살펴보았다고 한다.

가드너 교수는 비극이라는 장르, 혹은 종교시가 풍부하게 창작되었던 시기와 그렇지 못한 시기를 비교하며, 그 이유를 종교적인 환경에 대한 변화로 설명한다. 종교적인 환경은 항상 변하고 있다는 의미이다. 21세기도 변하고 있는 환경이지만 그 환경에 따른 종교성을 아주 배제하기 어려운 것은 우리 삶의 비극성 때문이다. 하지만 가드너 교수가 본 현대의 종교는 비극성을 상실하고 있기 때문에 종교가 과거의 형태로 그 영향을 행사하지 못해 안타까운 심정을 드러낸다.

그 예로 가드너 교수는 주로 비극의 정의 그리고 고대, 셰익스피어 시대, 현대 비극의 변화를 다루고 있으면서 동시에 종교시의 형태와 변화를 살펴보았다. 그러나 가드너의 주 관심은 비극에 있다. 고대사회에서의 비극은 인간과 신에 대한 관계를 중심으로 '종교적'(religious) 비극을 말하고 있고, 셰익스피어 시대에서는 인간과 인간에 대한 관계를 중시하였지만 무신론 성격의 '불가지론적'(agnostic)인 비극이 나타났고, 현대는 비극이 '부적합'(unpropitious)하다고 한다.

다시 말하면 현대는 종교적 신념의 결핍시대로 종교를 마치 비합리적이고 신비적인 것으로 간주하게 되어 인간이 갖고 있는 비극적인 요소, 즉 죽음, 악, 고통에 대한 의식, 그리고 종교에 대한 경외감에서 오는 '죄의식 문화'(guilt culture)가 사라졌다고 한다. 특히 현대에 들어 한 편으로는 폭력, 다른 한편으로는 혼란과 무의미, 허무주의를 지향하는 실존주의 문학, 부조리 문학이 나타나면서 비극은 종말이 왔다고 가드너는 말한다.

가드너 교수를 보건데 서구 기독교 비극은 죽음과 신앙의 시험을 강조하고 있다. 기독교 비극은 인간에게 인간의지의 죄악성, 심판의 날을 강조한다. 특히 기독교 비극은 사랑과 고통, 동정과 자비, 구원의 주제를 신앙의 문제로 해결하고자 하기 때문에 인간의 합리적성과 인간중심의 해결을 강조하는 그리스 비극을 높이 평가하지 않고 있다. 이러한 신앙중심 비극의 자세는 생의 무의미함과 허무함, 폭력성, 자기풍자를 그 자체의 의미로 삼으려는 부조리문학과는 본질적으로 비극의 입장을 달리하고 있다.

종교시에 있어서도 시의 형식을 띄었을 뿐 그 내용은 문학적 성격을 계시문학 혹은 묵시문학의 의미로 다룬다. 가드너는 17세기 찬양시 및 기도시를 현대 종교시와 대조한 후 계시문학의 다양한 형식과 계시에 대한 인간의 다양한 대응들을 주목한다. 그럼으로써 종교시와 세속시의 종교에 대한 변화를 살펴보고 기독교적 의미의 종교시가 더 이상 현대에 취급되지 않고 있다고 지적한다.

가드너 교수의 태도는 비극과 시의 장르에서 현대문학이 '종교적'이지 못함을 개탄하고 있다. 심지어 영국으로 귀화한 미국 시인 엘리엇, 아일랜드 시인 예이츠(W.B. Yeats), 아일랜드 출신 극작가 베킷(Samuel Beckett), 미국의 극작가 오닐(Eugene O'Neill) 등에서도 전통적인 기독교 종교문학은 나타나지 않고 있다고 지적한다.

현대문학을 취급하는 이러한 비평가나 문학가의 종교적인 입장은 크게는 문학이 '종교적'이어야 한다는 전제를 두고 있다. 다르게 말하면 종교 외적인 문학은 본질적으로 인간의 문제를 심층적으로 접근하지 못한다는 의미일 수 있고 작게는 문학은 종교문학이어야 한다는 것이다.

가드너 교수의 입장을 보면 현대문학은 더 이상 종교를 표현하는 효과적인 수단이 되지 못하고 있다. 현대에 들어 종교의 의미가 퇴색하였기 때문이기도 하고, 문학의 영역이 더 이상 종교에 머무르지 않고 있다는 연유에서다. 그렇다면 문학이 인간의 본질적인 문제들을 다루며 종교적인 의미들을 전달하는 방법은 어떤 것일까?

"종교가 곧 문학이다"라고 정의하려는 입장을 주장하며 종교의 문학성을 정립시키려는 노력이 또한 있다. 특히 신학에 종사하는 신앙인들이나 종교적인 입장을 취하려는 문학가들은 문학은 종교와 뗄 수 없음을 말한다. 현대에 있어서도 종교를 문학의 형식으로 정리하고 문학을 종교 전달의 수단으로 보는 경향은 있다.

이들을 보면 내용은 종교요 형식은 문학이다. 종교적인 요소와 심미적인 요소가 결합하는 그 곳에서 종교와 문학의 경계가 강화되기보다 역설적으로 허물어지는 것을 종종 본다. 현대의 관심은 가드너 교수의 세속문학에 대한 부정적인 입장을 이해하지만 문학이 종교를 효과적으로 대변할 수 있다는 입장을 말하고 싶어 한다.

건 교수의 유형이 특히 문학의 입장을 중심으로 종교를 살펴보는 자세이다. 문학의 입장에서 종교적 의미를 확대하려고 시도하는 건 교수 유형의 비평가들에게 문학은 더 이상 종교와의 적대적인 관계는 아니다.

그러므로「종교에 있어서 문학의 명제」는 문학을 정의하고 종교를 해석하는 「문학과 종교」문제로 간주 할 수 있다. 물론 두 문제는 같은 것이 아니다. 이 점에서 우리는 먼저 문학의 의미를 생각해보고 그 문학의 입장에서 종교의 의미를 살펴보는 것이 바람직하다고 본다.

시카고 신학교(Chicago Divinity School)에서 "신학과 문학" 강좌를 위해 건(Giles B. Gunn) 교수는 편저한 『문학과 종교』(*Literature and Religion*)를 편저 출판하였다. 옥스퍼드 대학 영문학 교환교수였던 헬렌 가드너(Helen Gardner)는 『종교와 문학』(*Literature and Religion*)을 출판하면서 오랫동안 해묵은 영역처럼 보이던 문학과 종교 명제를 다시 제기하였다.

가드너 교수의 출판이 1971년이라면 건 교수 역시 관련 주제 에세이들을 편저한 시기가 이 무렵이다. 문제는 가드너 교수의『종교와 문학』이 신학자 중심으로 종교의 입장에서 문학연구를 다루던 학문의 경향이 후퇴하던 무렵이고, 도덕적인 성격을 강조하던 미국의 신비평(New Criticism)이 퇴색하던 20세기 후반 무렵에 등장한 점이다. 소위 개인의 욕구와 표현을 중시하는 포스트모더니즘의 시대가 도래하던 무렵이다.

포스트모더니즘은 특징적으로 전통의식이 약하고, 때로는 반사회적, 반문화적, 반종교적인 의식이 강하다. 따라서 가드너 교수의『종교와 문학』은 르네상스 종교문학에 대한 복고주의적인 향수가 강하다. 그녀는 현대의 비종교적인 문학 세태에 거부감을 보여주고 있다.

상대적으로 건 교수의『문학과 종교』는 문학과 종교 간의 연구를 매우 신중하고 섬세하게 다룬다. 그는 때로 종교의 가치를 전복시키는 자세를 유지하며 종교를 포괄적인 문학의 상황으로 진입시킨다.

그 변화를 보면, 건 교수가 선택한 에세이들은 신학적인 편견으로부터 문학의 자유로움을, 특히 문학비평의 독립성을 시도하고 있다. 편집의 의도를 짐작할 수 있는 것은 13편의 에세이 중 9개가 무려 문학 비평가와 철학자들로 구성되어 있다.

대표적인 문학 비평가들로는 옹(Walter Ong), 루이스(R.W.B Rewis), 오에르바흐(Erich Auerbach), 밀러(J. Hillis Miller) 그리고 리쾨르(Paul Ricoeur) 등으로 모두 20세기 서구의 최고의 지성인들이다.

건 교수의 교재는 대학에서『문학과 종교』및『종교와 문학』을 가르치는 학과목에 기본 텍스트를 제공한다는 의미가 컸고, 이 분야의 주제에 대한 다양한 시각을 통하여 독자적인 문학비평의 이해를 제공하고 있다.

문학이론과 비평을 종교에 적용하는 문제는 논란의 여지가 많다. 그러나 문제의 본질과 범위를 알고자 건 교수가 다룬 주요한 비평가들을 살펴보면, 우선 루이스는 문학연구를 종교에 접근시키는 의미를 "huckleberries"로 정의한다. 월귤나무류나 그 열매를 의미할 수 있으나 마크 트웨인(Mark Twain)이 창조한 헉클베리 핀(Huckleberry Finn)의 모험을 연상시킨다.

마크 트웨인이 살던 당시 대부분의 학교는 종교의 가르침을 무시하기 어려웠던 환경에서 학교 수업을 진행하고 있었다. 트웨인은 헉클베리 핀을 그러한 학교로부터 자유를 상징하는 이야기의 캐릭터로 설정하고, 인간의 자유로운 상상력을 개인이나 학교나 사회에서 다양하게 허용하고자 하였다. 옹의 경우, 시인은 진리라는 무엇을 종교적인 신념에서보다 시 작품을 통해 은연중에 제시하는 자세가 온당하다고 주장한다.

오에르바흐는 조금 더 구체적으로 예수의 인성을 다루고 있었다. 그는 고통의 역사를 재현해 온 서구 기독교 문학을 인간 예수에 초점을 맞추고 현대의 삶은 이러한 종교적인 상징 세계의 붕괴로 시의 죽음을 소생시켜야 할 과제를 안고 있다고 지적한다. 밀러는 오직 어떠한 초월적 실재가 있더라도 시나 사상이나 문화의 표현 속에 제시될 때야 진정한 종교적 차원을 가질 수 있다고 말한다. 리쾨르는 문학의 상징과 철학 그리고 신앙을 표현하는 작품이라 하더라도 표현의 문학적 상징체계를 해석하고 상징들 사이에 긴밀한 유대관계를 중시해야 한다고 지적한다.

이러한 현대 지식인들이 종교보다 문학의 중요성을 살펴보고자 한 배경에는 문학이 종교에 거의 쓸모가 없거나 관계 자체가 거의 없다는 기존 종교의 입장 때문이다. 우선, 두 관계는 전통적으로 배타적이었다. 알려진 바로는 성서를 첫 번안한 성자 제롬(St. Jerome)이 버질(Virgil), 그리고 시세로(Cicero) 같은 인물들은 성서번역을 할 때 자주 세속 문학적 충동을 억제하려는 악몽에 시달렸다고 한다.

이 점은 성제 제롬의 문제만은 아닐 것이다. 종교적인 자세로 무엇인가 종교적인 것을 표현하려는 모든 자세는 문학이 어느 정도는 걸림돌로 작용할 것이다. 왜냐하면 종교는 경건한 태도가 지배적이고 문학은 세속이라는, 극단적으로 말하면, 일반인의 쾌락을 추구하는 형태를 찾기 마련이다.

종교적인 문학가로 알려진 홉킨스(Gerard Manley Hopkins) 역시 문학을 쓰고 있었으면서도 종교적인 주제를 다루다 보니 조심할 수밖에 없었고 한다. 엘리엇 또한 문학이 가져야 할 태도에 종교적인 의미를 바탕에 두어야 한다며, 문학과 종교 간의 고민에 심각하였다. 이를 볼 때 적어도 문학이란 종교적인 사실, 신앙적인 태도, 그리고 도덕적인 자세를 유지하기 위해서는 종교에 종속적인 입장을 떠나서는 안된다는 시각이 지배적이다.

문학은 다른 학문에서도 종속적인 이미지를 주고 있다. 우리가 '기독교적' 문학이라 말할 때처럼, 마르크스적, 심리학적 혹은 사회학적 문학이라는 표현을 쓸 때는 제한사적 의미로 문학을 얘기한다. 문학은 기껏해야 다양한 입장을 공개적으로 표현하는 형식이요 수단이 될 뿐 그 목적자체는 없어 보인다.

크게 보아 문학을 접근하고 해석하려는 자유는 종교의 입장에서 볼 때 불신을 갖는 무엇인가가 항상 있어 보였다. 그래서 신학자나 신앙을 가진 사람, 혹은 적어도 신앙을 지향하는 사람은 문학에 대하여 의식적이든 무의식적이든 경멸이나 불신을 보였고, 문학을 접할 때 매우 신중한 태도를 유지하려는 것을 부정하기 어렵다.

최종수 교수는 "문학은 종교 및 윤리와의 협동적 관계를 유지할 때에 비로소 건전하고 유익한 문학이 될 수 있다"고 말한다(35). 따라서 "문학이라 하여 무한한 해독의 가능성을 아무런 비판 없이, 그리고 도덕적 기준 없이 허용하는 것은 아니다"는 것이다. 문학의 해석은 그래서 위험하다고 함축한다.

이러한 종교적 시각의 뒤에는 일반적으로 엘리엇이 있다. 최종수 교수 역시 상당 부분을 엘리엇의 비평과 종교관에 할애하고 있다. 특히 「엘리엇 문학의 종교성」편에서 엘리엇의 시와 종교세계를 다음과 같이 요약하고 있다.

엘리엇의 "초기시에서는 인간 고독과 소원, 생의 허무와 부정"을 보고, "그의 개종을 전후한 전환기 작품에서는 중생을 얻은 자의 생활윤리와 신의에 복종하고 섭리를 기다림으로써 오는 구원"을 본다(313).

엘리엇은 비평가로서 낭만주의 작가들의 도덕성과 사회에 대한 책임의식의 결여를 비난하고, 지성과 감성을 완벽히 조화하여 예술성이 뛰어난 감동적인 종교시를 쓴 단테(Dante), 존 단(John Donne)을 중심으로 한 형이상학파 시인들을 훌륭하게 평가하고 있다. 사실 이점에서 엘리엇은 종교적인 입장에서 문학의 경계를 세우고 있다.

엘리엇은 「전통과 개인의 재능」("Tradition and the Individual Talent") 에서 시인이나 비평가는 끊임없이 자기를 비판하고, 감정을 굴복시키고, 몰개성을 추구해야 하며, 전통이 갖고 있는 이상적인 질서를 체험하고 이를 새롭게 재창출할 수 있어야 한다고 강조한다. 또한 엘리엇은 『기독교와 문화』(*Christianity and Culture* - CC)에서 문학인은 서구의 기독교 정통과 그 전통을 자각하고 사회에 대한 책임과 시대정신을 구현하여야 한다고 주장한다.

그럼에도 불구하고 엘리엇의 경우 주제나 소재의 문제에 있어서 저자나 비평가가 신앙인이라는 이유 때문에 문학은 그 의미 고정과 해석을 고정해야 한다는 의미는 아닐 것이다. 열린사회일수록 종교성과 종교비판은 항상 문학에 열려 있어야 하고 새로운 의미로의 재창출과 재해석이 가능한 그 곳에서 종교는 살아 숨을 쉬는 주제가 되어야하지 않나 하는 생각에서다.

탈구조주의, 해체주의, 포스트모더니즘, 혹은 소수 담론 등 오늘날 현대 비평계를 지배하는 새로운 문학이론과 비평들 역시 종교성 논의를 배제하기 어렵다. 어떤 면에서 우리는 극단적인 개인주의라 하여 무정부적인 요소와 반사회적, 반문화적, 반전통적, 반기독교적인 요소를 띤 현대사회를 종교에 대항하는 부정적 요인으로 볼 필요는 없다.

또한 많은 면에서 극단적인 낭만주의 특성을 가진 현대 지식 산업사회와 정보사회를 대변하는 문학이론과 비평을 이해하고자 노력할 필요는 있다. 심지어 21세기 사이버문학에 대한 변화를 이해하고 수용하는 것도 이 시대의 몫인 것만은 분명하다. 하지만 19세기 낭만주의 문학이 인간의 초월적인 측면을 강조하며 무엇인가 인간의 초월성을 목표로 종교를 대신하고자 하였지만 여전이 이들 역시 인간 경험의 종교성을 벗어나기 어려웠다. 인간의 초월성에 제도 종교 형태는 아니지만 곧 종교적 체험이 승화되어 있었다. 다만 이들 이전 시대의 18세기 합리주의와 절충을 시도한 역사적 경험이 이들의 종교성 체험보다 반합리주의를 주창하는 자세들이 크게 비쳤을 뿐이다.

낭만주의 영국 시인인 콜리지(Samuel Taylor Coleridge)의 상상체계는 신비롭지만 매우 합리적이다. 오늘날 무의식 차원으로 보이는 제1차, 혹은 직접적 상상력(primary imagination)과 의식 차원으로 보이는 제2차, 혹은 간접적 상상력(secondary imagination)은 본능과 이성이라는 우리의 정신세계의 양 측면을 일찍이 보여준 연구이지만 그의 정신적 체험은 곧 그 나름의 구원 형태이다.

20세기 들어 엘리엇 역시 감성과 이성이라는 양 측면을 구분하고자 하였지만 정신세계의 신비주의적 사유체계를 강조하는 점에서 콜리지의 연구를 이어가고 있었다. 하지만 엘리엇은 콜리지의 설명할 수 없는 깊은 심연의 세계를 적극 꺼려하였다. 그가 모더니즘 시대의 특징 중의 하나인 예술형식의 전위성을 수용하고 '몰개성', '보편성', '객관성'을 강조한 배경에는 이미 현대가 전통과 도덕성을 상실하고 있다는 걱정과 우려가 있었고, 심지어 불안증후까지 보였다.

물론 엘리엇이 이처럼 전통과 도덕성을 강조하는 것은 문학에서 기독교 정신을 살리는 작업이었다. 때로 엘리엇은 종교재판의 검열관처럼 문학의 도덕성을 체크하고 있었다. 그가 틸리히(Paul Tillich) 및 키에르케고르(Søren Kierkegaard)의 새로운 신앙과 사유체계를 자연스럽게 접한 것도 우연이 아니다.

그러나 엘리엇 이후 개인의 도덕적 확실성과 완전성을 추구하던 모더니즘 시대가 역사의 뒤로 후퇴하고, 실존주의문학과 부조리문학을 거치며 인간과 신의 존재에 대한 종교적 허무가 한 시대를 지배하게 되었다. 그러자 인간의 '개성화', '특수화', '주관화'를 강조하는 포스트모더니즘 시대에 이르러서는 엘리엇의 전통, 도덕, 윤리 등의 가치는 문학에서 더 이상 거론되기 어려웠다.

비평가 애덤즈(Hazard Adams)는 역사가 말하듯이 새로운 정신 또한 새로운 사상과 이론으로 향해 지나가고 있는 것만큼, 결코 어떠한 새로운 것도 그릇된다고 보기 보다는, 과거를 보고 미래를 향해 우리는 길다란 이야기를 계속하여야 한다고 말한다.

포스트구조주의자로 알려진 예일 학파의 힐리스 밀러(J. Hillis Miller) 교수는「문학과 종교」에세이에서 종교와 문학의 관계가 명확히 그리고 충분히 해명되어야 할 필요를 느끼면서도 그러한 노력이 이 관계를 해결하려는 것은 물론 아니라고 전제한다. 그에게 중요한 것은 방법론이다. 방법론적 문제들은 문학작품에 대한 여러 해석의 흐름과 관련이 있다.

따라서 문학의 해석은 항상 긴장을 보여주기 때문에 용이하지 않고, 상당히 신중히 기해야 하는 부분이라고 밝히고 있다.

밀러에 따르면, 문학연구는 그 학문의 본래의 의미가 시, 소설, 희곡 작품의 본래적 의미의 해명에 두고 있어 같은 관계로 종교를 대하는 경우 상당한 곤란을 느낀다는 것이다. 그럼에도 불구하고 문학의 독자는 불합리하고 모호한 종교적 신념을 가질 수도 있고, 종교적 신념에 까뮈(Albert Camus)처럼 무관심하거나 혹은 니이체(Friedrich Nietzsche)나 사르트르(Jean Paul Sartre)처럼 거부하는 종교적 입장을 취할 수 있다.

이로 보아 문학은 종교를 기반으로 형성되었다는 주장은 논란의 여지가 많지만 오늘날까지도 많은 문학 작품은 종교적 주제를 다루고 있다는 점을 부정하기 어렵다. 다만 '종교적'이라는 용어와 개념에 주의를 기울일 필요가 있다.

밀러의 관심은 문학비평가 혹은 일반 독자가 자신의 종교적 신념을 지닌 채 문학 작품의 종교적 주제를 접할 때 문제가 발생하는 점이다. 문학을 자신의 종교적 신념과 일치하도록 해석해 버리거나, 자신이 종교관과 일치하지 않는다고 배척해 버리거나 혹은 문학의 종교적 주제에 대해 객관적 혹은 중립적인 관점을 취함으로써 문학의 목적을 가치 없이 만들어 버리는 태도이다(Miller, 27).

호호프(Curt Hohoff)는 "문학이 종교적이라 하는 것"을 순전히 개인적 문제로 받아들였다. 호호프의 이 말은 문학과 종교 간의 논란과 쟁점을 접근하는 데 매우 적절한 출발이 된다고 생각한다. 이 말은 문학작품을 해명하려는 비평가가 신앙인이 되어서는 안된다는 뜻은 아니다.

밀러의 말을 빌리면, 문학 비평가의 몫은 문학을 어떠한 편견으로부터 보호하고, "오직 완벽하게 현명하고 훌륭한 비평가만이 그가 연구하는 작가들을 자신의 신앙의 방향으로 왜곡시켜 버리는 것을 피할 수 있다.

그리고 이러한 태도가 확고하면 할수록 그의 신앙은 그만큼 굳건한 것이 될 것이다."

밀러가 말하는 신앙의 편견으로부터 스스로를 탈피하라는 요구는 이해가 되나 완벽하고 현명하고 훌륭한 독자나 비평가란 어떤 사람일까? 문학 작품이 안고 있는 진리를 문제 삼고 매우 신중하게 도덕적으로 혹은 종교적으로 이 진리의 오류에 대한 잣대를 가진, 그러면서도 이 오류를 배척할 용기를 지닌 자, 밀러는 엘리엇을 들고 있다.

그러나 생각보다 엘리엇은 『낯선 신을 좇아서』에서 주관적이고 독자적인 해석을 하는, 나름대로의 스토리를 만드는 사람들을 혹독하게 비판한다. 기독교 문화를 벗어나 시적 감상에 심취한 예이츠, 이야기를 통해 이상주의를 그리려는 종교적인 열망을 가진 로렌스(D.H. Lawrence), 심지어 유교의 도덕적 정신을 찬양하고 공자의 인본주의를 이상으로 삼았던 그의 정신적 스승인 베빗, 파운드 등 모두 이 '낯선'(strange) 신들, 즉 이질적인 신들인 동방의 낯선 신들을 좇는 자들이다. 엘리엇은 문학을 종종 기독교 전통이란 자로 재고 있었다. 밀러는 이를 '검열'이라 부른다(32).

그러면 엘리엇보다 더 훌륭한 독자나 비평가는 누구일까? 이 문제를 답하기 위하여 종교와 문학을 접근하는 독자와 문학비평가의 자세를 명백히 규정할 필요가 있다. 호호프가 "문학의 기독교성은 소재와 주제의 문제"이고, 그것은 "시민이며 기독교인인 개인들에 의해 결정"된다고 하였을 때, 개인이란 신앙인일 수도 있고 동시에 비신앙인일 수도 있다는 뜻일 것이다. 그래서 문학의 종교성은 문학 비평가가 신앙인이었을 때 상당히 곤혹스러운 입장에 빠지게 된다.

문학의 종교적 주제가 단테의 『신곡』이나 엘리엇의 『대성당의 살인』처럼 명백할 경우는 신앙인인 비평가가 그렇게 큰 어려움을 느끼지 않을 수 있으나, 아놀드(Matthew Arnold)나 까뮈처럼 간접적으로 종교성을 나타낼 경우는 문학비평가로서 문학의 심미성을 객관적으로 다루기 어려워질 수 있다.

또한 반대로 단테나 엘리엇의 문학에서 종교적인 주제를 피하기가, 혹은 종교적인 측면을 탈피하기가 어려운 딜레마에 빠질 수 있다. 샤를르 묄러(Charles Moeller)와 최종수 교수, 기독교 전통의 확립 정도에 따라 문학 가치의 훌륭함을 판단하려는 엘리엇, 모두가 문학작품의 심미성을 진지하게 평가하면서도 종교라는 척도를 가지고 있다.

다만 필자는 이들이 훌륭한 비평가가 될 수 없다는 것을 보여주자는 의도는 아니다. 그러나 문학의 주제문제에 있어서 비평가가 자신의 주관적인 판단을 완전히 객관화하기는 어려울 것이다. 또한 신앙을 고백하고 그 체험을 표현하는 저자의 신앙 문제를 거론할 때는 더욱 더 어려움에 직면하게 된다.

콜리지는 종교인의 신앙정도와 확신은 본인 자신도 알 수 없는 것이라고 하였다. 또한, 밀러에 따르면, 종교의 문맥을 도외시하고 문학작품을 미학적인 측면에서 객관적 연구에 치중하는 것이 보다 공공의 연구가 되겠지만, 역사와 문화를 도외시한 문학연구는 진지하지 못하고 사소한 유희로 전락될 위험이 있다고 경고한다(33).

치올코프스키(Theodore Ziolkowski)는 『세속시대의 종교와 문화: 비평가의 딜레마』에서 종교와 문학의 관계에 대한 변천의 역사를 언급하기를, "르네상스 이후의 문화의 세속화가 점차적으로 문학을 그것이 차지해 온 부수적인 기능으로부터 해방시켰으며, 이제는 문학을 종교의 시녀로서보다는 종교의 동반자의 위치로 높여 주었다."고 한다.

그는 "동시에 문학비평은 비록 그것이 성서 해석학에서 연유되었지만, 최근에 이르러 독립된 지위를 획득하였으며, 그것이 독자적으로 행사할 수 있는 고유의 권한을 확보하였다." 그는 덧붙이기를, 문학비평가는 마르크스적, 프로이드적, 기독교적이라는 이데올로기 측면보다는 심미적인 측면에서 텍스트를 형식 및 구조의 대상으로 비평에 임하는 경향이 있다.

여기에서 문학인 혹은 문학비평가의 딜레마는 문학 내의 미학적인 측면을 우선적으로 보아야 할 것인가, 아니면 문학 외적인 문맥을 중요하게 다루어야 할 것인가에 있어 보인다.

그러나 우리는 현대 문학비평의 흐름에서 문학작품 자체에 대한 면밀한 해독을 통해 문학적 의미의 완결을 추구하고 자율성을 강조하던 신비평적 형식주의, 문학의 제 현상을 체계 중심으로 그 구조의 측면을 살피려던 프라이 교수 비평 유형의 형식주의적 구조주의, 소쉬르(Ferdinand de Saussure)의 언어학적 구조주의와 기호학을 모태로 한 레비 스트로스(Levi Strauss)의 인류학적 구조주의, 그리고 기호학의 모델과 다양한 역사적, 문학적인 문맥을 가지고 무한한 의미해석을 시도하려던 후기 구조주의를 거치면서 문학비평가는 더 이상 미학만이, 더 이상 문화연구만이 옳다고 주장하지는 않는다.

이제 문학인이나 문학비평가는 해석학적인 측면에서 문학작품의 심미적인 구성으로부터 또 다른 의미의 차원, 예를 들면 단테의 『신곡』과 같은 확실한 종교적인 주제를 다루는 작품으로부터 사르트르의 작품이 보여주는 신앙의 위기까지 신중하게 자기의 논지를 주장할 수 있는 환경으로 변화하였으며 21세기는 그 깊이나 넓이가 더 확대되고 있다.

치올코프스키가 주장하는 훌륭한 문학비평가는, 만일 종교적인 주제들이 그 자체의 의미적 함축이 크다고 할지라도 그 작품의 심미적 원리들과 일치하지 않는다면 문학비평가는 하나의 문학텍스트로서 그 작품을 불완전한 문학으로 결론을 내려야 한다(조만, 82). 치올코프스키가 그린 비평가는 문학이 문학으로서의 원리에 충실하고 있는가를 살펴야 하고, 그리고 종교적 주제와의 유기적 관련 속에서 문학적 의미의 총체성을 해독하는 사람이어야 한다.

여기에서 "문학과 종교"의 명제는 종교적인 주제가 뛰어나도 문학으로서 가치를 정당하게 평가받지 못한다면 훌륭하다 할 수 없다. 밀러의 다음과 같은 말은 음미해 볼 가치가 충분히 있다. "비평은 작품 뒤에서 자신을 감춘 채 작품 해석 작업을 수행함으로써 작품으로 하여금 그 스스로를 드러내게 하여야 한다." 이렇게 하였을 때만 작품 속에 들어 있는 종교적 의미를 볼 수 있을 것이다.

그러나 이러한 종교적 의미가 반드시 형식 신앙이 될 필요는 없다. 문학이 어떠한 초월적 실재와 체험을 진지하게 전개할 때 진정한 종교적 차원을 다룰 수 있게 된다. 문학과 종교관계의 아이러니는 그 역사적인 위치전도에 있다.

치올코프스키가 지적한 것처럼, 종교가 신성한 경전들의 해석을 위해 발전시킨 해석학적 테크닉은 종교적인 작품들의 문학적 결점을 논하고, 종교적인 이미지 형성, 상징체계들을 밝혀 문학적인 질을 보여주고자 하는 세속적 비평에 계속 사용되었다. 이러한 변화는 종교의 "세속화의 최대 아이러니"다(조만 82 재인용). 대표적인 것이 쟈크 데리다(Jacques Derrida)의 해체주의 입장이다.

지금까지 누구나 일반 독자 등 문학비평가의 입장에 서고자 하면 데리다처럼 종교에 대한 견해를 피력하고 시대의 문화와 역사를 해석하는 자신의 가치관을 중심으로 종교적 관점을 진지하게 논할 필요가 있다. 해석학의 최대 아이러니는 어떤 면에서 해체주의에서 극적으로 발견되고 있다. 그러므로 그러한 관점에서 이 시대의 문학이론과 비평사상, 그리고 문학의 종교성을 신중하게 살펴볼 필요가 있다.

엘리엇의 철학 및 종교, 그리고 문학의 자세를 보면 그 역시 훌륭한 문학비평가이기는 하면서도 종교의 문제에 있어서는 매우 신중하다. 엘리엇 역시 때로는 현대인의 삶에 대한 부조리와 불합리를 경험한 황무지에 사는 인간 유형이다. 그는 부조리문학의 전형과 종교의 대응을 보여준, 하지만 동시대의 사람들과는 다른 입장에 서 있다.

대표적 부조리문학은 사르트르, 까뮈, 이오네스코(Eugene Ionesco) 그리고 장 쥬네(Jean Genet)가 중심이 된다. 이들은 프랑스 실존주의 작가들이거나 부조리 희곡 작가들이다. 사무엘 베케트(Samuel Beckett)는 프랑스에서 활동하였지만 부조리문학 보다는 데리다 유형의 해체주의 문학의 성격에 가깝다. 베케트는 아일랜드 출생으로 일찍이 그의 문학은 아일랜드의 종교에 대한 날카로운 풍자와 역사와 인간의 본질을 꿰뚫고 있다.

사르트르를 부조리작가로 분류하지 않지만 그 역시 부조리한 인간의 존재를 그려내는 천재적인 이야기꾼이다. 부조리문학은 실존주의로부터 나름의 종교성을 극적으로 찾고 있다.

최종수 교수는 「엘리엇 문학의 종교성」이라는 글에서 엘리엇의 문학과 종교에 대하여, 엘리엇의 "초기 시에서는 인간고독과 소원, 생의 허무와 부정"을 보고, "그의 개종을 전후한 전환기 작품에서는 진지한 고뇌를 동반한 종교적 시련과 정화의 과정"을 보고, "그의 후기 작품에서는 중생을 얻은 자의 생활윤리와 신의에 복종하고 섭리를 기다림으로써 오는 구원"이 있다고 요약하고 있다.

우선 엘리엇을 부조리 스토리의 배경으로 살펴보면, 엘리엇은 낭만적 스토리를 쓰는 작가들의 도덕성 해이와 사회에 대한 책임의식의 결여를 비난한다. 우선 문학성이 뛰어나면서도 감동적인 종교성에 관심을 보였던 단테와 존 던을 중심으로 한 17세기 영국의 형이상학파 시인들을 칭찬하였다.

비록 우리가 아는 문학이 아닌 감성 위주의 간결한 시의 형식이지만 시도 메시지를 전달하는 스토리텔링의 성격을 보여준다. 시를 통해 어떤 스토리를 말하고 있다는 뜻이기도 하다. 물론 이 시는 종교적인 체험을 주제로 하고 있다. 이들의 주제는 개인적인 차원의 종교적 입장을 전달하고 있다는 점에서 나름의 스토리를 통한 새로운 삶과 종교성을 다루고 있다.

이러한 나름의 문학 형식은 시를 통한 새로운 스토리에 해당된다. 엘리엇의 스토리텔링은 단테나 존 던과는 다른 어떤 나름의 스토리를 만들고자 하였을까. 달리 말하면 역사와 삶의 현장을 어떻게 해석하고 있었을까.

엘리엇은 「전통과 개인의 재능」에서 작가는 끊임없이 자기를 비판하고, 감정을 절제하고 객관화하는 과정을 겪어야 한다고 주장한다. 그를 보면, 스토리는 어떤 형식에서든 한 문화가 보존하고 있는 전통으로부터 가장 이상적인 인간형과 이상사회나 질서를 보여주어야 한다. 또한 이 이상을 시대의 요구에 따라 새롭게 재창조할 수 있어야 한다. 따라서 엘리엇은 『기독교와 문화』에서 서구의 정통 기독교와 그 가치가 문학의 원칙이 되어야 한다고 주장한다.

달리 말하면, 스토리 작가는 사회에 대한 책임과 시대정신을 구현하여야 한다고 주장한다. 이는 글쓴이가 자신의 이야기에 있어 종교의 가르침을 실천하려는 의지를 보여주어야 한다는 대목이다.

이러한 나름의 종교 복원의 배경에는 20세기 들어 개인의 자유가 그만큼 커지고 있다는 징후였다. 인간중심의 사고가 그 한계를 넘어서고 있다는 지표이다. 더욱이 오늘날 개인은 자신의 자유를 무한히 추구하고 자기중심 사고를 극단적으로 전개시키는 방향으로 나가고 있는 점에 비추어 볼 때, 이런 상황은 인간의 이성에 대한 신뢰가 이미 상상하기 어려울 정도로 추락하였음을 의미한다.

사실상 현대사회가 탈도덕화 되어가고 무정부적인 요소가 팽배하고 있다고 우리는 지적한다. 국제사회는 경제논리가 중심이 되고 있고, 기존의 합리적인 이성 또한 더 이상 그 가치를 주장하지 못하고 있다. 과학기술의 발달은 인간의 이성을 앞지르고 있다. 어느 곳에서나 개인이나 집단의 이익이 먼저 나타난다. 오늘날 이러한 이익은 최우선으로 받아들이고 있으며 과거 이성중심의 계몽주의에서는 찾아 볼 수 없는 현상이다.

특히 반사회적, 반문화적, 반전통적인 지식 산업사회와 정보사회의 특징이 지배하는 오늘의 상황을 문화비평가들은 이러한 비인간적인 정보사회로의 변화가 기존의 철학이나 사상에서 비롯되었다고 목소리를 높이고 있다.

서구에서는 서구 형이상학의 유물을 오늘날 반문화적 성향의 본질을 이루어 놓은 주범으로 간주하기도 한다. 서구 형이상학이란 세속적인 실체를 부정하는 데서 출발한다. 거기에는 우리의 영혼을 초월하는 정신이나 사조가 지배하고 있어 개개 인간의 궁극적인 자유를 발견하기가 어렵다.

포스트모던적 해체와 개인주의는 인간의 역사와 존재를 거부하고 인간 가치의 허무를 강조하며 인간의 또 다른 궁극적인 자유를 꿈을 꾸고 있다. 이러한 자유추구를 우려하였던 영국의 문화비평가인 크리스토퍼 노리스(Christopher Norris)나 독일의 사회비평가인 위르겐 하버마스(Wurgen Harbermas) 그리고 역사와 현실에 대한 새로운 해석을 강조하였던 프랑스의 폴 리쾨르(Paul Ricoeur)의 비판해석학은 모두 자유주의의 결말을 우려하고 있다.

모두가 삶의 현장으로 되돌아와야 한다는 공통점이 있다. 이들은 부조리한 인간의 실체, 즉 역사나 사회 그리고 인간 조건의 불합리성과 부조리성 혹은 무의미성 같은 인간에 대한 공허함과 허무주의를 이해하기는 하지만 그 자체를 그대로 받아들이지 않는다. 기존의 낭만주의 중심의 문학이 인간 개개인의 초월적인 능력을 추구하고 개인의 창의력과 상상력을 새로운 종교적 메시지로 주었다면, 현대문학 역시 개개인이 바라는 삶을 자유롭게 그리고자 하는 경향 자체가 그 나름의 종교적인 체험을 모색하는 증상이다. 하지만 기존의 문학구조를 해체하고 부조리하고 불의한 사회나 환경을 지나치게 모색하는 스토리들을 경계하는 소리도 적지 않다.

오늘날의 이야기는 개인의 가치를 극단적으로 강조하는 자기중심주의를 경계하고, 또한 어떤 외부의 억압으로부터 단절된 소외의식도 바라지 않는다. 하지만 이러한 경향도 과거 역시 마찬가지였다. 인간의 의사소통은 항상 가능한 새로운 방식에 관심을 갖고 있다.

대표적인 관심으로는 개인의 삶을 무시하지 않고 동시에 인간의 창의력과 상상력을 강조하였던 영국의 시인 콜리지가 오늘의 문학방식에 주는 의미는 크다. 또한 미국의 시인 월트 휘트먼(Walt Whitman)도 삶의 중심을 이 세계에 두고 세상의 모든 것을 거침없이 받아들이지만 개인의 꿈과 희망을 현실에서 이루고자 한 개인의 구원형식을 좋아하였다.

이렇게 낭만적인 꿈을 현실 위주로 실천하려는 문학이 오늘날 매우 필요한 형식으로 인식되고 있다. 그래서 삶의 현장이나 역사의 굴레, 혹은 사회제도를 인간의 조건으로 받아들이기보다 인간의 꿈과 소망을 실현할 수 있는 새로운 구원방식을 찾고 있다.

전통문학이든 디지털문학이든 새롭게 주목을 받는 이유는 인간의 주체적인 역량을 적극적으로 모색하는 자유로움에 있고 스토리 형식 내에서 구원의 원동력을 찾고자 하는 문학 독자가 있기 때문이다. 문학은 이러한 차원에서 성장스토리를 재현한다. 그 재현이 주로 현실적이라기보다 이상가치와 당위가치를 구현하고 있어서 거짓된 세계 혹은 가상세계로 비치어지기는 하지만 우리는 그 세계가 현실자체가 아니라는 것을 알고 있다. 그래서 문학은 현실에 대한 위안과 위로를 줄 수 있는 구원문학의 성격을 아주 배제하기 어렵다. 아마도 시장은 이러한 문학자체의 미학이 주는 독특한 상품성을 소비로 끌어들일 것이다. 엘리엇 문학이 인간의 자유와 책임을 동시에 강조하는 것은 문화와 사회로부터 개개인의 창의력과 감수성을 적극적으로 모색하는 구원의 과제이다.

또한 주체의 확실성과 완전성을 이야기의 중심 화두로 그리고자 하였던 엘리엇의 모더니즘 계열의 문학 또한 오늘날과는 다소 차이가 있지만 그 나름의 자유와 책임을 추구하고 있다. 따지고 보면 실존주의 문학이나 부조리 문학도 인간 주체의 허무주의 및 인간의식의 소외를 그리고 있기는 하지만 그 방향은 의미 있는 인간의 자유와 그 나름의 구원의 길을 모색하고 있다.

오늘날 현대인은 삶의 세계를 떠나 인간의 가치를 말하기를 꺼려한다. 결국 삶의 세계에서 어떤 구원의 방식을 찾고자 하는 개개인의 창의적 스토리방식이 우리 사회를 지배하게 될 것으로 보인다. 실제로 오늘날의 문화 해석가나 비평가는 개개인의 문학 텍스트나 구조를 개인의 이야기로 보고 다양한 해석을 시도한다. 이러한 해석 행위는 삶의 현장을 중심으로 일어나는 인간 상호간의 다양한 이야기 속에서 종교적 모티브를 찾는다.

20세기 전반과 후반에 걸쳐 서구의 지성 세계를 양분한 듯한 인물은 필자가 보기에 엘리엇과 데리다로 보여진다. 물론 엘리엇은 데리다 만큼 철학분야나 사회학분야에 알려져 있는 인물은 아니다. 그 차이는 데리다가 훨씬 현대에 가까운 인물에다 그의 철학적 지위 때문으로 보여진다. 하지만 이 둘은 문학과 종교의 논란이나 정치사회학에서도 놀랍게 그 입장이 다르지만 인간의 본질이나 문화현상의 본질을 접근하는 데 있어서 유사한 접근을 찾아 볼 수 있다. 시대의 상황이 항상 변하고 있다면, 즉 복고주의 경향이 우리 사회를 다시 지배한다면 이 둘의 입장을 떠나 어느 한편을 설명하기가 어려울 것으로 생각된다. 데리다의 관심은 엘리엇처럼 인문학이 그 핵심이기 때문이다.

엘리엇이나 데리다 모두 민주주의에 대한 불신이 있다. 이들은 듀이(John Dewey)나 니이체의 소박한 마음을 더 이상 수용하기 어려웠다. 그만큼 한 시대의 문화나 사회는 '새로운 것'을 지나치게 추구할 정도로 환경이 항상 변화하고 있었다. 20세기 내내 관심은 산업사회가 가져온 기술의 발전과 문명의 안락함이 개인의 민주성을 지나치게 강화시켜 주었지만 사회는 오히려 개인의 욕구와 욕망으로 피폐해지고 급기야 황폐되었다.

인간의 욕망에 대한 낙관주의를 불신하고 대중의 취약한 도덕성을 불신하였던 엘리엇의 경우 대중의 비판능력에 대한 의혹을 가지고 있었다. 그가 살고 있던 유럽 문화나 전통, 나아가 유럽 정신을 선호하였던 엘리엇은 도덕성이 강하였던 과거 유럽의 엘리트들을 중요하게 평가하였다. 그는 이러한 엘리트들의 정신과 이상을 자신의 문학에 혹은 에세이에 담았다.

엘리엇의 이러한 엘리트주의는 유럽 문화중심이었기 때문에 오늘날 인종편견주의자 혹은 반유대주의자 혹은 파시즘을 선호한자로 그를 분류하기도 한다. 그러나 엘리엇 역시 미국 실용주의자들의 영향을 무시할 수가 없기 때문에 '좋은' 시의 사회적 선 기능을 강조하였다. 엘리엇 문학은 어느 의미에서 문학의 소비가 어떤 방향으로 이루어져야 하는 가를 보여주는 예이다.

엄격한 의미에서 그는 개인의 도덕성을 강조한 모던 정신을 토대로 스토리문학이 갖는 유토피아 사고를 좋아하였다. 그의 장편의 서사시 성격의 『황무지』는 겉의 표현과는 다르게 그러한 유토피아를 이루고 싶어 하는 나름의 행복 추구와 욕망의 소산이기도 하다.

엘리엇과는 다르지만 데리다의 경우도 시대적인 환경이 달라 대중 중심의 민주주의에 대한 불신이 있었다. 데리다에 따르면 대중 민주주의란 개인 각각의 차이에 의해서보다는 언제든지 대중 매체에 의해 '옳다'는 생각을 가질 수 있도록 조작되기도 한다는 지적이다.

그래서 그는 대중 민주주의를 개개인의 올바른 사고를 반영하지 못하는 대중 메커니즘의 조작으로 보고 대중 미디어의 영향력을 심도 있게 관찰하고 비판하는 개개인의 능력을 강조하였다.

언급한 하버마스의 경우도 이데올로기 종언을 선언하고 있지만 따지고 보면 사회 개량이라는 그의 개념은 '새로운' 동시에 '좋은' 이데올로기를 주장하는 측면이 강하다. 이는 다아윈(Charles Darwin)이나 스펜서(Edmund Spencer)의 사회진보주의 사고와 유사하다.

물론 하버마스는 사회나 문화에 대한 개인의 이데올로기 비판 능력을 먼저 강조하고 있지만 새로운 이상 사회체계를 능동적으로 개인이 변화시킬 수 있다는 생각에는 그 역시 공리주의를 기초로 실용주의를 지향하고 있다.

다만 하버마스는 지나친 주관주의가 가져올 수 있는 사적인 악과 지나친 체제중심을 경계하고 있다. 그래서 그는 이 두 힘의 조화를 위하여 상호 소통능력을 강조한다. 그에 따르면 인간의 만족을 향한 충동이나 움직임은 결국 사회나 문화를 '유용'하게 변화시키는 동력이 된다.

이처럼 문화의 자율성과 그 변화 가능성을 인정하고 그 문화 속에서 개인의 주관성에 대한 사회적 책임성을 제기한다. 이러한 문제가 정치적인 것과 별개일 수 없다는 지적은 로티(Richard Rorty)뿐만 아니라 하버마스, 니이체, 듀이, 엘리엇, 데리다 등으로부터 정도의 차이는 있지만 모두 발견된다. 모두가 인간의 기본적인 욕망이 삶의 세계를 향해 유용한 방향으로 움직이고 움직일 것이라는 확신을 준다.

엘리엇은 사실상 종교를 실용주의 측면에서 접근한 예에 해당된다. 비극의 스토리가 오늘의 포스트모던적 시대에도 필요한 이유는 종교의 실용성에서 발견된다. 비록 종교가 기존의 제도 종교에서 정의하는 실용성은 아니지만 개인의 필요에 따라 다양하게 그 형태와 정의가 이루어지고 있다. 결국 인간의 필요가 개인의 기본적인 욕망과 삶의 세계를 떠나 설명할 수가 없다면 모두 종교의 기본적인 본질이라 할 종교적 체험 자체가 주는 의미를 유용하게 살펴볼 것이다.

그 표현형식은 비극에 있다. 쾌락 속에서도 비극은 그 쾌락을 위해서도 실용적인 성격을 우리에게 준다. 쓸모가 있다는 뜻이다. 아리스토텔레스 이후 문학이 삶의 모방이라는 전통적인 개념과 양식이 있다. 잘 짜여진 스토리는 일련의 사건 속에서 인간은 두려움과 동정이라는 감정을 경험하고 이를 정화하는 과정을 주게 된다.

비극에 대한 정의가 다양하게 전개될 수 있으나 여기에서는 비극이 주는 감정의 치료 효과가 우리에게 여전히 설득력이 있어 보인다. 비극을 통해 억압된 감정이 정당하게 출구를 찾고 공감을 가짐으로써 현대인에게 만연된 소외의 감정과 소통의 방법을 확인하는 것이다.

그것은 우리의 욕구불만을 충족시키는 형식으로 프로이드적 무의식의 충동을 현실적으로 실현하고, 꿈을 통해 현실의 불만족을 치료하는 '유용'한 방법론에 유사하다.

키에르케고르는 두려움과 떨림을 주는 한계상황이 인간 실존을 가장 고통스럽게 체험할 수 있다고 한다. 그 경험형태는 감정이다. 우리는 비극의 요소가 잘 조직된 이야기 형식을 통해 분출될 수 있다는 믿음도 있지만 보다 인간의 본능적인 충동을 만족시키는 차원에서도 인간의 감성의 결합을 기반으로 한 비극은 필요하다고 본다.

무엇보다 비극은 인간의 감정과 불가분의 관계를 가지고 있어 인간을 정의하는 데 피할 수 없는 부분이기도 하다. 이처럼 비극은 희극과 더불어 인간이 살아서 숨을 쉬는 동안 사이보그 혹은 인조인간의 시대가 도래할수록 생명에 대한 두려움과 공포는 사라지지 않을 것이기 때문에 형태는 다르지만 생명체의 운명과 환경에 대한 스토리는 계속될 것이다.

우리는 이러한 현대의 비극성을 보기위해 엘리엇의 문학과 종교로 어떻게 살펴볼 것인가 그리고 이를 어떻게 말할 수 있을 것인가로 요약할 수 있다. 혹은 이야기는 어떤 입장을 취해야 할 것인가를 고려해 볼 수 있다. 오늘날의 기술과 매체의 변화 역시 필연적으로 스토리문학 형식과 내용에 변화를 일으키고 있다. 디지털 문학이나 사이버 문학 등의 하이퍼텍스트 형식에서도 인간에 대한 스토리는 계속되고 있다는 사실을 부정하는 사람은 없을 것이다. 하지만 이 스토리에서도 문학과 종교의 논란과 쟁점을 찾기란 그렇게 어려운 문제가 아니다.

어떠한 형식으로든 로렌스 러너(Laurence Lerner)는 포스트모던 문화에서도 새로운 문학의 형태를 찾고 있다. 문학이 보다 공개적으로 자유로운 표현을 할 수 있는 형태일 것이다. 러너는 이야기 문학의 새로운 가능성을 포스트모던 문화 내에서도 찾고 있다.

우리는 소위 포스트모던 문화가 개개인의 표현을 중시하고 그 표현의 민주주의적인 의식을 강조하는 면에 경의를 표해야 하지만, 누가 이야기의 주체가 되는가보다 스토리의 공간은 모든 사람이 평등하게 참여할 수 있는 곳으로 각각의 차이를 존중하는 곳이기 때문에 그 차이에서 경험하는 개개인의 구원의 문제는 원시사회만큼이나 그렇게 찾기 어려운 주제가 아니다.

데리다의 해체주의에서처럼 이러한 차이의 개념은 근본적인 계급구조를 거부하고 모든 철학적인 진리의 담합을 부정하며 우리 삶을 지배하는 이데올로기를 거부하는 몸짓에서 현대는 유목민에 비유된다. 원시적 유목민은 자유 그 자체이지만 개개인이든 집단적이든 그 나름의 종교적 체험이 가장 강하게 드러나는 존재이기도 한다. 이러한 자유는 개개인의 차이를 부정하는 근원적인 의미를 추구하는 모든 형식을 거부하는 일이기도 하지만, 결국 모두가 자신의 행복을 환경에서 유익하게 찾고자하는 낭만적인 원시성 체험과 크게 다르다고 보기 어렵다.

러너는 이러한 차이의 문화를 인정하면서도 일련의 중심적인 정신현상에 주목한다. 러너에 의하면 낭만주의 정신은 해체주의와 결합하며 새로운 스토리문학의 가능성을 열어 주고 있다. 이것은 스토리에서 볼 수 있는 구성의 미학이 형식적인 측면에서 보다 개인의 일련의 정신작용 안에서 계속되고 있음을 가리킨다. 심리적 미학이란 유기체적 미학으로 개인의 '차이'와 보편성을 만들어 내는 다양한 스토리 만들기에 여전히 관여하고 있다.

미학이라는 개념이 갖는 전통적인 엘리트 문화는 거부하면서도 의식적으로나 무의식적으로나 개개인의 창작 활동에는 어떤 정신적 행위가 계속되고 있다는 사실을 러너는 보여주고 있다. 여기에서 낭만주의 정신이란 형식과 전통으로부터 '새로운' 이야기를 창조하는, 그 전위적인 창작 정신을 가리킨다. 동시에 어떤 중심 사고가 이야기를 유기체로 만들어내는 그러면서도 다양하게 지속되는 그 무엇이다.

러너는 여기에서 주제를 함축적으로 말할 수 있는 제목이나 부제에서조차 일련의 이야기 전통이 오늘날의 포스트모던 문화나 사이버 문화에서 계속되는 현상에 주목한다. 「전통과 개인의 재능」에서 엘리엇은 전통이 개인이 만들어내는 스토리 중심 사고를 형성해주는 촉매기능을 하고 있는 것을 알 수 있다. 전통이 과거의 것이든 현재의 환경이든 사회환경이든 개인의 스토리 만들기에 촉매로 작용하고 있다는 것은 우리는 무엇인가 새로운 것을 찾고 있고 그 새로움 속에서 그 나름의 자유와 행복을 만들어가는 과정을 멈출 수 없다는 의미이기도 한다.

개인은 각각 특유의 재능에 따라 전통을 화학적으로 결합을 시도한다. 전통이 남아 있을 수 있고 전통의 흔적이 사라져 버릴 수도 있다. 문제는 개개인의 창작 활동이 다양한 개인의 차이에도 불구하고 전통에 대한 흔적이 여전히 남게 된다는 사실이다.

알프레드 테니슨의 「율리시즈」(“Ulysses”) 시, 조이스의 『율리시즈』, 이문열의 『오딧세이』, 엘리엇의 『황무지』 등의 어떤 반복되는 이미지는 융(Jung)이 말하는 신화적 원형이 지속적으로 재구성되고 있다는 것을 말한다. 이로부터 공동체의 의미 일반성을 확인 할 수 있는 것이다.

‘새로운 것’에 대한 인간의 본능적 욕구는 그 표현을 위한 출구를 항상 찾기 마련이지만 문학은 이 욕구를 끊임없이 반영하며 사회에 전향적으로 작용하도록 개입하면 개인의 구원을 모색한다. 이런 과정에 스토리의 내러티브와 그 안의 자의식의 모든 형식은 상호 결합하면서 언어에 힘을 실어준다. 언어는 또한 새롭게 의미를 찾게 되고 새로운 삶의 양식을 해석하고 나타낼 수 있는 엘리엇의 화학적 반응 그 이상도 이하도 아니다.

영원하게 지속되는 무엇이란 문학 내의 반항과 자유정신에 있다. 이러한 스토리 정신은 낭만주의가 계몽주의에 부과한 새로운 정신이었으나, 그것은 희극과 동시에 비극의 탄생이라고 말할 수 있고 동시에 문학과 종교의 이야기가 계속되는 곳에 있다.

그 예로 일찍이 니이체가 아폴로 문화의 승리를 인간 비극의 탄생으로 정의하였지만 디오니소스적 쾌락 역시 니이체의 비극을 단적으로 증거하고 있다. 쾌락은 비극이 가져다주는 슬픔이나 고통이 없이 만족을 모르기 때문이다. 채워지지 않는 만족이 비극의 근원일 수 있다. 여기에 엘리엇의 종교성이 개입할 여지를 준다.

채울 수 없어 생기는 불만족과 불평 그리고 세계와의 불일치한 삶이 현실에서 고통을 받게 되는 사실은 디오니소스가 예기치 못한 비극이다. 아름다움에서 즐거움을 찾던 아폴론적 희극 또한 이야기 속에서만 가능할 뿐 삶의 세계에서 오는 비극을 피할 수 없다.

신성을 표현하는 이야기 문학에서조차 신은 기존의 형이상학적인 실체로서 보다 상징으로서 초월의 세계를 인식하는 이상적인 것, 프라토닉 이데아 같은 상징으로써 표현될 수 있다. 상징은 문자 그대로 신을 가리키는 것이 아닐 수 있다.

기독교적 신성과는 다른 불교를 포함한 동양 종교에서도 부처의 마음처럼, 유교의 현자의 마음처럼 어떤 구체적인 형태나 상징이 아니지만 무엇인가 신성한 것을 지향할 수 있다. 해탈의 정신, 자아의 완전한 해방, 도의 정신, 군자의 도 등 우리에게 익숙한 상징 언어와 체험에서 어떤 초월성을 기대할 수 있다.

이러한 언어와 이야기 형식으로부터 삶의 변화나 인간의 운명을 표현할 수 있고, 특히 인간 삶에 대한 두려움 역시 문학의 어떤 형식에서든 말할 수 있다는 사실을 기대할 수 있다. 심지어 엘리엇의 문학과 종교간의 논란에서도 과거이든 미래이든 부조리 환경에서든 혹은 모던정신과 포스트모던정신 모두에서 실용주의 정신을 확인할 수 있다. 열린 공간과 개방성의 측면에서 대중문학과 대중문화, 종교의 역할 그리고 기술발달로 인한 유비쿼터스 스토리환경까지 엘리엇 유형의 구원의 가능성을 가정해본다.

제2장 유사 종교형태와 모티브들: 『네 사중주』

유사 종교형태와 그 모티브들은 제도종교의 형태이기는 하지만 전통적인 의미의 종교형태는 아니라는 뜻과 그러한 활동에는 다분히 어떤 의도가 개입된다는 뜻이다. 모티브는 전통적인 의미의 종교를 새로운 관계로 재정립한다는 의도도 포함된다. 엘리엇이 살던 시기가 엘리엇이 생각하기에 매우 어두운 사회적 조건과 삶의 어두운 그림자들이 그려져 있기에 그의 구원 형태는 새로운 모티브를 찾고 있었을 것이다. 동양사상과 동양종교들로부터 새로운 형태의 모티브를 찾게 되었다는 것이지만, 그 형태를 그대로 수용하지 않았다는 뜻이다. 또한 동양적 모티브를 자신의 문학세계에 재현시킨 활동 자체 역시 기존의 전통 문학세계와는 다른 이미지를 보여주고 있다는 뜻이기도 하다. 엘리엇은 전통 서구문학이 갖고 있던 형태로부터 새로운 형태를 찾고 있던 셈이다. 이런 내적, 외적 변화추구는 다양한 종교적 형태들로부터 새로운 모티브들을 찾아 전통과는 다른 유사 종교형태를 생산한 것이라 할 수 있다.

그러한 대표적인 스토리가 그의 대작이라 할 『네 사중주』이다. 여기서는 『네 사중주』를 분석하기보다 『네 사중주』에 나타나고 있는 유사 종교형태와 그 모티브들을 살펴보고 엘리엇이 원하는 구원 형태가 무엇인지 들여다보기로 하자. 사실상 『네 사중주』는 엘리엇의 문학과 종교간 논쟁과 쟁점의 결정판이라 할 수 있다. 이 스토리 자체가 그가 원하는 구원의 메시지가 강하게 제시되고 있기 때문이다. 또한 『네 사중주』를 그의 중기, 초기 작품으로 거슬러 살펴보는 것은 그의 인생의 여정을 거슬러 살펴보는 일이지만, 동시에 그의 인생관, 가치관, 세계관, 우주관을 살펴보는 작업이기도 한다. 그래서 본 글의 접근이 『네 사중주』를 엘리엇 기반의 전반적인 서구의 문학성과 종교성을 살펴보는 출발로 삼는 이유이기도 하다.

엘리엇적 구원이란 결국 자기 행복에 대한 여정이지만 그는 동서양을 넘나들며 그 내연과 외연을 확대하고 있다. 이를 엘리엇적 구원이라고 말하는 것은 그의 비전이 다분히 엘리엇적이라는 것이며 그의 평생의 지난한 인생의 구심점으로서 그의 문학과 사상, 종교성을 강하게 수렴하고 있어서다. 엘리엇적 비전은 엘리엇의 사유체계를 말하며, 문학과 종교에 대한 그 나름의 관점과 판단으로서 서구문화에 대한 총체적 진단을 함의하고 있다.

『네 사중주』는 만달라 패턴에서처럼 융의 '4' 성질을 다루고 있다. 엘리엇의 '4' 요소 공기, 흙, 물, 불은 물리세계를 네 상태로 나눈 것이며, 서구의 전통 인간관과 우주관에 그 뿌리를 두고 있다. 이 '4'는 인간 본성의 네 요소를 상징적으로 표현하고 있다. 우주와 인간의 본성은 동서양 모두에서 살펴 볼 수 있는 철학적 관점으로 우주를 대우주로 인간을 소우주로 구분하여 서로의 소통관계를 중시하는, 즉 소우주가 대우주로 구성된다는 상징적인 의미로 상호 닮아 있다.

『네 사중주』의 각 부문은 특별히 하나의 요소를 취하고 있기는 하지만 각 부문의 각 부분은 물리세계와 인간의 본성사이에 똑 같은 평행원리를 따르고 있다는 생각이 지배하고 있다. 소우주는 대우주로부터 온 성육신의 핵으로 상징적으로 문학에서는, 소위 글쓰기에서는 그 물리적인 형태가 언어로서 나타난다. 글쓰기에서의 언어는 그 대우주를 재현한 로고스(이성)를 상징적으로 재현하고 있다.

우주의 원리가 4원소를 중심으로 구성되어 있고 이를 중심으로 회전하고 있다면, 이를 담아날 언어는 이 우주 생성의 원리를 표현해 내어야 할 숭고한 의무를 지게 된다. 언어는 곧 우주라 할 수 있고 『네 사중주』의 언어는 각 부문의 각 부분이 그러한 우주의 생동감을 순환원리로 담고 있다는 뜻이기도 한다. 이러한 의미에서 『네 사중주』의 언어는 인간의 언어라기보다 우주의 원리를 재현한 언어이기에 숭고한 의미까지 담고 있다.

이처럼 엘리엇 문학의 언어는 대체로 무겁고 신중하다. 그의 언어는 어떤 시적인 영감보다 다중의 의미를 내포하고 있다. 전통에서 가져 온 수많은 에피소드들이 언어에 그대로 나타나 있고, 언어마다 사연이 있으며, 그 사연은 시대가 모두 다르고 공간도 모두 다르지만 엘리엇 문학의 경우 모두 별개이면서도 전체적으로 어떤 목표를 향해 융합되어 있다. 비평가들은 이를 모자이크방식으로 규정한다.

어떤 방식이든지, 혹은 전통과 서구신화에 토대를 두고 있다고 하든지, 그의 언어는 매우 절제되어 있고 이성적이다. 자기감정을 쉽게 드러내기보다 언어가 재현하고 있는 스토리 자체가 뿜어내고 있는 감성을 중시한다. 즉, 언어로 재현된 에피소드가 전달하는 스토리내의 감정을 전달받는다. 당연히 엘리엇 텍스트들은 시적이라기보다 사건 중심으로 많은 이야기들이 얽혀 있는 상태이다. 그 이야기 과정은 물론 순례의 여정에 해당되며, 종교적인 구원 패턴으로서 태어나고 살고 죽고 다시 태어나는 영생을 향해 있다. 마치 옛 이야기가 문자로 화신해 여전히 살아있는 것처럼 그의 언어는 옛것과 옛것의 모티브들은 물론 동양적 모티브들을 자신이 속한 현대로 옮기고 있다.

물, 시간, 언어, 음악 모티브

『황무지』에서처럼 사중주의 물의 이미지는 다양한 철학적인 경험들을 하나로 묶는 매체로 작용한다. 물은 첫 번째 요소로 시간에 관한 주제로 연결된다. 엘리엇은 이 시를 쓸 때 이미 나이가 들고 시적으로도 성숙해 있었기 때문에 시간의 의미는 그 이전 시들에 비해 훨씬 깊고 포괄적이다. 물과 시간은 행동의 이미지와 극적으로 중첩된다. "나의 시작에 나의 종말이 있다……. 새로운 건물의 오래된 돌들처럼, 새로운 불의 오래된 목재처럼" 우리는 시간 속에서 유지되지만 그것에서 벗어나야만 한다. 다시 엘리엇은 시간 영역에 있는 관념들과 실재를 신비적으로 결합할 수 있는 형이상학적 해결책들을 제시한다. "오직 시간을 통과하는 것만이 시간을 정복하는 것이다"라는 그의 고백은 시간과 행동을 넘어 영원의 세계를 향한 시적 열망에서 비롯되고 있다. 그는 새로운 형이상학적 용어를 사용한다. 즉, '무시간과 정점'(timeless and the still point)에 대한 경험이 세속 시간 속에도 가능하다고 믿고 있다.

엘리엇의 초기 시에서 시간의 사용은 원자적이면서도 지속성의 성질을 갖고 있다. '원자적'(atomic) 시간이란 용어는 베르그송(Henri Bergson)이 사용한 '지속'(duration)으로 우리의 지각이 느끼는 시간의 계속성을 말한다. 베르그송은 '지속'을 오직 우리의 직관에 의해서만 느낄 수 있는 우주적인 의식이라고 불렀다. 이러한 베르그송의 신비적 시간의 의미를 엘리엇은 자신의 사중주에서 받아들일 수 없었다. 그는 지성과 직관 모두가 우리의 정신적인 과정 속에서 동시적으로 같은 힘을 작용한다고 믿고 있다. 이렇게 지성과 직관의 결합을 균형적으로 시도하였던 고전주의 시각을 좋아하였던 엘리엇은 시간과 무시간 모두 우리가 살아가는 세상 경험에서도 가능할 것으로 생각한다. 이처럼 시간 의미에서의 역사는 엘리엇의 무시간 의미의 형이상학에서도 결코 포기되지 않고 있다.

모리스 웨츠(Morris Wetz)가 엘리엇의 시간 개념을 신플라톤주의로 해석한 것은 잘못된 것이다. 코마르스와미(Ananda Coomaraswamy)는 기독교에 의해 받아들여진 신플라톤적인 시간의 관점과 힌두교와 불교에서의 시간의 의미가 많이 다르지 않다고 한다. 이런 지적 또한 잘못된 것이다. 사실 인도사상에서 신플라톤적인 시간의 의미는 역사의 원자적 시간을 초월한 최종적인 영원의 무시간 개념에 가깝다. 엘리엇에 있어서 기독교적 시간 개념은 기존 문화와 역사, 전통에 기반을 둔 직관과 지성 둘 다를 함축하고 있다. 즉, 신플라톤적 시간개념은 우리가 살고 있는 원자적인 세속시간의 문맥에서 설명이 가능하다고 엘리엇은 보고 있다. 그러므로 이상 형태이기는 하지만 여전히 엘리엇은 세속적 역사나 전통을 기반으로 한 '계몽된'(enlightened) 시간의 의미를 강조한다.

분명히 사중주의 중심은 그로버 스미스(Grover Smith)가 말한 것처럼 무시간의 정지 상태와 시간의 흐름을 통합시키는 곳에 있다. 시간에 대한 깨달음은 현실과 이상사이의 차이를 명확하게 구분하던 엘리엇의 초기 명상으로 거슬러 올라간다. 영원을 향해 있으면서도 일시적인 구원을 위해 더욱 중요하게 생각한 실체들은 세속의 역사, 전통, 시, 사랑 그리고 믿음의 가치들이다. 엘리엇에게 이러한 세속적 가치들은 다양한 의미의 사유방식을 창조하도록 제공되고 있다. 이처럼 상반되면서도 서로 만나야 하는 가치관들에 대한 압박감은 엘리엇에게 시에서 단일한 효과를 창출하기 위해 시간과 음악에 초점을 맞추게 한다. "단어들이 움직인다, 음악들이 움직인다. 오직 시간 속에서……, 영원히 그것의 정점에서"의 시간과 무시간은 언어와 음악을 통해 경계를 넘어 소통하고 있다.

엘리엇의 운율과 시들은 마치 시인이 철학적인 명상에 빠져 있다는 생각을 지울 수 없다. 그 명상은 인도의 요가처럼 고요하면서도 동적이다. 스스로의 감정을 이완하려는 잘 조합된 음악적인 리듬이 명상과 감성의 흐름을 조화롭게 만들고 있다. 이는 깊은 사색에 빠졌을 때 내면의 절제된, 그러면서도 자유로운 활동이 음악에 의해 조화를 이루게 되고 동시에 깨어 있기에 세속의 시간을 벗어나지 않는 사유방식과 관련이 있다. 네 개의 사중주에서 음악은 시어보다 세속의 소리와 리듬을 포함한다. 하지만 이것 또한 다른 종류의 사색 언어 구조와 상호연관을 갖고 있다.

엘리엇의 언어기반 사유방식은 중국 표의문자를 상기시키고 있다. 언어는 그 자체로 노래 부르는 방식과 흐름에 의해 단어들의 조합되고 구성되고 있다. 이런 방식은 파운드에 의해 중국문자 표기를 시적 정신활동으로 활용하였던 『캔토스』(*Cantos*)를 생각나게 한다. 엘리엇은 어떻게 이 『캔토스』가 중국과 같은 이국적인 물질들을 음악적인 효과로 창출하고 있는지 관심이 많았던 듯싶다. 중국문자의 경우 이미지 중심이면서도 소리에 의한 운율이 강조되는 특성을 갖고 있다. 따라서 언어의 이미지와 사운드의 결합은 한 구어가 다른 구어들과 어떻게 혼합될 수 있는지를 가르쳐주는 가능성을 보여준다.

엘리엇에 의하면 "이 리듬은 생각과 이미지의 탄생을 불러일으킬 수도 있다…. 그리고 주제의 순환적인 사용은 음악에서 만큼이나 시에서도 자연스럽다." 우리는 사중주의 단어와 구절들이 마치 대화하듯이 하지만 사색 속에서 리드미컬하게 반복되는 이미지들을 찾아 볼 수 있다. 이러한 음악적 효과를 보이는 이미지 중심의 단어들은 순환적인 사계절과 '4' 요소들(흙, 물, 공기, 불)을 전체적으로 조합하는 사이클과 맞물려 있다.

사중주는 사계절과, 구조적이고 주제적인 전체를 형성하는 흙, 물, 공기, 불이라는 '4' 요소들의 상징을 순환적으로 음악처럼 제공한다. 이러한 음악성과 순환성은 시간 속에서 순환되는 것, 변하기 쉬운 것들을 나타낸다. 역설적으로 엘리엇은 시간에 묶여있는 세계를 불안정한 것으로 설명하고 있다. 그는 동시에 변하지 않는 영원성의 생각을 시간 속으로 끌어들여 무엇인가 정적이고 안정감을 찾으려 하고 있다. 『황무지』에서처럼 죽음과 부활의 상징적 양식은 '정원과 상처받은 신, 강과 바다, 물에 의한 죽음, 어부, 유령과의 만남, 암흑, 분리된 교회, 부서진 왕, 불에 의한 황폐'처럼 죽은 식물이 다시 소생한다는 고대 식물신화에 나타나는 영원한 순환 주기를 통해 시간 속의 무시간적인 순례패턴을 추구한다. 마치 시의 언어와 음악적 흐름은 각 부마다 시 전체에서 구원의 화신을 향한 같은 순례자의 동일한 순례패턴을 반영한다.

예를 들면 「번트 노턴」("Burnt Norton")의 물리적 현실, 「이스트 코커」("East Coker")에서의 우주의 혼란, 「드라이 셀비지」("Dry Salvage")에서의 죽음, 「리틀 기딩」("Little Gidding")에서의 재생이다. 이러한 신화적 순환은 시인이 성한 법칙에 따라 시간의 이미지를 구성하며 일정한 방향으로 향해있다. 즉, 과거로 돌아가는 것을 반복하며 그 기억의 회상은 그 이미지들을 모으고 다시 미래로 진행한다. 각 부분마다 또한 이 4가지 패턴을 나타내는 이미지 구성으로 되어 있고, 세부적인 에피소드마다 더 구체적인 의미와 과정을 드러낸다.

「번트 노턴」은 공기 이미지 구성을 상징적으로 의미한다고 한다. 공기란 형상은 없고 무한을 담는 그릇이다. 공기는 다양한 물질 형태와 시간을 초월한 공간으로, 때로는 천상으로 표현되며 무수한 생명체와 물질을 무형태의 '일체'(all-inclusiveness)로 통합한다.

「이스트 코커」는 흙의 이미지 구성으로 흙은 모든 생명체를 태어나게도 하지만 죽음을 묻는 곳이기도 하다. 흙은 곧 우리가 사는 세상이기도 한다. 세상의 법칙, 자연의 법칙이 지배하는 곳으로 어느 누구도 피할 수 없는 곳이기도 하고, 인간의 모든 추악함과 더러움이 지배하는 곳이기도 한다. 그러므로 흙은 세상의 종말적 파멸을 의미하는, 일반적으로 전쟁을 암시하는 시대의 암울한 비극 등의 혼란스러운 이미지들을 보여준다.

「드라이 셀비지」는 물의 이미지 구성으로 물은 마치 파도처럼 넘실거리며 끝없이 인간을 실어 나르고 어딘가로 싣고 가는 인생에 비유되고 있다. 파도에서처럼 모든 것은 시간과 시간 밖에서 일어나고 흘러 들어간다. 우리가 어디에서 태어났으며 어디로 가는가를 묻는 다면 아무도 대답하는 사람이 없을 것이다. 혹여 그 답은 사람마다 다를 정도로 때가 되면 죽어가고 동양의 윤회설처럼 다시 태어나는 생명체의 순환성을 닮고 있다.

「리틀 기딩」은 불의 이미지 구성으로 모든 것을 태워버린다. 인도의 힌두교에서 보듯이 화장을 통해 육신을 소멸시키고 정신은 새로운 육신을 찾아 떠난다. 그 끝없는 여정은 끝없는 정화를 요구하며 인간의 삶의 패턴을 지배한다. 시간의 움직임 속에는 그 순환의 연결고리에서 헤어나오지 못하는 영원의 정막감이 지배하고 하나의 우주원리로서 인간의 삶을 움직이고 있다. 하지만 그래도 이러한 순환패턴의 굴레에서도 더 행복하고 싶어하는 인간의 욕구는 끝없이 인간을 성육의 도구로서 정화를 요구한다.

성육화 과정은 "의미 껍질(꼬투리)" 이상으로 엘리엇이 "생의 언어를 넘어 불로 말하는 죽은 자의 소통"을 추구하는 입장을 가리킨다. 엘리엇은 이러한 탐색과정 마지막에 신의 말을 듣는다. 신의 이성, 즉 신의 말, 로고스와의 만남을 시 언어로 형상화한다. 그 언어에는 혼이 없는 말들의 변신을 모색하지만, 그래도 영혼의 어디엔가 로고스로서의 에덴동산의 기억과, 신과의 완벽한 친교의 기억이 있고, 순간적 깨달음, 변신의 힌트들, "의미의 은총"(grace of sense)이 있다. 이러한 은총은 세속적인 것과 신성한 것 사이에서 언어로 계시되고 있기 때문에 언어는 곧 시간과 무시간을 초월하며 지속적으로 인간과 상호교접을 시도한다. 영원에 대한 과거의 기억, 어쩌면 존재하지 않을지 모르지만 과거 꿈을 꾸었던 실존적 인간의 군상들과 그들의 경험이 그나마 새로운 의미로 다가서며 위안과 위로를 준다.

특히 인간이 공허한 골목이나 황량한 사막에 서 있을 때처럼 홀로 신을 만나듯이, 신의 음성을 듣게 된다. 이때 신의 말은 로고스로 "상자모양의 원"(box circle)에서 상호교차할 때 메마른 영혼은 햇볕으로부터 물로 가득 차듯이 깨달음의 순간 환희와 쾌락으로 가득 차게 된다. 기억과 깨달음은 햇볕으로부터 물의 정화로 오는 의미를 따라 진행한다. 물론 물은 세척을 의미하며 몸을 씻는 종교적 의식행위를 의미한다. 씻고 나면 육체가 개안하듯이 정신도 새로워지는 과정을 의미하며, 결국 정화적인 의미의 언어는 불과 "로터스 장미"(lotus rose)로 표현되며 "회전 세상의 "정점"(the still point of the turning world)에서 유일하게 신의 형상으로서 기능한다.

「번트 노턴」은 물리적 본질에 관한 신의 형상으로 시작한다. "진흙 속의 마늘과 사파이어가 심어진 굴대를 엉키게 한다." 물리적 현실이 우리를 즉각적으로 사로잡지만 굴대의 이미지는 회전 세상의 정점 이미지에 있는 형이상학적 차원에서 어떤 통합을 제시한다. 굴대의 이미지는 마치 신의 형상과 같다. 회전 세상에 대한 엘리엇의 모티브는 세속시간의 세상과 영원시간의 세상영역을 통합하듯이 모든 삼라만상과 일체적이다. 굴대는 진흙 속에 박혀있고 우주의 물질에 엉켜있다. 모든 존재형태는 진흙에서 별들의 흐름까지 그 정점 주위로 회전하며 그 정점은 존재의 모든 단계에서 신의 형상으로 나타난다.

공기의 이미지 구성은 인간의 사고 과정에 상응한다. 공기 이미지들은 기억 속이나 물리 현실을 초월할 지적이고도 정신적인 사색의 힘을 가리키는 그 무엇이다. 비록 공기는 물리적 형태는 없지만 그 무엇이 존재하는 공간이다. 그리고 그 공간은 세속을 초월하는 근원으로 작용하고 있다. 그렇게 공기로 들어갔다 다시 물리 현실로 돌아오는 그 일체 패턴은 현실과 영원을 타협하며 반복적으로 일어난다. 메이고 초월하는 패턴은 육체적인 것보다 정신적이다. 삶의 형태는 그 반복된 패턴을 추구하지만 동시에 영속적 리듬을 추구하기 때문에 우주형상으로서도 목격된다.

"그 피 속에서 떨리는 음률은 뿌리 깊은 상처 아래에서 노래하며 오래 잊혀진 전쟁들을 달래준다. 그 아래에 멧돼지 사냥개와 멧돼지가 이전처럼 자신들의 패턴을 여전히 따르지만 별들 사이에서 화해한다." 끝이 없는 이러한 반전 이미지는 별들에게까지 확대되면서 같은 패턴으로 이루어지고 있다. 우리 피의 떨리는 소리는 새로운 것을 열망하며 과거의 상처아래에서 노래하고, 멧돼지 사냥개와 멧돼지를 분리시켰던 갈등은 없어지고 이들은 결합된다. 모든 삶의 형태는 이전처럼 나름의 패턴을 추구하고 그 패턴은 영속적 반전 속에서 신의 계시대로 움직인다.

다음 시행의 언어는 그 움직임이 어디에서 시작하고 끝나며 그 의미를 어디에서 찾는지를 알려준다. 그 곳은 "모든 회전 세계의 정점"이다. 움직임과 정지 사이의 이러한 기본적 이율배반은 보다 분명한 용어로 반복된다. 움직임의 힘은 "욕망"이다. 움직임 자체에서 욕망은 바람직하지 않지만 그 원동력으로서 기능하고 실제 화해는 정점에서만 일어난다. "육신도 아니고 비육신도 아닌, 오는 것도 아니고 가는 것도 아닌, 정점에 춤이 있다." 여러 역설은 부정적임에도 불구하고 모두가 정점 그대로를 적극적으로 전달하고 그 자체 안으로 모든 반대들을 모아 절대적 균형을 이루려고 한다.

회전 세계는 그 중심에서 정점에 대항하지만 전체적 이미지는 모두 일체적이다. 이러한 이미지 안으로 의미 세상이 포함된다. 우리의 특별한 처지는 궁지에 빠져있지만 영원 속에서 환희의 순간을 기억하고 그것을 체험하려고 한다. 결국 시간대에서 우리의 행동은 존재하고 있고 시간 밖에서 시간 속의 순간과 시간 밖에서 가졌던 경험 모두를 우리는 기억한다. 그래서 마치 굴대가 마늘과 사파이어와 함께 진흙 속에 박혀 있듯이 시간 밖의 순간은 시간 속과 연루된다. 신의 형상과 연류되는 경험은 초월적인 순간 경험보다 언어를 통해 비로소 가능해진다. 언어는 신이 살아있는 의미를 담아내고 있다.

여기에 신에 의한 구원의 말씀이 엘리엇에 의한 구원의 탐색에 관한 스토리로 재현된다. 엘리엇은 소리친다. “빨리 찾아 빨리.” 엘리엇이 찾는 것은 영원성을 향한 무시간 영역으로 이미 들어왔던 말들인 기억 속의 낱말들의 되울림이다. 엘리엇은 햇빛이 가득 찬 연못의 현실을 느끼면서도 즉, 변화를 느끼면서 그 중심에 변하지 않는 정점이 있다는 것을 안다. 거기에 춤이 있고 그 춤은 그에게 자신의 시이고 춤은 시어이다.

하지만 그 외침은 “인류는 너무 모진 현실을 견딜 수 없다”고 사람들에게 상기시킨다. 자신의 내적 체험을 외연으로 확대하고 있다. 세상 사람들에게 자신의 구원방식을 알리고자 하는 외침같다. 혼자 갖기에는 너무 가치가 있는 깨달음이기에 세상과 공유하고 소통을 하고 싶어한다. “박힌 굴대”에서의 십자가의 암시는 물론 실수로 묘사하고 있는 것이 아니다. 그 십자가는 어쩌면 엘리엇 자신이다. 『네 사중주』에서 “아이디어와 비유는 하나이다”(“Metaphysical Poets” 2207). 구원의 길은 십자가의 길이며 막힌 것이 풀린 자유 그대로이다.

인간의 조건은 어떻게 엘리엇의 언어처럼 될 수 있는가. 「번트 노턴」에서 정원은 인간과 신, 말과 로고스 사이의 친교가 가능하였던 타락

이전 에덴에서의 경험을 의미한다. 아담의 경험은 세월은 지났지만 인류의 기억 속에서 영혼의 기억을 통해 되울린다. 하지만 인간의 3중고라 할, 그 언어는 감각, 공상, 정신으로서 인간 내면의 어둠 속으로 그 의미가 전락하였다. 언어의 타락은 언어의 타락이기 이전에 인간의 타락을 말한다. 그 언어는 "감각 세계의 죽음"이며, "공상 세계의 철수"이며, "정신세계의 무작동"이다.

타락 이후 언어들은 시간에 메이게 되었고 시간 속에서 움직이지만 타락 이전의 상황을 회복하면 같은 언어라도 영원을 향한, 시간이 무시간과 교차하는 말로 변신이 될 것이다. 하지만 그러한 교차까지 언어는 효력이 없으며 "부담으로 긴장하고 갇히며 때론 단절된다."

"사막에서 말이 유혹의 목소리에 의해 가장 공격을 받는 것"처럼 엘리엇의 말들은 악마적인 "날카로운 목소리들, 경멸에 찬 혹은 조롱에 찬 혹은 단지 주절거리는" 목소리에 우선 끌린다. 생명이 없고 신의 형상이 없는 그 말들은 단지 모방으로 시작한다. 말의 신격화를 향한 탐색이 유혹의 사막에서 역설적으로 시작한다. 세상은 역설로 가득 차 있기에 그 역설의 힘으로 다시 신의 형상을 찾는 것이다.

이제 「이스트 코커」는 도처에서 우주적 혼란으로 시작한다. 이는 언어적 혼란을 의미한다. 그 언어는 엘리엇이 그렇게 바라는 언어들이 아니다. 11월, 봄, 여름, 그리고 겨울 모두 죽은 언어로 흙에서 시작한다. 흙의 언어에서 도대체 구원의 힘을 얻을 수 없다. 흙의 이미지 구성은 전 우주의 혼란이다. 흙으로 된 육체 구성은 병들며, 계절의 계속은 전체적으로 무질서로 그려지고 전반적으로 혼란스러워진다. "천둥"처럼 전쟁의 소리는 "구르고" "구르는" 이미지를 반복하면서도 영혼의 울림에 무엇인가 자극을 준다. "전갈은 태양과 싸우고" 빛은 사라진다. 비전은 "세상을 파괴적 불에 끌어들이는 소용돌이 속에서 회오리칠 때" 지각이 변동하는 파괴를 동반한다. 거기에 이 세속적 전쟁을 되울리는 천상의 전쟁을 암시하는 사악한 의미가 있다.

전체적으로 인간의 혼란과 갈등을 반향하는 이러한 천상의 무질서는 육체와 정신 모두에서 엘리엇의 황무지를 연상시킨다. 엘리엇은 그의 시적 언어가 "아주 만족스럽지 못한" "다 헤어빠진 시적 형상"임을 반영한다. 그 스스로 "말과 의미와 감당할 수 없는 투쟁"에 여전히 버려져 있다. 그는 시란 중요하지 않으며 문제는 "의미들"이라고 말한다. 말은 그 의미를 소통하여야 하지만 이미 세속에 타락한 언어는 구원의 힘이 없다.

11월 이미지로부터 엘리엇의 삶은 혼란으로 변하며, 다음 시행들은 집중적으로 그의 삶과 관련된 시대의 지혜들은 쓸모없다며 비난하기 시작한다. 경험의 지혜는 우리 모두 통과해야 하는 어둠에서는 쓸모가 없다. 엘리엇은 죽은 언어로 된, "죽은 비밀의 지식"에 마침내 이르게 된다. 과거 지식은 "패턴을 부과하며 그릇되게 하고" 그리고 "시대의 지혜" 등은 보기에도 시대의 실제 경험을, 그 갈 길을 가르쳐주지 못한다. 오히려 그릇되게 한다. 이처럼 경험의 지혜는 우리를 속인다. 이를 벗어나는 곳은 죽음밖에 없다. 죽음의 순간에 세상의 지혜는 도움도 안되지만 우리에게 "더 이상 해를 가할 수 없다." 죽음의 어둠은 신의 지혜에 비추어 세속의 어둠이며 언어의 생명을 앗아가고 있다.

엘리엇에게 "겸허"의 개념은 어느 사회나 보편적 미덕으로서 성취하여할 "유일한 지혜"이다. "겸허의 지혜는 끝이 없다"라는 표현에서도 겸허의 언어적 의미는 세상의 실제적 의미에서 사용하는 것과는 다소 다르다. 반대로 마지막 연에서 죽음은 인간의 경험까지도 비록 그 형태가 모든 지혜로 나온 것이라고 하더라도 무의미하다. 어쩌면 겸허의 본래의 의미는 세속적이라기보다 신성한 속성을 갖고 있는지 모른다. 죽음은 그 겸허까지도 삼키기 때문에 인간의 오만을 자극할지 모른다. 죽음은 어둠으로서 "죽은 비밀"의 지식으로 세상에서 지켜야 할 겸허의 덕목을 파괴할 수 있다.

어둠 속에서 시간의 유혹은 죄의 인식이며 타락의 인식이다. 시간은 "말과 의미와 감당할 수 없는 투쟁에 여전히 시인을 남겨둔"체 죽음을 재촉한다. 시간 속에서는 말의 힘이 너무 연약하다. 「이스트 코커」에서 엘리엇은 자신의 시와 언어의 힘이 쇠락하고 있다는 것을 인식하며 결과가 없어 살아있는 언어가 없는 "시는 중요하지 않다"고 결론을 내린다. 시와 언어의 효과를 위한 치유는 어둠 속으로 직접 내려가 기꺼이 고통의 행위를 동반하는 일이다. 언어 속에 살아있는 숨결을 부여하려는 시도라 할 수 있다.

엘리엇은 "우리가 얻을 수 있는 유일한 지혜는 겸허의 지혜"라고 하면서도 살아 있는 지혜를 주목한다. 다른 사람들이 말로 살아 갈 수 있도록 자신의 말에 생명을 넣는 작업은 지난하지만 시적 행위 중 가장 모범적이다. 시인의 말은 그가 "조용하니 신의 어둠이 될 어둠이 오도록 할"때 그 순간 죽음을 통해 재생된다. 시인, 그리고 엘리엇이 하는 말은 신의 말인 로고스에 굴복하며 "상처 입은 외과의"로 다시 태어나는 일이다. 진정한 치료를 위해서는 스스로 상처가 있어야 하고, 그 상처를 가장 잘 아는 자가 되어야 한다. 참된 친교는 고통 받는 로고스, "뚝뚝 떨어지는 피"와 "피의 육신"에 참여하는 데에 존재한다. 이 순간 인간의 노력은 하찮은 짓이며, 그의 말은 "의미 없는 말짓"을 어지럽힌"다는 의미 이외는 없다.

엘리엇이 철저하게 자신을 죽일 때, 즉 "해변에 뼈" 그리고 "자신과 더불어 자신의 말이 죽을"때야 비로소 그는 "성수태 고지의 기도할 수 없는 기도", "당신의 말이 나에게 그대로"를 기도한다는 의미에서 새로운 생명력을 얻는다. 새로운 변신이다. 이러한 경험이 비록 제도 종교가 주창하는 형태는 아니라고 하더라도 시를 써야 하는 시인의 언어는 시인의 구원의 몸짓을 담아내는 글짓에 해당된다. 그 언어 자체가 유사 종교형태로 구원을 위한 강한 모티브를 준다.

「드라이 셀비지」는 그러한 유사 종교 경험일 수 있는 '수태고지'를 설명한다. 수태고지는 성육신을 임신한 동정녀 마리아를 연상시킨다. 마치 언어가 시인에게 수태되어 신의 소리를 성육화하는 이치이다. 이는 로고스의 성육화를 그려내는 시적 활동과 일치한다. 시인이 그렇게 되어 지도록 기도한다면, 자신의 영혼 내부에서 말씀의 힘인 신의 음성을 듣고 싶어 할 것이다. 그리고 그 말은 성육화를 기다리고 있는 동안 다시 "기도, 의식, 생각 그리고 행동"에서 다시 잉태되어 정화되어 간다.

엘리엇은 시와 시의 언어로 다시 태어난다고 하지만 여전히 불완전하다. 착각일 수 있다. 어떻게 시 속에서 신의 목소리를 언어로 형상화할 수 있을까. 아마 이러한 소망은 모든 시인들의 염원일 것이다. 하지만 시인은 세상에 속해 있고, 그의 사고는 여전히 진행하고 있으며 시간 속에 있다. 시간 속에 있는 한 그의 말은 그 시간 속에 있다. 우리는 지속적으로 엘리엇이 "예술가의 진행은 지속적인 개성의 죽음"이라고 믿고 있다는 것을 알고 있다(「전통과 개인의 재능」 2201). 하지만 "말은 정점을 향해 움직인다." 이것은 반은 추측으로 된 암시이며 반은 단지 정신적으로 이해되는 재능이며 성육화이다.

신의 말 로고스는 살이며, 명시적으로 인간 속에서 신성을 드러내야 한다. 단순한 말은 변신이거나 유사 종교형태를 모방하고 있다. 그 성육화의 정점에 속죄가 있어야 한다. 「드라이 셀비지」는 그래서 죽음의 생각으로 시작한다. 인간 존재의 죽음의 이미지는 "죽음의 끝에 소리 없는 울부짖음 / 가을꽃이 꽃잎을 떨어뜨리며 움직이지 않고 조용히 시들어가고 있다.” 죽음의 이러한 생각은 또 다른 “해변의 해골” 이미지로 확대된다. “표류하는 난파선의 끝에 해변의 해골에 대한 기도 / 불행한 수태고지에서 기도할 수 없는 기도인가?” “표류하는 난파선”은 물의 이미지를 강조하며 바다 폭풍에서처럼 울리는 재난을 말하고 있다. 바다 난파선은 죽은 해골들로 가득 차 있고, 바다는 그 시체들을 해안으로 몰아내 씻겨 밀어낸다. 해골의 기도는 죽음의 신에 기도하기 때문에 기도할 수 없다.

각 연마다 6행으로 구성되어 있는 세스티나(sestina) 형식은 마치 물의 파동이 일어나고 떨어지는 것처럼 생명 흐름을 반영하고 있다. 이러한 리듬패턴은 “끝은 어디이며” “끝은 없지만 덧붙임이며 시간과 날이 갈수록 따라오는 결과”라는 수사학적 질의에 대한 응답이다. 생명의 연속성에 대한 아이디어는 “끝이 없이 덧붙여지는” 지친 현실을 경멸하면서도 더 많은 시간을 시간에 덧붙이는 꼴이다.

시간 자체는 감정이 결여되어 있다. 하지만 생명의 끝에 최종 덧붙임이 있다. “추락하는 자만심 혹은 추락하는 힘에 대한 분개 / 천천히 새고 있는 표류하는 보트 안에서 / 최종 선포를 알리는 거부할 수 없는 종소리를 / 말없이 듣는다.” 최종 선포를 알리는 종소리는 회피할 수 없는 죽음의 순간이다. 이 순간 진정한 고통이 없다면 시간과 더불어 우리의 과거 힘이나 우리의 존재는 추락하게 된다. 그리고 그러한 힘에 대한 우리의 자존심은 추락하게 되고 그 실패에 대한 우리의 분개는 그 힘마저도 추락시킨다. 그래서 초연하다는 의미는 인간의 행위에 대한 보다 높은 식견으로 이해된다. 여기에 시간은 심지어 “천천히 새고 있음”에서처럼 “표류하는 보트”로서 이미지화되고 있다. 시간의 이러한 끝없는 리듬은 우리를 죽음으로 이끌며 바다 종소리는 이러한 마지막 선포를 알린다.

거기에 끝은 있는가라는 질의는 반복된다. 어부는 대양의 이미지에 비추어 시간의 바다위에 초라한 인류의 모습으로서 여기 소개된다. "우리는 무시간대인 시간을 생각할 수 없다." "우리는 영원히 낚시를 드리우고 끌어 올리는 어부를 생각해야 한다." 그들은 부두에 돛을 말리며 심지어 돈을 버는 삶을 살아가는 노력도 한다. 하지만 죽음 앞에서처럼 모든 것이 허무하고 삶의 마지막 목표는 결코 실현되지 않는다. "목소리 없는 울부짖음으로 거기에 끝은 없으며," 바다의 표류 혹은 인간이 표류하는 난파선에도 끝이 없다. 시간의 영역에서 죽음의 신을 향한 기도는 시체에 불과한 최종 종착지이다.

"하나의 선포"의 의미는 과거와 미래가 모아지고 화합되어지는 곳인 신의 형상인 정점에서의 패턴을 말한다. 과거는 시인과 함께 기도와 함께 다가온다. 그 패턴은 "행복에 할당할 수 있는 모든 의미를 떠나 다른 형식에서" 새로운 것이다. 그 의미에서 소생되는 행복으로서 그 경험 자체는 한 삶만의 경험이 아니라 많은 세대의 경험이다. 엘리엇에게 과거는 "아마도 아주 지울 수 없는 무엇인가를 잊지 않으며" 그 패턴을 새롭게 느낄 수 있을 때 회복된다.

「드라이 셀비지」가 회복을 위한 계획을 제공하고 있다면 「리틀 기딩」은 노년의 선택을 나타내고 있다. 노인은 보다 젊은 시절 선택의 충동에서 오는 지속적 타락보다 대신 정화의 불을 상징한다. 말이 포함하고 있는 모든 것을 정제된 불에 의해 회복하지 못한다면 그 때의 말은 의미의 껍질뿐이다. 다만 그 의미의 껍질에는 구원에 반하는 선택이 있을 뿐이며, 타락과 과실 없는 저주받은 불이 있을 뿐이다. 시인이 말의 정제를 선택할 때 "빛나는 공포의 불꽃으로 / 비둘기가 하강하며 공기를 가른다." 순간 죽은 말과 살아 있는 말씀으로 로고스의 역설이 결합한다. 그 변신은 완성되며 시인의 말은 순화된다.

"모든 말은 제자리에 있고 다른 말을 지원하며 차별이 없고 장식도 없다. 옛것과 새것이 쉽게 교통하며 평범한 말은 속됨이 없이 나오며 형식적인 말은 학자연하지 않고 정확하며 완벽한 조화로 함께 춤을 춘다." 교제 혹은 소통, 그것은 불꽃같은 혀의 힘이며 회복을 의미하며, 끝에서 시작하는 5순절(성령강림절)의 선물이다. "우리 모든 시작이라고 부르는 것은 종종 끝이며 / 그 끝을 만드는 것은 시작을 만드는 것이다. / 그 끝은 우리가 시작하는 곳이다." 에덴에서의 소통의 순수함으로 되돌아가는 일은 사랑, 불에 의해 성취되며 "불과 장미는 하나이다."

「리틀 기딩」의 2장은 네 요소의 죽음 이미지를 제시한다. "이것은 땅의 죽음"이며 "이것은 물과 불의 죽음"이다. 그래서 불의 죽음은 다 타버린 장미의 이미지로 태우고 강화되는 과정을 암시한다. 타버린 장미는 강렬한 삶의 이미지로 기능하며 불과 장미를 하나로 변형시킨다. 불의 이미저리는 사라져 가는 숨결의 아이디어를 소멸시키며 그 죽음으로부터 적극적 성취에 대한 희망을 그럴듯하게 불러들인다.

재(공기)와 먼지(흙)의 이미지는 장미 정원의 비전의 죽음을 말하며 생명과 연결되는 비전의 기억을 가리킨다. "흡입된 죽음은 하나의 집이었다." 그 집은 인간의 육체와 그 재생을 형성하는 은유이며 "희망의 죽음과 절망" 끝에는 변화에 직면한다.

공기와 흙의 죽음 이미지는 영국의 전쟁 파괴를 암시하며 죽었던 과거인들, 혹은 죽음에 의한 유령들과 힘겹게 갈등을 겪고 있는 엘리엇이 연상된다. 엘리엇을 둘러싸고 있는 파괴의 배경은 그리스도를 파괴하였던 배경 그대로이다. 이제 물과 불은 그리스도가 한 것처럼 희생의 의미로부터 영국 도시를 계승하지만 그 도시는 전쟁으로 과거를 잃어버린 과거의 숨결만 남아 있는 파괴 자체이다. 예루살렘의 파괴, 그것은 영국 도시의 파괴이다. 그리스도의 이미지는 엘리엇이 거부하고 망각하는 이미지를 함축하고 있지만 또한 그 반대로 그의 희생이 있을 때 모든 요소들은 다시 태어나며 물은 세례의 물로서 불은 정화의 불로서 먼지와 재는 인간을 구원하는 의미로서 다가온다.

시인은 아침 전 어느 불확실한 시간대에 어떤 낯선 만남을 기다리고 있다. 그 이방인의 정체성은 시인의 그림자들, 아마도 "몇몇 죽은 거장"인 유령들이다. 하지만 그 유령은 시인에 정통해 있지만 식별할 수가 없다. 엘리엇은 이 유령들을 만나며 이들과 말을 나눈다. 소통의 의미는 두 자아가 서로 "이중 부분"으로서 말할 때 현실화된다. 마침내 엘리엇은 유령으로부터 자신 내면에서 "시대를 위해 보존된 선물"을 발견하게 된다. 소위 정통과 전통의 토양 위에서 생성되는 새로운 살과 뼈로 과거의 거장 유령들이 피처럼 엘리엇의 핏속으로 진입한다.

영국의 과거와 죽은 거장들과의 이러한 소통은 죄의식을 청산하고 구원에 대한 강렬한 염려를 드러낸다. 결국 시인은 타인에 의해 용서받는 자, 선과 악 모두를 용사하려는 기도로 시작한다. 비록 우리가 선과 악 모두에서 보듯이 불완전하지만 생명은 그 말씀, 로고스와 상징적인 전체성을 경험할 때 완전한 성육화로 회복될 수 있는 정제의 불에 의해 가능하며 지속적으로 정화를 수행하는 행위로 살게 된다.

엘리엇은 시간 안의 끝없는 움직임에도 불구하고 그 움직임과 동시에 자유로움의 패턴에서 고요함을 찾을 때 기꺼이 그 불의 정화를 받아들인다. 시와 시 언어는 비로소 살아 있는 영혼의 소리로, 영국의 문화와 역사에서 가장 아름답고 경외심으로 가득 찬 목소리를 흉내내게 된다. 하지만 이 흉내도, 이 신의 말 로고스도 시 속에서는 모두가 유사 종교형태로 로마 가톨릭 형태는 아니다. 동방의 신들의 목소리들이 이질적인 유사 종교형태라면, 시속의 신의 목소리는 동질의 유사 종교형태이다. 그 모티브는 『네 사중주』 내내 '4' 요소들인 물, 불, 공기, 흙을 통해 전달되는 서양적인 것들과 동양적인 것들의 충돌과 융합에서 일어난다.

각각의 사중주는 엘리엇의 사적이고 가족 역사를 담은 장소에서 그 명칭을 따왔다고 한다. 「번트 노튼」은 글루세스터셔의 에브링톤에 있는 시골집으로 알려져 있다. 그는 1934년 여름에 그곳에 방문했었다. 「이스트 코커」는 엘리엇 가족이 미국으로 이민했던 섬머셋셔의 남동쪽에 있는 마을로 알려져 있다. 「드라이 셀비지」는 메사추세츠의 앤 케이프 해안에서 떠내려 온봉우리가 있는 작은 바위 돌더미라고 한다. 엘리엇은 자신의 어린 시절에 보냈던 여름방학을 기억하고 그 장소의 이름을 사용하고 있다. 헌팅돈셔에 있는 「리틀 기딩」은 엘리엇이 1936년에 방문했던 곳으로 니콜라스 페라르에 의해 1625년에 설립된 영국인들 종교 단체의 자리라고 한다. 한때 찰스 왕이 세 번이나 방문했다고 하며, 나중엔 청교도들이 그곳을 수치로 생각하고 모욕을 주었다는 이야기가 있다.

사중주의 주제적 진행은 이처럼 간단하지가 않다. 모두 어떤 의미나 이미지를 함의한 명칭들이다. 구조에 있어서도 엘리엇의 사적인 경력과 신앙의 영향이 반영되고 있어 보여, 각각의 이름과 그곳의 역사적인 의미를 떠나 설명하기 어렵다.

네 제목의 각각은 장소이지만 의미있는 장소이며 「이스트 코커」의 진부한 이름인 푸트니(Putney) 그리고 크럴킨웰(Clerkenwell), 지옥으로 가는 길에 있는 단순한 정류장 등과 같은 우울한 런던 교외와는 다르다. 이 시의 주제는 세속적인 말과 성스러운 말씀의 교차로에 있다. 후자는 엘리엇이 줄 수 있는 모든 시적이며 동시에 기독교적 함의를 반영하고 있다. 하지만 시적인 시인의 말과 성스러운 신의 말씀이 교차하는 곳 어디에도 결코 엘리엇은 머물러 있지 않다. 어쩌면 그는 영국과 미국 양 세계에서 영원한 경계자로 이방인일지 모른다.

대체적으로 종합하여 보면 사중주는 언어, 역사, 음악, 시간 그리고 무시간에 대한 엘리엇의 언급에서 볼 수 있듯이 자신이 경험한 전체적인 맥락에서 분리할 수 없고 이를 떠나 이해되기도 어려워 보인다. 시와 시어는 이미 역사, 음악, 시간, 무시간의 영역을 담고 있는 사색적인 이미지를 보인다. 엘리엇에 따르면 시간의 안에 있거나 밖에 있거나 "오로지 형태나 양식에 의해서 말이나 음악은 그 정점에 도달할 수 있다"고 한다. 시적 언어에서 우리는 한 인간의 사색과 지적인 철학 그리고 종교적 믿음의 목소리를 들을 수 있다. 그러므로 무시간의 감각이나 마음의 움직임은 고요한 정적 상태에 있고 말이나 소리는 고요하게 사색하는 음악처럼 흐르고 있다. 하지만 이 말과 음악의 이동은 세속 시간 속을 반향하며 영원과 소통하고 있는 것을 느낄 수 있다.

그러나 발화 후에 말들은 침묵 속으로 빠져들지도 모른다. 음악적인 정교함을 갖춘 말들이 의식 상태에서 제때 시작할 수 있지만 일단 이어 영원의 감각으로 빠진다면 개인적인 딜레마에 빠져들며 발화보다는 언어의 사색으로 빠질 위험이 많다. "중국 도자기가 조용히 있을 때 / 그것은 정지 상태에서 영원히 움직인다"는 표현은 그러한 엘리엇의 딜레마를 단적으로 보여주는 경우이다. 직관에 빠지지 않고는 그 중국 도자기가 움직이고 있는 것을 느낄 수 없다. 지속과 직관은 시의 세계에서나 가능한 일이지만 시를 벗어나면 세속의 시간을 우리를 다시 직면해야 하는 딜레마를 갖게 된다. 시는 이런 의미에서 물의 흐름처럼 사물에 대한 직관력을 갖게 한다. 매우 신비적이지만 엘리엇은 시어로 음악성을 유지하며 이 신비적인 탈출을 현실 속의 대상과 대화하며 제어하려고 노력한다.

「드라이 셀비지」는 아마 엘리엇의 가장 대화적인 재치가 넘치는 시적 산물임을 알 수 있다. 그의 시론인 '객관적 상관물'(objective correlative) 적용이 이 시에서 가능하고 이 시는 영어의 순수한 방언을 사용하면서도

1인칭 화법과 대화법 그리고 편안함을 전달한다. 모든 것으로 보아 「드라이 셀비지」는 가장 영웅적 형식 장치인 세스티나를 포함하고 있으며 「번트 노턴」의 주요 아이디어들을 발전시키고 있고 「리틀 기딩」의 시적인 말과 신성한 말씀 구문이 분리되어 있지만 여기에서는 이 둘이 상호대화를 할 수 있는 길을 예비하고 있다.

엘리엇이 글머리에서 설명하듯이 「드라이 셀비지」는 '세 미개인'(les trois sauvages)이라 할 3명의 인디언들을 등장시킨다. 뉴잉글랜드에나 적합할 이 불어 언어는 다소 낯설고 설명하기 어려운 단어이다. 어쩌면 미국문화는 그에게 세 미개인들처럼 미개한 세상으로 비쳤는지 모른다. 세속 속에서 그 언어 이름은 또한 난파와 해난 구제 그리고 황폐함과 구원을 동시에 불가능하지만 결합시켜 본 글자 그대로의 기표이다.

이 사중주의 마지막 부분이라 할 이곳에 다인종 다문화의 미국의 상황, 신성하면서도 지옥 같은 대서양과 억압된 이 이교도들 그리고 청교도와 로마 가톨릭의 영향사이에서 엘리엇은 자신이 떠났던 미국적 환경과 언어를 로고스 '말씀'이 아니라 세속 '말'로 되새겨 보고 있다. 미국은 말이며 영국은 말씀으로 규정하기는 어렵지만 전통이 살아 움직이는 영국적인 것으로부터 엘리엇은 자신의 흔적을 발견하였을 것으로 보인다. 사중주의 주제 언어는 그래서 자신이 살았거나 그 흔적을 살펴 볼 수 있는 지역을 의미하기도 한다.

「이스트 코커」에서 미국으로 이민을 오기 전 자신의 선조들이 살고 있던 고향을 방문하면서 엘리엇은 시간과 공간상 반대의 여정을 걷게 된다. 이 부분도 영국의 정신적 고향으로부터 개인적 어린 시절의 고향에 이르는 여정을 말하려고 하지만, 기실 이 부분에서 엘리엇은 어린 시절 자신이 거주하고 성장하였던 미국에서의 개인("Animula")의 중요성을 거절하고 있음이 틀림없다. 역설적으로 미국에서 그는 망명자이다.

미국에서의 시간은 그냥 시간일 뿐이며 조상들이 구구하게 살며 그 흔적을 영원하게 남긴 영국에서 가졌던 무시간은 아니다. 시간을 통해 그가 시간을 정복하고자 하는 곳은 미국을 버리지 않으면서도 영국적인 의미를 새롭게 정립하는 곳이어야 함에도 그러한 고충과 고민을 해소하지 못하고 있다.

엘리엇이 말하는 의미 있는 토양이란 미국보다 영국적인 것을 말한다. 주목 나무의 쓰디 쓴 전쟁의 상징주의와 더불어 영혼은 구원되지 못한 말로 가득 찬 단지 인쇄된 글에 불과하고 시 언어는 단지 소일거리 이상도 아니다. 그 어려운 말 ‘거슬림’(reversion)은 무엇을 의미하는지? 첫째가 미래의 즐거움을 위한 앞으로 해야 할 올바른 행동에 대한 이유이며 또 다른 이유는 엘리엇이 미국적 이름을 준 이유이기도 한다. 미국적 이름이란 바로 진정한 믿음 이전 조건에 복귀하는 행동을 의미한다.

「드라이 셀비지」는 가장 승리에 찬 부분이며 가장 아름다운 부분이기도 한다. 그 의미와 경험을 빠뜨릴 수 없을 정도이다. 「드라이 셀비지」에서 스스로 미국의 추방자가 된 엘리엇은 자신이 선포하고 자신의 시에 성육화 주제를 도입하면서도 자신의 시가 신의 음성인 로고스에 어떻게 접근할 수 있는지를 보이기보다 세속적인 말을 함으로써 스스로 정화할 위치를 찾는다. 말이 신의 말씀이 되는 과정과 그 경험을 소중이하고 있다는 의미로, 시는 그 소중한 체험을 담아내는 공간이며 시 언어는 그러한 경험을 반영하는 살아 있는 성스러움 그 자체이다.

엘리엇은 자신이 가장 의미 있게 생각하는 토양위에서 가장 의미 있는 경험을 시 언어로 형상화하고자 한다. 「드라이 셀비지」의 기본 상징과 주제는 강, 바다, 여성(상류층과 하류층의 문제이기는 하지만 바다 문맥에서 아베 마리 스텔라의 마리아(Mary of “Ave maris Stella”)를 가리킨다) 그리고 주목 나무이다. 이러한 언어 이미지들은 『성회 수요일』

(*Ash-Wednesday*)에서 가장 두드러지고 있지만 보다 초기 시들에서도 나타나고 있다. 하지만 『성회 수요일』의 5단락에서 말과 말씀의 주제는 명백하게 제시된다. "말없는 말은 정적이며 들리지 않은 말씀은 말이 없는 말씀이지만 세상 속과 세상을 향한 말씀이다." 말장난하는 것 같지만 말과 신의 음성인 로고스의 언어적 의미를 구분하려는 엘리엇의 노력을 엿볼 수 있다.

엘리엇은 중복되지 않게 이 주제들을 어떻게 다시 언어로 취할 수 있는가? 이것은 간단하다. 그는 단지 말을 말하는 것을 거부한다. 하지만 엘리자베던 드류(Elizabethan Drew)가 지적하듯이 이 시는 목소리들로 가득차 있으며 1장은 바다와 연상이 되고 2장은 식물과 동물의 자연과 연상이 되며 3장은 현자로 화신한 인도의 크리슈나 신과 연상이 되며 4장은 성모 마리아(명백하게 동정녀 마리아)와 연상이 된다. 중요한 것은 4장에서 성모마리아에게 간구하는 응답이 단순한 말이 아니라는 것이다.

우리는 「리틀 기딩」의 말씀을 「드라이 셀비지」에서 아직은 찾지 못한다. 오히려 말을 따르는 고통 속에서의 행동들을 발견한다. 말은 오로지 힌트와 암시를 줄 뿐 암시에 의해 오는 힌트들일 뿐이다. 나머지는 기도이며 준수이며 기율이며 생각과 행위이다. 절반 정도의 추정된 힌트와 절반 정도로 이해되는 말에 주는 선물은 성육화이다. 여기에 불가능한 통합이 있다. 나머지는 그래서 『성회 수요일』 의미에서의 침묵도 아니고 허무주의적 햄릿의 침묵도 아니다. 말은 단지 말일뿐 말씀이 되지 못하고 있기 때문에 신의 목소리를 성육화하지 못하고 있다.

여러 유사 형태의 목소리들이 일어나는 것을 주목하면서도 우리는 「드라이 셀비지」의 2장 세스티나에서 가장 중요한 시적 말과 신의 말씀의 중요성에서 단서를 찾을 수 있다. 1장에서의 인도적 크리슈나와 미국의 상업적 여행자를 함께 묶는 데서 엘리엇의 목적을 알 수가 있다. 모두 유사 형태의 목소리들일뿐 그가 찾는 목소리가 아니다. 영국 내 어느 곳에 비추어보아도 그 형태가 다소 퇴색될 수는 있지만 미국 내 동부 인디언들의 거대한 나라와 과거 식민지 상대 국가는 그가 신으로 가는 길목에 있지 않다. 그가 가야할 길은 엘리엇이 늘 주장하듯이 영국 내 그리스도의 길이다.

엘리엇 문학에서 보이는 종교성은 이처럼 이질적인 동방의 신들에 대한 경계심과 동시에 어쩔 수 없는 친밀감을 보이고 있음에도 불구하고 그 목표는 로마 가톨릭과는 다른 영국의 전통적 종교형태를 향해 있다. 그의 동방의 신들에 대한 관심은 동양에 관한 그 나름의 이해방식에서 출발한다.

힌두유형 종교형태와 모티브들

엘리엇의 동양에 관한 관심은 많은 학자들의 관심 영역이다. 대표적 미국계 학자 커언즈(C.M. Kearns)는 엘리엇이 하버드대학 대학원시절 인도학을 공부하면서 인도의 전통인 힌두교와 불교에 어떻게 대응했는지를 추적한다. 엘리엇에 영향을 미친 동양전통의 연구에 관한 커언즈의 세밀한 연구들은 엘리엇에 관한 동양적인 것을 연구할 수 있는 좋은 자료를 많이 제공하고 있다. 그러나 안타깝게도 커언즈는 엘리엇에 영향을 미친 머나 먼 극동의 동양사상들을 간과했고 그가 연구한 동양적인 것들 역시 영향을 미친 그 부분만 살펴보았지 엘리엇이 경계한 유사 형태의 동방 신들의 목소리에는 큰 관심을 두지 않았다. 유사라는 의미는 현지 종교형태는 아니라는 뜻이다. 다만 그 속성이 유사하다는 의미라 할 수 있다.

사실 엘리엇 자신 또한 동양전통을 이해하면서 무엇이 인도적인지를 분명히 하지 않고 있다. 『네 사중주』 역시 엘리엇이 의식적이든 무의식적이든 철학, 종교, 문학에의 관점을 먼 동양의 전통들과 융합한 듯 보이지만 기실 살펴 본대로 내용을 보면 그렇지 않다. 『네 사중주』의 출처나 시 탄생의 근원적인 것들에 대하여 가드너 교수는 엘리엇의 생각에 영향을 미친 동양사상을 이렇게 설명한다. 대표적인 예로, 가드너 교수는 힌두사상에 대한 엘리엇의 관심이 「번트 노튼」의 경우 코츠월드 정원에 있는 연꽃의 불교적이고 이국적인 이미지에서, 「이스트 코커」에서는 사막에 사는 기독교의 은자들과 바다에 사는 초기 아일랜드 승려들과 유사한 숲속에 은둔하는 동양의 현자들 이미지에서, 「드라이 셀비지」에서는 인도의 경전 『바가바드기타』(*Bhagavad Gita*)에 대한 정교하고 분명한 언급에서 특별하게 표면화되었다고 주장한다(Gardner 57).

과연 무엇이 특별한가? 시에서 서양의 이미지로서 보다 엘리엇은 명상 방법으로 "로터스-수트라"(Lotus-sutra)를 자주 언급하는 동양의 이미지들은 그 자신의 시에서 동양사상과 감수성의 영향이 압도적임을 보여준다(CC 191). 메티에슨(F.O. Mattiessen)은 자신이 동양사상을 알지 못하지만 엘리엇의 시를 여전히 즐긴다고 고백한다(51). 메티에슨은 엘리엇 시만 읽어도 동양의 시간개념이나 다른 동양 현자들을 포함해 크리슈나와 부처와의 직접적인 관계를 구별해낸다. 『낯선 신을 좇아서』에서 엘리엇 스스로 자신의 시가 브라만과 불교 사상에 영향을 받았음을 구체적으로 고백한다(ASG 41).

분명히 비평가들이나 엘리엇 자신은 『네 사중주』는 철학적인 시라기보다 시에서 철학적인 경험을 사용하고 있다고 말한다. 엘리엇은 단테에 의해 우리 시대에 쓰여진 어떤 시보다 단테만한 철학적인 시는 없을 거라는 발레리(Valery)의 주장을 반박한다. 단테가 자신의 철학에 있어서 다른 시인들에 비해 훌륭하다고 엘리엇이 인정하는 것은 사실이다. 그러나 그것은 비평처럼 논의되거나 반응을 자극하는 이론으로서가 아니라 지각된 용어로써 엘리엇은 받아들인다(SW 171). 사실 단테의 『신곡』에서처럼 『네 사중주』는 철학적이고 종교적인 신념에 도달하기 위한 엘리엇의 능력을 보여주는 시이다. 비평가들이 말하듯이 철학이 있는 만큼 그 철학 속에는 많은 시들이 들어있지만 엘리엇의 철학은 시와 독립된 그 자체로서 지각될 수 없어 보인다.

역사적으로 「번트 노튼」은 1940-42년에 쓰여진 남아있는 사중주들 중 첫 번째 것이다. 「리틀 기딩」(Little Gidding)은 엘리엇이 죽기 23년 전에 쓰여진 것으로 그의 마지막 중요한 시가 되었다. 필자는 그의 사중주가 형이상학적이고 종교적인 믿음이 최전성기에 있던 성숙기에 쓰여진 것이지만 여전히 『황무지』를 떠올리게 한다. 이 사중주가 『황무지』보다 훨씬 동양적인 주제를 보이고 있다는 것 또한 사실이다. 엘리엇은 새로운 형식으로 이 시를 쓰는 동안 『황무지』보다는 종교적 믿음을 통해 철학적인 확신성을 더 얻게 된다. 하지만 사람들이 종교를 찾는 이유는 주로 개인적인 고통이나 아픔이라고들 하지만 엘리엇은 생각보다 자유로웠으며 기독교적 믿음의 표현을 제한하는 어떤 신학적인 이론으로부터도 자유로웠다. 이러한 영혼의 자유로움은 종교적인 믿음에 있어서의 자신감, 자부심이 되어 이들 사중주에 철학적인 사색으로 잘 나타나 있고, 또한 일부 동양적인 것들의 경우 그의 그러한 종교적 믿음을 강화시키기 위해 유연하게 사용되고 있는 성향을 찾아 볼 수 있다.

우리가 엘리엇의 시를 읽을 때 얻는 것은 종교적 개념들을 살펴볼 수 있게 하는 배경사상들이다. 그렇다고 엘리엇 시가 종교적인 환희에 도달하려는 신비적이고 종교적인 의미만 전달하려는 종교적인 시는 아니다. 분명히 사중주는 『성회 수요일』(1930)이나 『성당에서의 살인』(*Murder in the Cathedral,* 1935)보다 덜 기독교적이다. 리처드 리(Richard Lea)가 말하는 것처럼 사중주는 "더 심오하고, 더욱 강렬하고, 더욱 아름답지만…… 덜 기독교적"(Smidt 182)이다. 그럼에도 불구하고 동서양의 위대한 사상가들이 모든 것을 함축하는듯한 기독교적 경험으로 모두 통합된다. 예수 십자가에 함께 하였던 성자 요한은 『황무지』에서 성자 바울이나 『성당에서의 살인』에서 토마스 베켓처럼 사중주중 가장 기독교적인 분위기가 강한 「이스트 코커」에서 기독교 정신을 구체화시키는 기독교 성인으로서 소개된다.

엘리엇은 자신의 문학을 통해 자신의 의로움을 보여주고자 한다. 그는 자신의 초기 생각들과 전통, 정통, 문화, 그리고 과거 역사에서 재현되었던 동서양의 이상적인 질서를 찾는 데 모든 역량을 집중한다. 그 질서는 그에게 동시대의 살아갈 윤리나 삶의 원리로서 작용하는 의로움이다. 『황무지』에서 포괄적으로 보여준 인도사상 외에도 엘리엇은 베빗과 파운드같은 먼 동양 스승들로부터 유교사상을 접한다. 그러나 그는 자신이 속한 세상, 즉 유럽의 역사, 철학, 종교를 벗어날 이유를 찾지 못한다. 오히려 동양적인 것들로부터 자신의 삶과 우주에 대한 관점 모두를 잃어버리고 자신 세계의 것들을 완벽하게 바꿀 수는 없다. 그렇다고 엘리엇의 시들이 단지 동양적 경험을 반영하는 것뿐이라고 말할 수는 없다. 적어도 그는 개인적이고 세속적인 세계와 무엇인가 이상적이고 종교적 세계 사이에서 얼마나 방황하고 있는지를 보여주는 좋은 예이다. 이럼 의미에서 『네 사중주』는 엘리엇의 다양한 지혜의 경험으로서 기독교적 경험만큼이나 먼 동양에 대해 그의 특별한 애정을 보이고 있다.

엘리엇이 사중주에서 보여주는 시간과 의식에 대한 시각은 시간성과 영원성에 대한 힌두의 인식을 넘어서지 못한다. 엘리엇과 힌두의 차이점은 우주적인 의식과 자아를 변증법적 합일로 보는 엘리엇의 주장에 있다. 이와는 달리 힌두인들은 우주적 영혼인 브라만과 자아의 자연적이고 신비적인 합일을 강조한다. 이러한 차이는 초월과 의식상태를 구분하려는 엘리엇의 의도로 보인다.

힌두사상에서 쉽게 찾아 볼 수 있는 시간과 행동, 그리고 무시간과 정점에 대한 역설적인 주제는 『바가바드기타』(*Bhagavad-gita*)의 언어 속에서 밝혀진 의미들을 거의 수용한다. 엘리엇은 사중주에서 "카르마-요가"(Karma-yoga, 정점에서의 동작)의 중심 주제를 이용한다. 첫 번째 사중주인 「번트 노튼」에서 엘리엇은 헤라클리투스(Heraclitus)의 격언처럼 스스로 여행을 떠난다. "나는 나 자신 속에서 찾는다"는 표현은 자신의 궁국적인 실체를 사색이나 명상에 의해 탐색하는 힌두인들을 연상시킨다. 이 사중주는 구도자가 명상 속에서 진실을 찾는 『우파니샤드』(*Upanishads*)의 정신과 유사하다. 예를 들면, 『카타 우파니샤드』(*Katha Upanishad*)에서 나치케타스나, 혹은 『찬도그야 우파니샤드』(*Chandogya Upanishad*)에서 사티야카마는 『바가바드기타』에서의 아르쥬나처럼 구도자들이다. 역설적이게도 그들은 정지상태(still)에서 만큼이나 동작상태(karma)에서도 더 높은 진실을 수행하기를 목표로 한다.

시간에 대한 엘리엇의 관점은 요가와 『베단타』(*Vedanta*) 철학 속에서 찾고 있다. 엘리엇의 관심은 경험 속에서 얼마나 시간이 이해될 수 있는가를 탐색하는 과정과 관련된다. 카르마는 동작과정 속에서 일어난다. 하지만 요가를 시행 할 경우 엘리엇은 시간과 삼사라(samsara-우리가 업보로 살아가는 세상)로부터 자유로울 수 있다고 알게 된다. 그럼에도 불구하고 내적인 자유는 시간과 삼사라를 동시에 느껴야만 한다. 엘리엇은 이렇게 쓰고 있다. "실제적인 욕망으로부터의 내면적인 자유, 동작과 고통으로부터의 해방, 내적이고 외적인 강요로부터의 해방......은 감각의 도움에 의해 둘러싸인다."

장미정원에 나타난, 인간영혼으로서 묘사되고 있는 새의 이미지는 엘리엇에게 현대적인 구도자의 모습이다. 『우파니샤드』에서 새는 인간의 어리석음을 나타내는 생명체로 비유된다. 그 새는 무한 신인 브라만의 영역에 있기보다 삼사라의 수레바퀴에 갇혀서 달콤한 과일을 먹는 존재이다. 이 새가 나무위에서 노래를 자유롭게 부르고 자유를 즐기고 해방된 존재로 생각한다면 이것은 현명하지 못한 생각이다.

「번트 노튼」의 새 역시 장미정원에 살고 있다. 그 새는 이 시에서도 현실의 거대한 수레바퀴에 묶인 인간영혼의 상징이다. 이제 그 새는 "너무 많은 현실을 견딜 수 없다"는 것을 깨달아야 한다. 이 새는 최종적으로 "관목 숲에 숨겨진 들리지 않는 음악과 보이지 않는 시선의 교차"를 찾으려고 노력한다. 들리지 않고 보이지 않는 새의 목소리와 언어를 듣고 보고 찾는 일은 지난한 수련과정을 필요로 한다. 그 정도의 경지에 이른 다는 것은 일반 새가 아니다. 사람이 "정지상태, 즉 중국의 항아리가 조용히 있을 때 그것은 정지 상태 속에서 영원히 움직이는" 것을 경험하는 이치에 비유된다. 진실에 대한 즉각 경험은 너무 고요해서 "장미잎의 그릇 위에 앉은 먼지를" 방해할 수 없을 정도이다.

『황무지』에서는 주로 의미없는 현대인의 삶과 불모지를 나타내는 삼사라의 이미지가 강하다. 이러한 이미지는 『사중주』에서도 전체적으로 나타난다. 엘리엇은 현대인의 건강하지 못한 영혼을 시간에 묶여 긴장한 채 "런던의 우울한 언덕, 햄프스테드와 크락켄웰, 캠프덴 그리고 퓨트니, 하이게이트, 프림로즈, 루드게이트"를 통해 지하로 가고 있는 얼굴로 묘사하고 있다. 황폐와 공허, 의미없는 사람들의 활동과 반복적인 이동의 이미지가 사중주를 지배하고 있다. 「이스트 코커」는 인도신화가 살아있는 인도의 베다를 상기시킨다. "둘러싸라 둘러싸라. 화염을 뚫고 뛰어오르는 그 불을, 그렇지 않으면 원 속에 합쳐지리라. 소박하게 경건하게 소박한 웃음 속에 볼품없는 신발을 신은 무거운 발을 떼라. 시골의 유쾌함 속에서 들어 올린 흙의 발들, 빌려온 발들을 옥수수를 살찌우는 흙 밑에서 오랫동안 즐겨라." 자연의 삶과 죽음사이에서 엘리엇은 그 생명의 연속성을 목격한다. 일반적으로 식물신화를 통해 엘리엇은 "볼품없는 신발을 신은 무거운 발"을 새로운 시작을 의미하는 시간의 끝에 대한 은유로 전환한다.

「드라이 셀비지」에서 인도의 신 크리슈나는 인간으로 육화하여 어떤 행동이 가장 이상적인가를 보여준다. 우리의 행동은 때로는 격정에 휩쓸릴 수 있다. 이때 그 행동을 가장 균형 잡을 수 있는 이상적인 형태를 크리슈나가 제시한다. 크리슈나는 아르쥬나에게 행동의 결과를 생각하지 말고 행동 그 자체가 의무로 해야 하는 것이라면 마땅히 이를 행하기를 권한다. 엘리엇은 『바가바드기타』에서의 삶과 죽음의 본질에 대한 크리슈나의 가르침을 다룬다. 크리슈나는 아르쥬나에게 "죽음은 이미 태어난 사람에게나 중요하고 탄생은 죽은 이 들에게 중요하다. 그 사이클은 불변하므로 너는 슬퍼할 이유가 없다.... 모든 존재의 몸에 육화된 영혼은 불멸한다." 힌두교의 윤회설을 의미하는 죽음은 몸과 이별할 뿐 진정한 인간 본질이며 만질 수 없는 영혼은 소멸하지 않는다. 영계에 있다 자신의 세속 패턴에 따라 다시 육신으로 태어난다. 이러한 우주와 생명체의 사이클은 『바가바드기타』의 카르마 철학이다.

크리슈나는 아르쥬나에게 행동의 결과를 신경쓰기보다 오직 자신이 의롭게 해야 할 행동에 대한 결정을 가르친다. "행동은 투명하게 알고 움직이는 것이 필요하지만 어떤 결실도 추구하지 않는 사람에 의해 증오에 빠지지 않고 수행되어야하며 애착으로부터 자유로워야한다." 「드라이 샐비지」에서 엘리엇은 크리슈나의 가르침을 알린다. "그것은 다른 이들의 삶에서 결실을 맺게 하는 행동이다. 행동의 결과를 생각하지 말고. 앞을 향해 나아가라." "앞을 향해 나아가라"라는 구절은 그의 행동의 결과를 생각하지 말고 앞을 향해 가되 할 일을 하라는 것을 가리킨다. 최종적 진실에 도달하려는 구도자들은 처음 이 세상에 시련과 일상적인 삶에 의해 고통을 받도록 주어졌다. 그리고 나서 그들은 그들의 신성한 의무이자 시간의 안과 밖에서 현실의 지혜인 사랑을 발견하게 된다.

카르마의 원리를 가리치고 있는 『바가바드기타』의 가르침에서 주요 교훈은 이 사중주에 계속 뒤따라 나온다. "행복의 순간은 잘 사는 의미, 결실, 성취, 안전, 애정, 혹은 매우 훌륭한 식사가 아니라, 갑작스런 깨달음이다"(92-94). "갑작스런"이라는 단어의 의미는 계몽화된 신비주의 행동을 가리키며 행동의 즉각성을 의미한다.

힌두의 브라만 신의 빛은 현세적인 것과 무시간 경험이 신비적으로 융합하는 데서 광명처럼 영혼 속으로 지혜가 들어오는 것을 의미한다. 힌두인들의 삶의 관점은 『바가바드기타』에서 가장 분명하게 나타나며, 동시에 사중주에 잘 나타나고 있다. 아르쥬나는 엘리엇의 영웅이 단테인 것처럼 기타와 사중주 둘 다 모두에서 핵심적인 영웅으로 등장한다. 그래서 버질이 단테의 스승이었던 것처럼 크리슈나는 아르쥬나의 스승이고 단테는 엘리엇의 스승에 해당된다.

인도학의 모티브는 당연히 불교 모티브로 연결된다. 불교의 뿌리는 힌두교로서 카르마, 삼사라, 윤회설, 해탈 등의 개념이 불교로 이어진다. 다만 불교는 힌두교의 카스트 계급구조를 부정하며 평등을 강조하고, 인연설로 존재의 사슬구조에 인해 필연적인 만남을 더욱 강화시키고 있는 차이가 있다. 부처 자신이 그의 제자들에게 구원을 수행하기 위해 열심히 행할 것을 권한다. 부처는 존재의 사슬 때문에 세상에서 공덕을 쌓을 행동을 가르치고 있다. 이 가르침에 대한 말과 이미지들은 『담마파다』(*Dammapada*-선의 길)로부터 사중주 속으로 합쳐진다.

「번트 노튼」에서 '수니야타'(sunyata-공) 는 움직이는 것과 조용한 것 두 사이의 정점에 해당된다. 이 사중주에서 "장미정원"은 마음이 움직이고 환희 속에 고요한 엘리엇의 연꽃정원으로 등장한다. 명상 속에서 엘리엇은 이상주의와 현실주의 사이를 통합하던 승려 용수(Nagarjuna)의 "중도"를 적극 받아들인다. 장미정원의 이미지는 연꽃의 의미에 대한 심오한 비유적 탐구와 유사하여 『로터스-수트라』의 연꽃과 그 언어나 이미지가 비슷하다. 의심 할 바 없이 로터스에 있는 중도 철학에 의해 영향을 받았는데 엘리엇은 신화와 상징을 대체하는 이상적인 필요와 헌신적인 삶의 현실적인 필요사이에 중도를 놓는다. 헬렌 가드너는 "코츠월드 정원에서 조용히 조용히 일어난다(rises 'quietly, quietly' in a Cotsworld garden.)."라고 연꽃이 피어나는 것을 묘사했는데 이는 연꽃을 오로지 신비적이고 이국적인 것의 이미지로 잘못 지각한 것이 분명하다.

불교용어에서 정점은 수니야타인 공을 언급한다. 엘리엇의 아네사키(Anesaki) 노트는 수니야타를 '텅 비어있음'emptiness), '진공'(vacuity) 그리고 '공허'(void)의 의미로 사용하고 있다. 이 용어들은 엘리엇이 종교적인 성찰을 갖기 위해 그 과정에 반드시 필요한 명상의 본질을 이해하는데 도움을 준다. 시인은 비어있는 과정을 이렇게 묘사한다. "투명한 조용함 / ..... 흠집없이 텅비어 있는 감각은 / 현세적인 것으로부터 감정의 정화" 상태이다.

「이스트 코커」에서 엘리엇은 순환론적인 시간개념을 언급하고 있다. "나의 시작에 나의 종말이 있다"는 표현은 힌두의 우주 순환주기에 대한 관심만큼이나 이 불교적 수레바퀴를 상징하고 있다. 수레바퀴와 원은 둘 다 시간의 안과 밖에서 끊임없는 존재의 사슬을 나타낸다. 즉, '삼사라'(samsara)이다. 육체적인 죽음은 삼사라의 세계에서 의미가 없다. 이 사중주에서 엘리엇은 지구를 수레바퀴의 상징으로 보고 세상 위에서 끊임없이 반복하는 인간 삶의 무의미를 묘사한다. 부처가 "공"이나 "허무"라고 묘사한 이것은 "아담의 저주"로 불리고 있다.

불교의 수레바퀴는 허무주의 성격보다 엘리엇에게 역설적으로 자아의 세속적 관련성을 깨닫게 한다. 엘리엇은 무시간적인 정점에 도달하는데 있어 그 자신의 죽음을 깨닫는 것으로 에고를 융해시킨다. 이것은 또한 고통이라기보다 자아를 해체시키는 환희의 경험으로 다가 온다. 달리 말하면, 엘리엇에게 있어 시간은 "사색의 세계에서만 영원한 가능성으로 남아있는 것"일뿐 거부할 수 없는 현실이다. 반대로 무시간적으로 회전하는 존재의 바퀴에 관한 사색은 우리들 위에 있는 공기만큼이나 공허하다. 신이든 해탈이든 무한절대정신을 경험하는 것으로서만 에고로부터 영원으로, 세속세계인 삼사라로부터 구원받을 수 있다.

이것은 「이스트 코커」에서 분명히 나타난다. "지하열차에 있는 모든 얼굴들 뒤에서 그는 생각할 것은 아무것도 없이 공포만이 떠다니고, 정신적인 공허는 깊어만 가는 것을 본다." 이처럼 엘리엇은 우리의 정신적 무관심을 삭막한 시대의 궁핍한 이미지들로 엮어낸다. 부처는 엘리엇에게 인간은 현실 욕망을 먹고사는 자아와 시간에 갇힌 죄수들의 이미지를 종종 떠올려준다.

이러한 부정적인 생각에도 불구하고 엘리엇이 가장 소중하게 생각하는 불교식은 구원으로 가는 정신적 여정이다. 「드라이 셀비지」에서 불교는 엘리엇에게 고도의 훈련된 방식을 제공하며 구원으로 가는 단순한 길을 가르쳐준다. 그것은 "훈련되지 않은 거대한 감정의 덩어리들"에 방향을 찾아주고 정화시키는 과정이다. 불교적인 구원의 핵심은 금욕적인 관조에 있다. 이것은 인간을 시간의 얽매임 속에서 해방시켜줄 유일한 길이다. 관조에 있어서는 독신 성직자들처럼 금욕적 순간들이 있을 수 있다. 불교에 의한 쾌락과 환희의 장소는 '장미정원'에서처럼 매우 의식적인 순간들을 가리킬 수도 있다. 그러나 금욕적 관조는 아무리 심오하더라도 정점 그 이상이다. 엘리엇에게 "그런 관조의 순간들은 다만 암시와 추측일 뿐이다. 나머지는 기도, 준수, 규율, 사고, 그리고 행동"이라고 믿고 있다. 엘리엇은 여기서 구원을 향한 다섯 갈래의 길을 제공한다.

수니야타를 통해서 불교식은 선과 악의 이분법을 초월하거나, 어느 하나 가치를 숭배하는 윤리학으로부터 벗어나 일반적 형태의 형이상학에 대한 의혹을 제기하는 경향이 있다. 승려 용수의 회의주의는 니힐리즘으로 잘못 받아들어져서는 안된다. 엘리엇의 "공"은 승려 용수의 "허무"와 제한된 의미에서는 가까울 수 있다. 그러나 엘리엇은 적어도 니힐리스트는 아니다.

「리틀 기딩」에서 엘리엇은 대신 명백하게 서구 고전적인 정신활동을 제시한다. 그는 정신에 대한 시적 정의나 동양현자들의 방식에 전적으로 동의하지는 않는다. 다만 엘리엇은 승려 용수의 중도사상이 모든 존재하는 것들을 부정하며 정신적인 평화를 찾는 방식으로부터 불교도의 금욕주의를 발견한다. 사중주에서 엘리엇은 마음의 3가지 상태를 발전시킨다. "아직은 완벽히 다르지만 같은 산울타리에서 무성하게 자라나는 것처럼 비슷하게 보이는 세 가지 상태가 있다. 자아나, 물건들, 사람들에게 집착하는 것, 자아로부터 물건으로부터, 사람으로부터 초탈하는 것, 그리고 그들 속에서 자라는 것, 죽음이 삶을 닮듯이 다른 것들을 닮아있는 무차별성, 꽃이 피지 않는 두 생명체들 사이에 있는 것, 살아있는 것과 죽은 쐐기풀 사이에 있는 것" 등 모두 초탈에 비중을 둔다. 정신적인 초탈은 현실에서 매우 소극적으로 나타나지만, 집착은 매우 적극적이다. 초탈과 집착은 차이가 없다. 단지 불교식 관점으로 보면 집착과 초탈 사이 어느 곳에 중심을 잡기보다 균형을 잡으려는 서구적 사유방식을 선호할 뿐이다.

「번트 노튼」에서 해탈은 삼사라인 연못의 물위를 떠다니는 연꽃을 상징한다. 이제 "연못은 햇빛을 받지 못한 물로 가득 차 있다. 그리고 연꽃들은 조용히 피어난다. 하늘의 자비처럼 햇빛이 삼사라의 연못에 쏟아져 내린다." 마지막 사중주인 "리틀 기딩"에서 시간을 초월하는 궁극적 진실은 이제 "완벽한 단순성 상태"를 가리키며 신속하게 이 경지에 도달하는 정신활동을 말한다. 신앙의 믿음처럼, 자기초월처럼, 해탈의 경지에 한번 진입하였던 그 정신상태는 불교의 삼사라에 적극 참여하지 않고 훌쩍 초탈하는 의미에서 현실에 소극적으로 작용된다.

구조적으로 각 사중주는 이미 나타난 동양의 유사 종교 형태와 그 모티브를 기반으로 로마 가톨릭과는 다른 기독교적 틀을 유지한다. 언어와 현실 관점에서 엘리엇은 운율이나 언어 자체의 기계적인 의미뿐만 아니라 종교적 목표에 따라 각 사중주의 특징들을 강조한다. 엘리엇은 각 사중주에서 시간의 주제를 사용하고 있지만 동양지혜의 의미로 검토한다. 실제로 기독교에서 받아들여지는 지혜의 관점은 힌두교, 불교, 유교에서의 지혜개념과 많이 다르지 않다. 시에서 엘리엇은 "우리가 얻기를 바랄 수 있는 유일한 지혜는 겸허이고 겸허는 끝이 없다"고 한다. 엘리엇에서 겸허의 지혜는 모든 위대한 종교가 그렇듯 사랑이다.

사랑은 모든 종교가 지향하는 우주적 진리이기는 한다. 사랑은 무시간적이고 영원하고 시간과 공간속에서 규정될 수 없는 속성을 최고의 가치로 삼는다. 그래서 사랑은 신비적 경험이 정점에서 이루어지듯이 세속의 의미를 초월해 보인다. 이처럼 인간의 본성이나 우주의 본성이나 궁극적으로 갖추어야 할 지혜의 마지막 산물이며 어떤 철학적이고 종교적인 독단을 넘어서는 실체이다. 게다가 사랑은 우리에게 무시간적 정점을 깨닫는 것을 방해하는 욕망과 대립된다.

엘리엇에게 "욕망 그 자체는 움직이나 그 자체가 바람직하지 않다. 사랑 그 자체는 부동이고 움직임의 원인과 목적일 뿐 무시간이고, 시간의 모습을 떠나서는 바람직하지 않는 것"이다. 엘리엇이 사랑 억양은 매우 정적이면서 동적이어서 겸허 속에서 음악처럼 부드럽다. 이것은 사랑의 최종적 지혜를 향한 방법이다. 엘리엇은 시의 형식에서나마 드라마틱한 내적 독백과 세상과 마음의 대화를 통해 진실에 도달하려는 구도자이다.

엘리엇은 사랑 속에서 드러나는 신의 말씀인 로고스의 불멸성을 추구한다. 시의 말이든 신의 말씀인 로고스이든 신의 본질이라 할 '사랑'은 마음과 세상에 하나의 궁극적 절대가치를 선포한다. 결론적으로 사랑 속에서만 언어는 무시간적으로 움직이며, 생생하게 살아 있고, 음악소리처럼 들린다. '사랑'이란 단어는 시인이 가장 현실적이라고 제시하는 믿음의 실체이다. 우리가 시간 속에서 사랑의 문학적 의미를 깨닫는 순간 그것의 추상적 의미는 정복되고 현실로 다가온다. 역설적으로 사랑에서 "시간은 정복된다"고 할 수 있다. 그리고 시간 속에서 사랑은 불멸이 된다. 그러므로 사중주에서 사랑의 불멸성은 엘리엇이 동서양 시간의 지혜를 융합하고, 기독교적 사랑에서 미학적인 합일 형태로 승화된다. 이 새로운 사랑에 대한 깨달음은 시간과 지혜의 끝처럼 보인다.

「이스트 코커」는 불교식의 부정하는 지혜를 엘리엇에게 준다. 불교식 부정은 형식화된 지식에 대한 엘리엇의 사고에 하나의 수단을 제공한다. 그러나 엘리엇은 전적으로 용수의 중도철학에 만족하지 않고 있다. 불교식 지혜추구보다 현실 지식을 선호한 엘리엇은 지식은 항상 흐르고 있다고 보고 있다. 엘리엇은 이렇게 말한다. "지식은 모든 순간에 새롭기 때문에 지식이 패턴을 부여하고 오류에 빠지는 이유는 그 지식패턴은 모든 순간 새로워지기 때문이다." 그러므로 엘리엇은 옛사람들의 지혜에만 의존할 수 없었다.

"내가 노인들의 지혜를 듣게 하지 마라, 그들의 어리석음과 그들의 공포와 열광, 소유에 대한 공포도 듣게 하지 마라"며 엘리엇은 공언한다. 엘리엇에게 종교적 기반은 과학이 공포를 제거하도록 도와줄 것이라고 믿은 러셀(Bertrand Russell)과는 달리 원초적으로 잘 알 수 없는 두려움의 공포에 근거를 두고 있다.

기독교 철학과 역사는 엘리엇에게 "우리가 얻기를 바랄 수 있는 유일한 지혜는 겸허"라고 가르친다. 겸허의 지혜는 소유욕으로부터 벗어나고 인도의 브라만, 불교의 부처, 유교의 리(理-li)에서처럼 동양적인 유사 종교형태는 아니며, 기독교적 신처럼 유신론적이어야 한다. 한마디로 기독교적 유일신은 역사와 시간의 산물로 엘리엇은 이해하고 있다. 겸허의 개념은 사랑의 개념으로 전환되며 그 모델을 동양의 현자에서가 아니라, 동양의 유사 종교에서가 아니라 서구 기독교 모델인 예수 그리스도에서 찾는다. 그리스도는 엘리엇에게 겸허와 사랑의 지혜를 수행한 역사적 모델이다.

"우리가 마시는 것은 흐르는 피요, 우리가 먹는 것은 피가 흐르는 살이니라"에서 엘리엇은 순례자적 마지막 관점으로 동서양 지혜의 전체적 경험을 요약한다. 그리스도를 통해 엘리엇은 위대한 종교 사상가들을 섭렵하며 배회하였던 여정을 끝내고 집으로 돌아온다. "집은 출발했던 그 곳이다." 순환적으로 역사와 시간은 기독교적 경험에서 되살려진다. 엘리엇에게 기독교의 미덕인 "믿음, 사랑, 희망"은 모든 종교가 현실적인 의미에서 깨닫고 있는 포괄적이고 구체적인 경험이 될 수 있다. 힌두교, 대승불교, 유교 등 시인이 섭렵하였던 동양 철학과 종교는 기독교적 미덕 앞에서 새로운 생명력을 얻게 되는 운명을 맞게 된다.

일반적으로 힌두적 사유는 기독교적 미덕의 수행이나 시간 맥락보다는 현세적 경험의 총체성과 동시성을 강조한다. 이런 점에서 엘리엇에게 힌두교나 불교는 조직된 사회에 어떤 약속을 하지 못하고 개인들에게 스스로 해탈을 찾도록 의지만을 바란다. 그러나 중국사상은 파운드나 베빗이 관심을 가졌던 것처럼 불교와 힌두교보다 더 현실적이다. 그래서 기독교적 미덕과 구원은 일종의 역사적 결론으로 엘리엇에게 역사적으로 실제하였던 그리스도 안에서 요약된다.

「드라이 샐비지」는 동서양 형이상학의 일반적이고 실제적인 경험을 '육화'로 나타낸다. 역설적으로 시인은 기독교적 성인들뿐만 아니라 동양 현자들에게도 인격화된 신성을 부여한다. 하지만 엘리엇은 이 동양의 신성들을 "낯선 갈색 신으로서", "영적 교섭 운반자처럼" 신인동형론(신과 인간이 하나의 형태)의 관점에서 보고 있다. 많은 고대 신들과 이들의 목소리는 우주신화의 다양성을 운반하고 있지만 시간 안팎에서 인간 순례자들을 영원한 존재의 바다에 융해시켜 버린다.

가드너 교수는 이러한 엘리엇의 의중을 꿰뚫어 본 듯하다. 힌두 신 크리슈나가 엘리엇 시에 소개되어서는 안된다는 것이 그녀의 지론이다. 그녀는 "물질세계의 절망사이에 있는 종교와, 물질세계가 비난받지 않고 초월한 믿음위에 기초한 종교 사이에는 건널 수 없는 틈이 있다." 이것이 기독교적인 신과 힌두교의 신이 화해할 수 없이 대치된 시간에 대한 역사관의 차이에 있다. "비슈누의 '성육화'는 기독교적 신념의 독특한 '성육화'와 같은 역사에 어떤 의미도 주지 못한다." 사실 엘리엇은 역사와 시간 속에서 구원을 그리려고 한 것은 맞지만 힌두교가 물질세계의 절망을 보고 있지 않는 다는 것에 동의하지 않는다. 엘리엇은 힌두인의 마음이 "무시간과 시간의 교차점"에서 '성육화'의 경험을 통해 시간과 역사의 개념을 극복하는 것이 가능하다고 생각한다. 그럼으로써 물질세계는 『바가바드기타』에서 제시된 것처럼 개인 구원을 통해 되살려질 수 있다.

성육화의 공통성을 엘리엇은 힌두교, 기독교, 불교 그리고 유교에서도 발견한다. 그 특별한 경험 속에서 역사는 되살릴 수 있다. 다만 이런 방식으로 엘리엇은 동양의 유사 종교형태와 기독교 종교형태의 화해를 부분적이나마 모색한다. 인도 정신은 주로 영혼성을 다루는 것은 사실이다. 그래서 역사 그 자체에 많은 비중을 두지는 않는다. 사실 엘리엇 시에서 동양 신비주의에 대한 관심은 기독교적 전통을 이해하기에 필요한 부분으로 보여진다.

"바다에는 여러 목소리가 있다. 여러 신들과 여러 목소리가 있다"는 것을 인정한 엘리엇은 동양사상에서 다양한 낯선 신들의 형태를 자신의 필요에 따라 유용하였을 뿐이다. 『바가바드기타』에서조차도 엘리엇은 성육화의 매우 일반적인 형태를 발견한다. 종교적 의미에서 삶과 죽음의 경험은 유사한 것일 수 있기에 삶은 죽음에 대한 종교적 성찰은 그다지 특별한 의미를 주지 못한다. 힌두 용어에서 재생(삼사라)은 죽음을 간직하고 태어난다. 그리고 죽음은 새로운 탄생을 의미한다. 힌두교에서는 죽음이라 불리는 의미는 육체의 분리를 의미할 뿐 일시적인 것이다. 동시에 인도적 신은 삼사라의 의미에서 보듯이 인간경험의 맥락을 넘어서는 존재이기도 하면서 궁극적으로는 그 맥락을 넘어서지 못하고 있다.

부처는 엘리엇에게 자아의 신성한 '공' 상태를 얻는 방법을 가르쳐준 현자이며 성육화의 존재이다. 그에게 부처는 자아의 완벽한 상태인 '해탈'(nirvana)을 성취할 수 있게 한, 자신을 깨닫는 방법과 삼사라를 극복하는 방법을 가르쳐준 다른 스승이다. 모든 이러한 위대한 스승들은 다른 목소리를 가졌을지라도 기독교의 세 가지 덕목인 믿음, 사랑, 희망을 어느 정도 포함하고 있지만 그 정도나 방법에 있어서 서로간의 차이를 극복하지 못한다. 기본적으로 불교는 사랑의 지혜로 이웃에 대하여 신성한 의무를 수행하기위한 수단으로서는 부족하다. 또한 이것은 하나의 절대자이기는 하나 범신론의 성격을 가지고 있는 힌두의 신 브라만으로부터도 찾기 힘든 덕목들이다.

유교 또한 그들의 말속에서 성인들의 성육화를 말한다. 엘리엇은 동서양의 모든 현자에서 발견되는 현자정신을 말한다. "성인들의 말들은 단지 암시와 추측일 뿐이다. 반쯤 추측된 암시, 반쯤 이해된 은총은 성육화이다." 유교 현자들은 일상생활에서 우주적 선인 자비를 뜻하는 인의 덕목을 숭상했던 것처럼 세속 경험에서 언어와 실천의 조화를 목표로 하고 있다. 유교적 이상은 중용에 있기는 하나, 유교 현자는 예수 그리스도가 그런 것처럼 종교적 구원자로써 자신을 생각하지 않는다. 엘리엇이 보기에 대부분의 성인과 현자들이 현세와 무시간, 생각과 행동 사이의 중간 지점에서의 어떤 균형을 목표로 했다는 것은 사실이다. 이 점에서 동양의 현자들이나 신들에게도 중간 지점은 결국 세상과 조화를 이루고 집착과 고통으로부터의 해방, 영적 평형과 평정의 상태를 목표로 하는 점에서 엘리엇에게 종교의 보편성을 찾아 볼 수 있는 기회가 되었던 것이다.

「드라이 샐비지」에서 엘리엇은 캘빈주의와 동양의 종교적 수행에서 자신이 의미 있게 생각하는 청교도적 정신을 찾았다. 엘리엇은 살아있는 상징으로 성육화된 동양 현자들의 행동과 언어로부터 종교적인 구원 방식을 찾았고, 최종적으로 자신의 경험에 유일한 가능성을 찾고 있었다. 그 가능성은 그 현자들이 무엇을 찾고 무엇을 구하고 있느냐에 있지 않고, 그들의 삶의 방식에서 공통적으로 발견되는 완벽한 단순성에 있다. "사과나무속의 어린아동들의 목소리는 누군지도 모르고 서로 찾지도 않지만 바다의 두 파도 사이의 정지점에서 빨리, 당장, 여기, 지금, 언제나

하고 반쯤 들린다." 바로 해탈이다.

보편적인 의미에서 '해탈'은 기독교적 정신에도 단순한 수행을 기대한다. 엘리엇은 궁극적으로 형이상학적인 미로에 의문을 품는다. 그리고 동양의 완벽한 단순함의 경지에 비추어 세속적인 복잡한 담론들을 정화한다. 해탈의 상태는 기독교적 용어에서 장미의 정원이다. 이것은 단지 정화된 정신이 아니라 감정과 이성, 직관과 지성, 시간과 무시간, 역사와 신념, 시와 비평을 동등하게 융합시킬 수 있는 완벽한, 단순한 정신이다. 결론적으로 엘리엇은 지금, 영국에 있는 "자신에게 영국사회에 오랫동안 유지해온 순화되고 단순한 정신을 원한다." 역사 속에서 영국의 정신은 엘리엇에게 "한겨울 오후, 사랑과 부름의 목소리를 가진 햇빛이 신성한 교회에 내리쬐는 한 양식"이 이미 되었다.

엘리엇은 영국국교도로 개종한 이후 기독교로만 치우치던 태도를 지양하고 힌두교, 불교 등의 동양종교와 고대 철학사상까지 융합하면서 현실과 절대세계의 타협 내지는 융화를 구한다. 그는 모든 종교의 근본이 동일하다는 것을 인식한 비교학자의 정신을 유감없이 보여주고 있다. 엘리엇은 동서양의 종교의 본질이 사랑과, 인간의 구원에 있어서 공통된다고 생각하고 있다. 따라서 그러한 생각이 그의 문학에 명시적이든 암시적이든 드러나고 있다. 이러한 그의 생각은 장미원과 정점으로 환원되고 있다. 장미원은 현실과 절연되어 있는 장소가 아니라 바로 현실이며 정점은 기독교의 신뿐만 아니라 동서양의 모든 종교 및 고금의 철학사상을 포용하는 곳이 된다.

엘리엇은 수레바퀴의 이미지를 이용하여 수레바퀴의 원주는 현실이고 수레바퀴를 수레바퀴이게 지탱해주는 중심점은 정점이라고 표현한다. 정점은 비록 언어적 표현은 다르지만 실제로는 로고스, 기독교의 하나님, 불교의 해탈의 경지, 힌두교의 신이 있는 곳으로, 그 곳은 시간과 무시간의 교차점, 장미원 등의 실재와 동일하다. 그러므로 엘리엇은 이것을 '사랑'으로 표현하고 크리슈나의 권고를 인용하며 현대인에게 "앞으로 전진하라"고 말한다. 이 말의 의미는 현실에 대한 집착이나 결과에 대한 기대 없이 공평무사한 마음으로 삶을 살아가라는 엘리엇의 메시지이다. 동양사상의 무 또는 윤회의 의미가 여기에 내포되어 있는 것은 사실이지만, 그보다 참된 순간 순간을 사는 것이 궁극적인 현실의 구원방도라는 것을 엘리엇은 현대인에게 알려주고 있다.

『네 사중주』는 화자가 현실 가운데인 장미원에서 순간의 체험을 상상함으로써 끝난다. 현실이 비록 고통스러운 것이기는 하지만 우리가 크리슈나의 권고대로 결과에 연연하지 않고 겸허한 자세로 행동한다면 그 현실 가운데서 우리는 신도 실재도 시간과 무시간의 교차점도 또 정점도 경험할 수 있는 것이다. 이러한 여러 가지 용어로 설명된 개념들은 별개의 것이 아니라 동일한 것이며 다양한 유사 종교 형태를 가리키는 여러 명칭에 해당된다. 우리가 이러한 실재를 인식하면 현실이 그대로 장미원이 되고 우리는 윤회를 그치고 해탈에 이를 수 있게 된다. 이 이상향은 엘리엇이 초기 문학에서부터 계속 추구해온 현실구원의 종교적 형태이다. 엘리엇은 순환하는 현상계를 강조함으로써 불교, 힌두교, 기독교의 정신을 융화시키고 있다. 이 정점의 이미저리는 동서양의 유사 종교 형태들 사이의 융합을 꾀하는 주요한 시적 모티브로 작용하며 엘리엇의 문학의 종교성을 상징하고 있다.

제3장 엘리엇 문학과 중국 유학

엘리엇의 유교관심은 일찍이 1909년 하버드대학 불어교수인 그의 스승 어빙 배빗(Irving Babbitt)을 만나 중국의 불교인 대승불교와 중국사상을 접하게 됨으로써 시작된다. 본격적인 연구는 하버드대학원에서 1911년부터 1914년까지 고대 인도어와 인도문학의 해독과 이해를 위해 인도어 학자인 찰스 록크웰 란만(Charles Rockwell Lanman), 제임스 휴턴(James Houghton) 그리고 폴 엘머 모어(Paul Elmer More) 밑에서 연구할 때 중국과 일본의 종교 및 철학적인 사상을 가르쳤던 당시 객원교수인 마사하루 아네사끼(Masaharu Anesaki)의 강의를 통해 보다 구체화된다. 이 연구와 강의를 통해 엘리엇은 약 A.D. 2세기 무렵 인도에서 태어난 나가르주나(Nagarjuna - 용수)가 창시한 대승불교의 '중관'(中觀) 철학파(the philosophical school of Madhyamika)가 중국의 유교를 통해 성장한 동아시아의 대승불교, 그리고 후에 일본에서 선불교로 발전하게 되는 과정 등을 배우게 된다. 또한 그 후 그의 정신적 스승인 에즈라 파운드(Ezra Pound)를 통해 중국 언어와 시학에 대한 체계적 경험을 하게 된다.

이러한 많은 경험에도 불구하고 엘리엇의 중국사상이 거의 연구되지 않고 있는 이유는 우선 인도사상과는 달리 중국사상에 대한 언급이 그의 산문이나 시가 어디에서도 구체적으로 혹은 체계적으로 기술되고 있지 않은데 있다. 설혹 언급이 되어 있다고 하더라도 무엇이 중국적이고 또한 어떻게 서술되어 있는지 그 문맥과 배경설명을 하는데 상당한 어려움을 접하게 되기 때문이다. 가장 커다란 이유는 엘리엇이 중국사상인 유교와 도교 혹은 대승불교를 논하는 곳에 거의 예외 없이 참고적인 지시나 문헌을 제시하고 있지 않는데 있다.

그러나 이러한 무체계적이고 다소 방만한 중국사상에 대한 언급들 속에서 그의 해박하고 정확한 지식을 엿볼 수 있다. 이는 그가 이미 중국사상에 상당히 접해 있었거나 혹은 동양사상 전반에 걸쳐 중국사상의 위치와 그 의미를 이해하고 있었다는 것을 말해준다. 동서고금의 흩어진 지식을 다소 산만하고 방만하게 나열하는 그의 창작기법은 어느 부문이 어디에서 그 자료를 도입했는지 분명치 않기 때문에 엘리엇을 이해하고 연구하기 위해서는 엘리엇 자신 정도의 지식이 필요하거나 보다 나은 지식이 요구된다.

대표적인 그의 시들인 『황무지』, 『네 사중주』 모두 이해하기가 쉽지 않다. 이러한 이유는 20세기 특유의 예술 창작기법의 전위적인 특성에 그 원인이 있기는 하지만 엘리엇 자신의 동서양 문학과 사상, 철학, 그리고 종교에 대한 해박한 지식에 있다고 할 수 있다. 그의 비평 에세이들에서는 산문의 특성상 시가와는 달리 다소 논리적이고 체계적인 지식을 접할 수 있어 이해의 어려움은 덜하나 독자의 해박한 지식을 요구하는 것은 거의 마찬가지다.

따라서 중국사상을 기술하는 부분에 있어서는 전후 문맥상의 이해의 차원을 넘어야 한다. 그러나 보다 체계적인 이해와 연구가 필요함에도 불구하고 지금까지 엘리엇의 경우 학문적 차원에서 중국학 분야연구가 그렇게 많지 않다. 대부분 그의 동양사상을 이해하는 폭이 인도사상에 치우치고 있는 실정이기 때문이다. 이러한 까닭에 엘리엇의 동양사상 연구가는 인도학자가 대부분을 차지한다.

한국 출신으로 미국 웨인주립대학(Wayne State University) 교수인 유병천 박사의 출판물인 『위대한 주기』(*The Great Circle*, 1983)이 일찍이 극동문화권 중심 연구임에도 불구하고 엘리엇의 유교관계는 거의 미미하게 다루고 있다. 유 교수는 동서양 사상에 관한매우 해박한 지식에도 불구하고 엘리엇의 동양사상을 언급하는데 있어 다소 아쉽게도 인도사상으로 국한하고 있다.

이처럼 엘리엇에 미친 인도사상의 영향을 주로 연구하는 배경은 동양의 신비주의에 대한 그의 이해에 기인하고 있다. 이러한 엘리엇의 신비주의에 대한 학문적 배경을 설명하기 위해 대부분의 학자들은 그의 하버드대학원 시절 인도학 연구와 그의 학습노트를 중시한다(Perl and Tuck 158-9). 그러나 지금까지의 연구는 엘리엇의 중국학 연구를 간과하는 바람에 그의 문학과 종교 연구가 균형을 잃었고, 그의 신고전주의 경향에 미친 유교의 영향을 제시하지 못했다. 『황무지』는 인도불교와 『네 사중주』는 인도문학인 『기타』(The Bhagavad-gita)와의 연계성만을 밝히고 있어 동양종교의 신비성에도 불구하고 나름의 합리적이고 체계적인 그리고 계몽적인 특성을 살피지 못했다. 본 장은 엘리엇의 비평철학과 태도, 그리고 『황무지』보다는 『네 사중주』가 인도 신비주의 경향보다 중국 철인정신(sagehood)과 그 실천 정신을 훨씬 크게 보여주고 있다는 것을 설명하고자 한다. 그럼으로써 인도적인 것과 중국적인 것을 비교 분석하고 엘리엇 문학과 시학의 태도를 재기술하고자 한다.

인도 신비주의에 대해 엘리엇은 '계몽된 신비화'("enlightened mystification")로 정의하고 있다(ASG 40). 이는 동양종교에서 전반적으로 나타나는 신비주의 특성을 지적하는 것으로 엘리엇이 특히 강조하고 싶은 것은 신비화를 수식하는 '계몽된'의 표현이다. '계몽된' 의미는 합리적이며 동시에 직관적인 이해를 수반하면서도 객관적인 설명이 가능한 신비주의를 의미한다. 따라서 분석적이고 이분법적 사고를 가진 서구인들은 상호 모순적인 두 경험이 결합되는 과정에서 동양의 애매하고 불합리한 신비적 정신현상을 약간 위험한 것으로 보는 경향이 있었다.

그러나 엘리엇은 동양의 신비주의를 '계몽된' 정신활동으로 이해하고 있었고, 이를 서구의 신비주의와 결합하려고 했다. 오히려 그는 서구 신비주의를 동양 신비주의에서 파악하여 올바른 의미와 지표를 설정하려 하였다. 그러한 예로 18세기 이후 유럽의 낭만주의와 인도의 신비주의간의 역사적인 연계성을 보다 구체적이고 실증적 체험으로 다시 접근하려고 시도했다. 그러나 인도식의 직관적 신비주의가 보이는 필연적인 애매성은 엘리엇을 종종 설명할 수 없는 미궁으로 빠지게 하였다. 그것은 전통적인 앵글로색슨계의 경험적이며 합리적 사고와 충돌하고 있었다.

"인도의 사고보다는 중국의 사고가 앵글로색슨에 보다 가깝다"(ASG 41)고 표현한 엘리엇은 인도의 신비주의로부터 애매한 직관주의 경험을 극복하고 중국사상이 갖는 전통중심관과 합리적 신비주의를 서구의 전통중심 사상과 기독교의 종교적 체험의 합리성으로 조화시키려 했다. 그리하여 엘리엇은 낭만주의가 갖는 신비성과 표현의 애매성, 그리고 무책임성을 고전주의가 갖는 표현의 구체성과 책임성으로 재산출하고자 하였다. 그의 문학은 지성중심의 아우구스탄적 신고전주의와 후기상징주의를, 철학과 종교에 있어서는 직관적이고 신비적인 즉각 경험을 중요시 하게 되었다. 비로소 엘리엇은 전통 개념과 기독교에 대한 새로운 해석을 내리고 있었다.

우선 인도의 신비주의를 살펴보면 신 중심의 사고로서 힌두교 神인 브라만이 존재론적인 시각에서 절대 신으로 그려지고 있다. 인도적 신비주의는 브라만 정신을 삶의 세계의 굴레로부터 인간해방의 목표로 혹은 궁극적인 삶을 추구하기 위해 브라만과 자아를 하나로 결합하려 한다.

이러한 의미에서 브라만은 궁극적 실체이지만 인간의 경험에 따라서 인간과 일체화 되는 속성을 안고 있다. 따라서 힌두교의 종교, 철학적 체험은 유일신적이며 동시에 범신론적이다.

아마도 엘리엇은 힌두문학에서 인도인들의 직관철학과 유일신적 종교 체험을 통하여 자신의 궁극적인 삶과 진실을 추구하는 형식을 발견한다. 하지만 그는 인간 스스로가 브라만과 하나가 될 수 있다는 인도인의 범신론적 사고는 받아들일 수 없었다. 그럼에도 불구하고 그는 유일신을 주창하는 기독교의 종교적 체험을 위해 인도인들의 직관적이고 브라만을 통한 구체적인 경험을 의미있게 생각하고 있었다. 다만 그는 시간과 무시간대의 간극을 초월한 브라만 세계의 경험, 즉 무시간대로의 영원한 복귀를 궁극적 삶의 목표로 한 인도식의 사고를 받아들일 수 없었다.

불교는 현상세계의 굴레를 벗어나는 방편으로서 브라만과의 결합을 시도하는 힌두적 사고를 거부하고 마음의 해탈을 성취하는 것이 궁극적 삶과 자유를 획득하게 된다고 한다. 그래서 불교의 열반은 모든 만물과 자아 자체로부터의 궁극적인 인간해방을 목표로 하고 있다. 소위 마음 상태인 '공'(空)상태는 불교인의 최고 덕목이다. 결국 열반은 '공'의 상태이며 진리 추구로서의 초연한 정신현상을 가리키고 있다. 동시에 변증적인 정신현상을 강조하기 때문에 감각 세계와 신의 세계를 그렇게 중요하게 생각하지 않는 경향이 있다. 오히려 이들은 이러한 세속가치와 초자연적 존재를 무가치한 것으로 여기고 직관주의와 초월적 지혜를 터득하여 절대적 진리의 실체인 '공'을 느끼고 체험하는 것이다. 나가르주나의 대승(madhyamika-middle path)정신은 그러한 공의 체험을 목표로 현상세계를 상대적 진리, 혹은 환상으로 간주하면서 동시에 현상세계와 실체세계의 간극을 극복한다.

다시 말하면, 불교식의 해탈과 궁극적인 자유는 공은 색이요 색이 공인 대승불교의 직관주의적인 변증법을 터득함으로써 우주의 진실을 마음상태 하나로 본다. 엘리엇에게 『네 사중주』의 '정지점'(still point)을 연상시키는 불교의 공의 실체는 무신론적으로 비쳤다. 그는 이러한 인간의 최고의 정신상태를 강조하는 궁극적인 실체로 보려는 불교를 받아들일 수 없었다. 다만 그는 세상 진리들에 대한 상대적 가치관을 극복하고 수정처럼 맑은 마음의 빈 상태를 얻기 위해 불교의 그러한 정신현상의 변증과정을 중요하게 보았다. 그럼으로써 그는 종교적 신비주의가 갖는 직관주의를 훨씬 합리적으로 계몽화하여 현상세계와 실체세계를 통합하는 정신활동을 구체적으로 경험하려 했다.

힌두교와 초기 불교를 통해 터득한 인도사상은 어떠한 구체적인 실체나 정신활동을 통해 계몽화된 직관주의를 엘리엇에게 주고 있었다. 엘리엇에게 여전히 부족한 것은 세속에 대한 적극적 관심이었다. 그는 유교식의 전통중심관에 주목하였다. 인도식은 세속세계보다는 본질세계에 궁극적인 목표를 두고 사회에 대한 개개인의 윤리적 책임을 중시하지 않고 있었다. 유교식은 개개인의 사회적 책임성을 기반으로 도덕관념을 중시하고 있었기에 무시간대보다는 시간개념 속에서 역사와 전통을 중시하고 있었다. 엘리엇은 이러한 유교식이 앵글로색슨계인 자신의 취향에 어울린다고 보고 있었다.

우선 유교에서 주장하는 '중'(中)의 개념은 가운데라는 뜻으로서 하나의 철학적이고 종교적인 체계를 수반하고 있다. 유교 현자의 숭고한 초월정신은 그 '중'의 정신으로 현상세계를 버리거나 거부하는 개념이 아니라 일상의 도덕적 실천을 행동으로 드러나게 한다. 따라서 현자의 '중'의 성취와 실천은 '리'(理)(천리 혹은 천도)의 다른 표현이면서 인간이 행해야 할 궁극적인 원리를 뜻하고 있다. 이처럼 '중'은 자연과 인간의 이치를 가리킨다. 결국 유교의 정신은 '리'라는 궁극적 실체를 통해 현상세계의 이치를 규명하고 동시에 이 형이상학적인 원리를 매일 실천함으로써 직관적인 신비주의에서 벗어나 인간의 윤리적 행위를 강조한다.

기독교의 유일신적 개념과 유사한 이러한 "리" 개념은 행동에서 구체적이지만 우주의 이치를 모방해야 한다는 의미에서 다소 신비적인 체험을 동반한다. 하지만 다소 다르기는 하지만 절대자의 실존적인 의미를 주는 '리' 정신에다, 현자의 '중'의 실천 도덕을 통해 세속세계에서 인간의 책임성을 수반하는 유교식 신비주의는 인도식의 필연적인 애매성과 무책임성을 극복한다.

이러한 유교적 신비주의와 도덕주의는 엘리엇의 하버드대학원 철학과 박사학위 논문인 『브래들리 철학에서 지식과 경험』(*Knowledge and Experience in The Philosophy of F. H. Bradley*)에서 잘 반영되고 있다. 현대 영국 철학자 브래들리의 '절대개념'(the One Absolute)과 '즉각경험'(immediate experience) 철학은 동양의 신비주의가 지향하는 궁극적 실체와 직관적 경험에 부합하고 있지만, 엘리엇은 기독교에 대한 동양적인, 특히 유교식의 도덕성과 그 체계적 신비주의를 지성과 감성, 지식과 경험, 실제와 이상, 자아와 우주의 간극을 초월하는 성숙된 지혜의 수단으로 선호한다. 그의 문학은 이러한 중국식의 사유체계를 반영함으로써 20세기 초의 전위적인 문학 스타일과 비평이론의 미학의 원칙을 제공할 수 있게 된다.

엘리엇 당시의 서구 지식인들은 동양사상이 신비적이고 직관적이라는 것은 이해하고 있었지만 보다 계몽된 특성은 간과 했다. 엘리엇의 견해에 따르면 독일의 낭만주의자들이 힌두교와 불교로부터 정신적이고 종교적인 자극을 찾았지만 다소 복잡한 형이상학적인 체계를 간과했다고 말한다. 그러한 예로 그의 저서 『낯선 신을 쫓아서』는 많은 서구인들이 그들 자신의 전통들로 부터 벗어나 낯선 인도사상에 심취하고 '낭만주의적인 오해'(romantic misunderstanding)를 가짐으로써 동양사상에 대해 전반적인 몰이해를 하고 있다고 비난하고 있다(ASG 41).

동시에 엘리엇은 고도로 진화된 중국식의 종교, 철학적인 의미를 잘못 이해하고 있는 그의 스승 배빗, 그리고 파운드 등을 비판한다. 이들이 무비판적으로 중국식 문화를 모방하고 이상 문화로 취하는 바람에 엘리엇은 심지어 이들을 서구 전통에 '이단자'요 '반역자'라고 혹평까지 하였다(ASG 41). 20세기 서구 도덕성의 쇠퇴를 극복할 수 있는 새로운 대안으로 중국식 문화로의 가치관 전이는 19세기 낭만주의자들이 인도문화로부터 새로운 문화적 자극을 받은 거와 유사한 문화충격으로서 당시 진부하고 낡아빠진 서구문명과 문화에 환멸을 느낀 많은 서구인들에게 신선한 충격을 준 것은 사실이다.

그러나 서구인으로서 서구 전통과 문화를 벗어나 무비판적으로 외래문화를 추앙하고 흠모하는 것을 경계하였던 지식인이 엘리엇이었다. 엘리엇은 동서문화를 정확히 이해하고 새로운 서구문화에 대한 전통을 유지하도록 자극하고 싶어 하였다. 따라서 중국문화에서 유교가 지켜온 오랜 전통의식과 인도식 불교의 신비주의를 중국화하는 과정에서 유교의 동양적 신비주의와 체험중심의 윤리의식을 엘리엇은 중시하였다. 그는 당시 서구인들의 잘못된 의식을 비판하고 중국문화와 중국식 전통주의로부터 서구의 전통 고전주의 해석을 새롭게 시도하고 있었다.

전통에 대한 용어는 동양을 이해하는 데 매우 중요하게 나타난다. 엘리엇에 따르면 전통은 정체된 것을 의미하는 것이 아니라 세대를 통한 한 집단의 정서와 행위의 요체이지만 그러나 정통의 유지는 그 집단 구성원들의 모든 의식적인 지성 활동을 요구하는 문제라고 설명한다(ASG 29). 이점에서 엘리엇은 인도문화보다는 중국문화가 갖는 유교의 고전적 전통숭배와 서구문화가 갖는 고전적 전통숭배의 관련성을 보다 더 확실히 느끼고 있는 것 같다.

따라서 유럽의 기독교 정통이 서구의 물질적 성장에따라 그 정신적 의미를 상실해 왔음을 인식한 엘리엇은 유럽의 정통문화와 정통신앙을 앵글로색슨계 가톨릭으로 보고 유럽정신을 다시 이해해야 한다고 주장하고 있다(CC 90). 이로보아 엘리엇은 중국식의 사상과 정통에 대한 새로운 인식을 통해 서구 기독교문화와 정통신앙을 확립하고 계몽된 신비주의와 유일신적 종교를 확대, 재생산하고 있다.

엘리엇은 힌두교와 불교사상과의 접촉으로부터 유럽 낭만주의의 문학전통을 해석하고, 유교와의 접촉으로부터 유럽 고전주의 전통의 이해 한두 가지 상이한 문학형식을 발견하게 된다. 전자는 인도의 신비주의와의 연계되어 있기 때문에 종종 문학형식에서 그 애매성이 표현되고는 한다. 그러나 파운드가 인도문학을 객관적으로 설명하기 어렵다는 애매성 때문에 꺼려하여 유교문학에 심취한(ASG 41) 것과는 달리 엘리엇은 1946년 그의 에세이 「유럽문화의 통합」("The Unity of European Culture")에서 자신의 시가에 대한 인도의 영향을 고백한다. "오래 전 나는 고대 인도어를 공부하였다. 그때 철학에 심취하였던 만큼 나는 시를 조금 읽었다. 그리고 나는 내 시가 인도사상과 감성의 영향을 보이고 있는 것을 알고 있다"(CC 114).

이러한 그의 진술로부터 엘리엇의 동양사상은 대체로 인도적이라는 것을 엿볼 수 있다. 물론 인도사상은 그가 인도종교와 철학에 관한 학문적 연구를 포기한 이후에도 자신의 심리 깊은 곳으로부터 끊임없이 그리고 결정적으로 그의 창작 활동에 반영되어온 것은 사실이다. 그러나 그의 시가에 있어 인도사상의 영향은 역설적으로 시인으로서 동시에 비평가로서 그를 문학적 딜레마에 빠지게 한다.

시인으로서 엘리엇은 인도의 신비주의와 낭만주의의 생각들로부터 자유로울 수가 없었다. 그의 시가에서 주관적이고 반논리적인 힌두교와 불교, 특히 불교의 가장 근본형태인 선불교가 자주 나타난다. 사실상, 엘리엇은 동양적인 역설을 선호하고 있다. 즉 이율배반적인 철학적 과정에서 변증적인 단순성을 추구하고 있다. "철학적 발견은 무엇이 다른 무엇인가를 우리에게 알려준다.... 철학자의 과제는 크게는 단순화에 있다"(SE 386).

이처럼 철학에 주어진 과제는 한편으로는 어떠한 논리나 합리성이 개입되지 않는다. 마치 선불교가 일상적인 논리나 이성, 그리고 지식의 일상적인 형식을 초월하는 데 목표를 두고 있는 거와 유사하다. 이러한 신비적이고 직관적인 관점에서 그는 명백하게 불교인임에는 틀림없다. 따라서 엘리엇은 자신의 낭만주의적인 경향으로 인해 시적인 딜레마에 종종 빠진다. 비평가들은 그의 시가에서 흔히 나타나는 모순과 이율배반, 혹은 역설을 간파함으로서 고전주의 경향을 주장하는 그의 이중성을 주장하고 있다.

윌슨 나이트(Wilson Knight)는 『네 사중주』의 낭만주의적 혹은 초월주의적 특징을 이렇게 지적한다(88-89). "엘리엇의 작품은 낭만주의 전통이 풍부하다. 초월적인 것을 생각해 보면 나는 『네 사중주』를 선택한다. 『네 사중주』는 시간의 다양성, 시간 초월에 관해 명상이 풍부하고, 정적이고 동적인 것들의 균형, 행위와 무행위의 균형에 관해 명상이 넘쳐("Burnt Norton," "Dry Salvages") 생의 영원성을 창조한다. 『네 사중주』는 낱말의 패턴 형식이나 음악을 통해 침묵에 이르는 말의 사고들을 표현한다("Burnt Norton"). 『네 사중주』는 음악 자체를 너무 깊이 있게 들려주어 모두 다 들을 수 없을 정도이고("Dry Salvages"), 다양한 춤의 상징들을 표현하고 있다("Burnt Norton," "Little Gidding"). 그리고 『네 사중주』는 그 자체의 정막감에서 영원하게 움직이는 중국 도자기를 표현하고 있다"("Burnt Norton").

존 머리(John M. Murry)에 의하면 확실히 『네 사중주』는 어떠한 의미에서든 낭만주의적이다. 머리는 첫째 엘리엇의 딜레마가 진정한 의미에서 시인으로서 고전주의자가 아니라는 점을 지적한다. 그의 작품이 지나치게 지성화되어 있다고 보기 때문이다. 둘째, 또한 진실한 낭만주의자도 아니라고 지적한다. 자발성(spontaneity)이 결여되어 있고 계산된 정교성으로 지나치게 장식되어있다고 보기 때문이다(Grant 223). 『네 사중주』는 시의 신비주의적 특성 때문에 작가가 고전주의자라기보다는 가장 낭만주의자일 수밖에 없다고 머리는 덧붙인다(Grant 228). 결국 엘리엇은 아우구스탄적 고전주의자들이 갖는 전통적인 의미에서의 고전주의와는 다른 그의 회의적이고 이율배반적인 조건 때문에 스스로를 고통으로 빠뜨리는 아이러니를 안고 있다.

인도형식의 신비적 낭만주의가 엘리엇의 인도사상과 신비주의를 이해하는 데 그대로 적용되는 것은 아니다. 하지만 전통적인 질서관과 책임의식의 결여로 특징되는 힌두교와 초기불교가 그의 작품에 반영되어 있는 것은 사실이다. 그의 낭만주의적 형식과 정서는 바로 직관적이고 초월적인 특성을 강하게 암시하고 있기 때문이다. 더구나 영국 낭만주의자들의 영향을 받은 엘리엇에게 많은 면에서 18세기, 19세기 독일의 초월주의 역시 영향을 미치고 있었다. 이로보아 엘리엇이 어떤 식으로든 인도사상에 지적인 빚을 지고 있다는 사실을 간과할 수 없다. 역사적으로 독일의 낭만주의와 엘리엇, 그리고 인도의 신비주의는 사상적으로나 종교적으로 그 연대가 매우 깊다는 것을 의미한다(Diogenes 42).

G.S. 포메란츠(Pomerantz)는 독일의 낭만주의자들이 유럽 전통인 아우구스탄적 계몽주의 계열에서 달아나 이질적인 집단을 형성하고 있다고

지적한다. 이를 그는 소위 "Germanophiles"라 부르고 "Hellonophiles"와 상대적으로 대치시킴으로서 독일식 낭만주의적 비상을 계몽주의 이성으로부터 극단적인 반동이요 단절이라고 규정한다(Diogenes 42-43). 이를 엘리엇은 동양사상의 특성인 신비주의를 잘못 이해한 '낭만주의적 오해'(romantic misunderstanding)라고 규정하고 있다.

그러나 독일 낭만주의의 영향에도 불구하고 영국과 프랑스 낭만주의는 계몽주의 전통의 보편성을 나름대로 어느 정도 보존하고 있다. 예를 들면, 콜리지(Coleridge)의 제1 상상력(primary imagination)과 제2 상상력(sceondary imagination) 비평에서 우리는 직관적 합리주의 특성을 목격할 수 있다. 이러한 특성은 그가 전형적으로 동양의 신비주의가 가지고 있는 어둡고 심오한 인간의 영혼 속으로 종종 빠져들어 가면서도 여전히 계몽주의 이성의 유산을 유지하고 있음을 보여준다. 엘리엇의 낭만주의 특성에서도 또한 종종 콜리지 유형의 어둡고 깊은 인간의 영혼세계를 볼 수 있다. 배빗은 인도의 이러한 설명할 수 없는 어둡고 비합리적이고 원시적이며 비계몽화된 신비주의를 받아들이기 어려웠다(Bookman 351).

프랑스어 교수인 배빗이 상대적으로 중국식 사상과 종교에 심취한 배경을 보면 파운드가 중국사상과 문학에 빠져있는 이유를 알 수 있게 된다. 또한 엘리엇이 배빗과 파운드로부터 고전사상을 깊게 영향을 받았다는 것을 생각해보면 유럽 전통인 아우구스탄적 고전주의를 계승한 영국의 낭만주의와 프랑스 지성주의를 엘리엇이 무리없이 그리고 모순없이 혼합하고 있는 것을 소위 '올바른 낭만적 이해'(right romantic understanding)라 설명할 수 있을 것이다.

세계 종교가 갖는 보편적 휴머니즘, 특히 유교 현자인 공자의 휴머니즘을 높게 평가한 배빗은 '보다 높은 의지'(higher will)를 인간의 도덕적 자유를 위한 직관적 의식으로 간주하고(Yu 130, Foerster 25-51) 엘리엇에게 열정과 감성을 제어하는 형식을 제공했다. 파운드의 모더니즘에 대한 수법, 특히 서양고전과 중국고전 텍스트들의 사상과 표현기법의 해석학적 독해는 엘리엇 문학에 있어서 독해의 실제적 기교를 가르쳤다 (Kearns 3). 따라서 엘리엇의 사상은 '계몽화된 신비화'(enlightened mystification)에 기초한 고전주의라 할 수 있다. 정확히 말하면 초자연적이고 미신적인 특성을 제거한 보다 밝고 지적이고 이성적이고 의식적이고 형식적인 신비주의를 가리킨다.

엘리엇은 『낯선 신을 쫓아서』에서 다음과 같이 언급하고 있다. "나는 산문에서는 이상적인 것들에 적법하게 사로 잡혀 있지만 운문에서는 실제적인 것들을 유일하게 다룰 수 있다"(28). 엘리엇이 산문에서 이상주의 입장을 추구하지만 시가에서 현실과 타협하고 있는 것을 보여준다. 사실 비평 사고에 관해 그는 대체적으로 반낭만주의를 견지하고 있다. 그러나 엄격한 의미에서 엘리엇은 창작활동에서도 비평과정을 동시에 수반해야 한다는 입장을 주장하고 있다. 그래서 그의 시가는 언어, 사상, 혹은 믿음에 따른 지성활동을 보이고 있고, 시적 감성과 이미지를 객관화하는 미학활동인 심미주의를 보이고 있다. 따라서 그는 극단적 의미에서 고전적이다 혹은 낭만적이다 하는 편견을 경계하고 있다(ASG 29).

엘리엇은 불교와 인도의 요가형식으로부터 명상을 시적 통일성을 체험하기위한 중요한 정신과정으로 간주한다. 이 요가식의 명상에 의해 그는 주관성과 객관성, 감성과 이성, 실제와 이상, 우주와 자아, 나아가 기억과 욕망을 조화하고 결합시키는 경험주의에 기초한 (물리적이든 정신적이든) 실천의식을 주장한다. 여기에서 엘리엇은 대승불교 창시자인 나가르주나의 중관철학의 '공'(divine emptiness) 개념을 실천철학의 하나로 역설적으로 받아들인다. 그에게 '공' 철학은 완전한 그리고 충만한 인격완성을 위한 올바른 정신활동을 제시해준다. 그는 '공' 철학으로부터 직관적으로 창작활동을 할 수 있는 의식과정을 취한다. 뿐만 아니라 생각이 전통과 사회에 대한 책임성에 뿌리를 두기 위해서는 도덕적 혹은 양심적인 행동과 불가피하게 합일되어야 하기 때문에 감성과 이성의 신비적 통합을 실천한 공자의 지혜를 선택한다. 따라서 엘리엇은 공자를 "반동적인 프로테스탄트적 철학가"로 본 배빗을 편협된 시각이 낳은 희생자로 간주하고 중국전통을 숭상하고 형이상학적인 규범을 행동으로 실천한 철인 공자를 종교적 휴머니스트로 정리하고 있다(ASG 41).

그러나 「전통과 개인의 재능」("Tradition and the Individual Talent")에서 엘리엇은 시인이 반드시 수행해야 하는 과정으로 명상을 통한 '감정의 변환'(transmutation of emotion)을 강조한다. 시인으로서 엘리엇의 학문적 업적은 요가와 불교의 참선 형식으로 부터 얻은 바 크다. 이 형식은 그의 텍스트 해독과 창작활동을 위해 명상에 관한 심리학을 제공하기 때문이다.

그리고 명상의 자의식은 성숙된 그의 앵글로색슨 가톨릭 전통으로 이어진다. 비평에 관한 그의 담론을 보면 명상과 앵글로색슨 전통은 미학과 종교에서 심리학까지 미치고 있다. 엘리엇에 따르면, 시인의 직업은 원시적 의식에 의한 감성과 생각의 결합과정이 오늘날 현대인의 의식에 크게 기여한다고 보고 있다. 시인의 의식은 보다 명료하고 이해될 수 있는 형식이어야 한다. 이러한 시인의 정신현상이 현대에 있어 도덕적으로 건전한 마음에 인도되지 않는다면 매우 위험하다고 강조한다(UPUC 143-5).

이로보아 파운드와 더불어 20세기의 시인으로서 엘리엇은 후기 상징주의자로 분류된다. 이점은 엘리엇이 낭만주의의 반지성주의에 반동하고, 프랑스 상징주의자들로부터 영향을 받는 배경이 되고 있다. 엘리엇에게 생각과 감정을 동시에 조율하고 균형있게 하는 매개는 언어이다.

이때 언어의 상징성은 언어와 이미지의 개인적 차원의 창조적 성격을 벗어나 의미의 공통분모를 전통과 역사적 차원에서 찾는다. 파운드의 이미지즘 운동은 명백하게 중국의 전통문학과 시학에 대한 표의언어의 이미지와 상징성으로부터 영향을 받은 바 크다. 두 사람의 관계로 보아 엘리엇이 시에 있어 언어와 이미지의 상징을 통해 감성을 생각으로 구체화하는 과정은 대단히 중국적이다.

엘리엇 자신이 인정하든 아니하든 두 가지 전통인 낭만주의와 고전주의 사이의 딜레마를 해소하는 방법론으로 그는 동양사고, 특히 중국적 사고를 통해 미학과 유교의 정신적 가치관을 새롭게 정립하고 아우구스탄적 계몽주의 이성의 고전적 형식을 계승한다.

엘리엇이 언급한 중국의 도교와 선불교, 그리고 유교의 중용사상과 파운드의 입장을 엘리엇의 주장으로 정리해 보자. "나는 앨더스 헉슬리(Aldous Huxley)로부터 얼마 전 충격을 받았다. 그는 프랑스 정신병의사인 휘베르 베느와(Hubert Benoit) 박사가 쓴 선불교의 심리학에 관한 『절대 지혜』(*The Supreme Wisdom*)를 영어로 번역하여 그 서문을 썼다. 나는 프랑스어 본으로 그 책을 읽었다. 헉슬리는 서구 정신병의학을 도교와 선불교의 동양사상과 비교하고 있었다. 그에 따르면 서구 심리치료학의 목표는 고통받는 개인을 도와 덜 고통받는 개인들 사회에 그 사람을 적응시키는 데 두고 있다. 그 개인들은 서로간에 그리고 지역 단체들에 잘 적응된, 하지만 기본적 만물 질서에 이들의 적응은 하등의 문제가 없는 사람들이다.... 그러나 또 다른 부류의 완벽하게 기능하는 정상상태가 있다.... 혼란스러운 사회에 완벽하게 적응된 인간조차도 스스로 바란다면 만물의 본성에 적응하도록 자신을 준비할 수 있다"(OPP 115-6).

정신병 치료에 선불교의 기법을 적용한 휘베르 베느와(Hubert Benoit)

의 책을 읽고 앨더스 헉슬리가 영문 번역판 서문에 쓴 내용에 공감한 엘리엇은 도교와 선불교에 이론적으로 상당한 지식과 관심을 표명하고 있었다. '자연'(nature)은 도교에서 '도'(tao)(道)의 개념으로 유교에서 '리'(principle)(理)와 대치될 수 있다는 사실도 그는 인식하고 있었다. 즉, 명상과정을 통해 개인이 사회적 기능을 훌륭하게 수행하기 위해 '도'(道)를 깨닫고 '선'(善)을 행하는 자세는 유교의 철인정신(sagehood)이 소유한 기본 덕목들이다. 유교의 중용에서도 도덕적, 정치적, 사회적 혹은 종교적 실천은 자기 수양을 통해 이루어지고 있다는 것을 이미 엘리엇은 알고 있었다.

위의 인용 문맥에서 엘리엇은 도교와 선불교가 주장하는 원칙들은 현실문제 적용이 직접적으로 명백하지 않다고 지적하고 있다(OPP 115-6). 후에 브래들리 철학을 자신의 종교적 경험으로 전환시킨 엘리엇은 그 논문의 끝부분에서 현실과 이상, 주체와 객체의 상호 모순적이고 배타적인, 그러나 필연적인 관계를 동시에 실현할 수 있는 방법론으로 도교와 선불교는 적절한 방법론이 아니라고 결론짓는다(KE 162). 중국의 철인들처럼 그 궁극적인 해결은 사회실천을 위한 신념과 행위에 의해서만 가능하다는 사실을 엘리엇은 일찍이 간파하고 있었다.

파운드와의 관계에서 조금 더 살펴보기로 하자. 휴 케너(Hugh Kenner)는 파운드가 시가와 비평을 통합하고 싶어 하지만 'Kung'(공자의 명칭)과 절망적인 '도' 사이에서 갈피를 잡지 못하고 있다고 지적한다. 달리 말하면 유교의 형식주의와 도교의 초월주의 사이의 불가피한 통합이 그의 중국 역사시인 「중국사 캔토스」("the Chinese History Cantos")에서 시도되고 있다(Kenner 454). 하지만 이 캔토스에서 나타나고 있는 신비주의자들은 항상 그 통합을 해체하는 역기능을 수행하고 있다고 한다. 그들을 가리켜 파운드는 "taozers", "foezers"로 부르고 있다. 여기에서 전자는 도교인을 후자는 불교인을 칭하는 파운드의 용어이다.

1951년 6월 21일 파운드는 2차 세계대전동안 이탈리아를 위해 미국을 비난하는 방송을 한 죄로 자기 조국 미국에 의해 간첩죄로 기소되나 신병관계로 성 엘리자벳(St. Elizabeth)병원에 있던 중 엘리엇의 방문을 받게 된다. 거기에서 파운드는 엘리엇을 다음과 같이 규정한다. "아, 나는 그에게 잘못된 그 무엇이 있다는 것이며... 그가 도교인과 불교인과 교제하고 있었다는 것을 알았다." 그는 물론 엘리엇이다. 엘리엇은 "내가 얻고자 시도하는 것은 최종분석에서 궁극적 진리를 가리키는 모든 종교적 지점, 즉 우주적 진리이다"며 파운드에 비해 보다 포괄적이다.

이때 엘리엇은 이미 영국국교도로 개종해 있었다. 여기에서 엘리엇은 유교와 연관된 도교와 불교를 언급하며 세계종교의 궁극적 진리를 말하고 있다. 사실 엘리엇은 구체적인 언급은 피하고 있지만 세계종교의 진리 모두가 혼합되어 자신의 문학과 종교사상에 깊은 영향을 주었음을 고백하고 있었고, 파운드에 의해 증언되고 있었다.

신유학파인 주희가 유교철학에 도입한 유교의 핵심이론은 잘 알려진 데로 중용사상이다. 파운드의 용어로 '동요하지 않는 중심'(unwobbling pivot)이다. 그의 『캔토스』에서 이 중용사상은 하나의 새로운 예술형식을 제공한다. 엄격한 의미에서 중국의 '중'은 초월적 의미이지 아리스토텔레스가 말하는 극단을 이해하고 피하면서 이르는 중용은 아니다. 이 '중'은 도교의 '도'(道)와 함께 합리적 속성을 갖고 있다. 이 도를 깨닫고 수양하여 삶을 유지하는 방법이 바로 '도'이다. 파운드는 이 '도'를 가리켜 '과정'(the process)으로 설명한다. 파운드에게 있어서 그 중심은 예술가의 창작과 비평에 형식을 제공하는 의미가 크며, 그의 시 『캔토스』를 통일시키는 예술활동의 과정에 해당된다.

파운드는 "그 중심은 『캔토스』의 통일성을 의도하고 있고, 표의문자의 특성적 이미저리를 인식하기 위해 처리된다. 그래서 질서를 명료화하고 타고난 초월적 본성을 현실화하는 이유로 그 말 중심은 과정"에 해당된다"(Kenner 456). 파운드의 이러한 합리화는 아우구스탄적 예술의 본질이며 엘리엇의 후기 상징주의로 이월된다. 이 후기 상징주의는 예이츠(W.B. Yeats)의 상징주의, 즉 예술 자체를 위해 현실로부터 탈출하여 몽환상태를 고의적으로 유지하려는 그의 예술기법에 대한 엘리엇의 비평에서 찾아 진다. 구체적으로 말하면, 시적 활동의 기본적인 원칙인 미학 중심의 심미비평에 있어서 두 사람은 형식에 관한 유교인이고 정신에 있어서 도교인이다.

시가와 비평에 있어 이러한 심미주의는 엘리엇의 에세이 「전통과 개인의 재능」에서 명확하게 드러나고 있다. 심리적인 면에서 신비적 체험을 중요시할 때는 종교적 성찰을 명시한다. 여기에서 엘리엇은 전통을 하나의 진리로서 그리고 구체적 질서와, 형식, 내용 그리고 하나의 '도'로서 바라본다. 이로보아 파운드가 지적한 "Taozers" 혹은 "Foezers" 두 특성을 동시에 조화하려는 엘리엇은 파운드의 유교와 중국의 현인철학을 다 인정하고 있지 않지만 적어도 그는 시적으로나 비평적으로 빚을 지고 있었다.

엘리엇은 파운드의 비평에는 훨씬 많은 도덕적 동기가 있고, 자신의 비평은 이점에서 그와 공통성이 있다고 말한다(OPP 117). 파운드는 보다 구체적으로 그 공통성을 하나의 완전한 질서의식이요 엘리엇과 자기는 결국 같은 그룹의 비평가에 속한다고 지적한다(Unger 18). 파운드 비평이 엘리엇에 끼친 윤리적 영향은 언어와 개성에 관한 낭만주의 개념을 두 사람 모두 싫어하는 데서 훨씬 커 보인다. 우선 일단의 시 이론, 즉 자유와 엄격성, 감성과 이성, 시가와 비평, 동일성과 다양성을 하나의 통합으로 조정하고, 형성하고, 균등하게 하는 비평정신이 거의 두 사람에게 동일하다. 확실히 엘리엇은 자신의 빚을 명시하고 있다.

"나의 빚은 황무지에 대한 [파운드]의 조언이고 그의 운용이다. 나는 [소크라테스적] 산파법(마음속의 막연한 생각을 문답식으로 유도하여 명확하게 인식시키는 방법)을 수행하려고 종종 노력하였다"(Russell 28-32). 결과는 몰개성에 관한 엘리엇의 시 이론이며 시가와 비평의 윤리적 함축과 브래들리 철학의 '즉각경험'(immediate experience)에 근거한 그 자신의 철학적 단순성을 강조하는 데서 나타난다.

『네 사중주』에서 중국적인 것에 관한 주제들을 살펴보면 우선 시간에 대한 인도적 개념보다 훨씬 건강하게 나타난다. 주희가 중국의 전통이 일상에서 생각하고 행동하는 자연의 도라 할 수 있는 중용이나 '리'(理)철학에 있다고 보는 것처럼 중국에 있어 시간은 개인이나 사회나 정치 제도들 혹은 시가에서 조차도 전통을 직관적으로 작용시키는 기능으로 간주되고 있다.

첫 시 「번트 노턴」에서 엘리엇은 시간과 무시간대 어느 한쪽에서 영원과 불멸성을 추구하는 것을 거부하고, '소용돌이 세계의 정지점'(the still point of the turning world)(64)에서 현실적 구원을 성취하기를 원한다. 일반적으로 해탈에 대한 중국의 견해는 삶의 중간, 즉 시간 속에서(時中)의 체험을 강조한다. 특히 중용철학에서의 삶은, 예를 들면 중국의 철인들은 정신적으로나 육체적으로나 평화를 얻고자 현실과 이상사이에 동시 밀착하여 자연의 법칙을 그대로 실천하는 데 삶의 역점을 두고 있다.

이러한 철인들의 이미지와 유사하게 시에 나타나는 시인은 존재와 비존재 사이의 한계형태에 밀착되어 있어 보인다. "존재와 비존재 사이에서 한계형태에 사로잡혀 있다"(170-71)는 표현은 역설적으로 철인의 마음속에서 일어나는 변증 과정은 삶의 경험 내에서 조차도 정지점이나 혹은 평화로 언급되고 있다. 이러한 과정이 없다면 "정지한 마음은 환상으로 가득차게 되고 의미가 없이 집중하지 못하고 무감각한 불만족스런 장소일 뿐이다"(93, 105-6).

이 시의 전단부문에서 시인은 시간이 역사적 연관 속에 있지 않다면 구원의 의미가 없다고 간주하며, 시간의 영원성을 거부한다. 즉, 시인은 시간이 역사적 경험 속에서만 구원의 의미가 있다고 생각한다. 그렇지 않다면 시간경험은 관념세계에서만 영원한 가능성으로 남아 있는 하나의 추상에 불과하다(6-8). 그러나 시인은 일상의 생각과 행동을 추상 세계로 인도하는 문이 아닌 단순한 구원이 가능한 문을 택한다(14-15). 다시 말하면 시인이 일상적으로 명상하고 시간 속에서 행동하는 계몽된 신비주의 형태의 경험에서 구원을 찾고 있다.

중국의 사상은 시간의 역설을 감지하는 밝은 마음(明心)의 깊이를 통찰한다. "현재시간과 과거시간 모두 미래시간에 아마 현존하며 미래시간은 과거시간에 포함된다"(1-3). 시간 혹은 역사는 경험의 단순한 형식이 아니다. 오히려 시간과 역사는 마음에 현재 현실과의 조화 속에서 정확한 언어로 감정을 표현할 수 있게 하는 공통형식과 양식을 제공한다.

아마도 시인은 표현의 간결성과 정확성을 위해 상징적인 말을 통해 주관적인 면들을 객관화할 수 있다고 생각한 것 같다. 이는 파운드가 선호한 중국의 단시에서 나타나는 시의 기교이다. 말과 감정에 관한 중국적 의미에서 시인은 언어에 있어 시적 감정을 어떻게 객관화하는가를 모색하고 있다. 다시 말하면, 상징을 수반하는 표의문자처럼, 말이 참된 의미와 지시를 나타내기 위해서는 시간과 그 시간성을 넘는 무시간의 영역속에서도 상징 형태들을 갖고 있어야만 한다. "말이 움직이며 음악이 시간에서만 움직인다.... 하지만 그 형태에 의해서만 말과 음악이 정지점에 이를 수 있다. 그렇지 않을 경우 말은 깨지며 무엇인가 파열되고... 부정확성으로 쇠락한다"(140-55).

말과 음악에서 정지상태는 시적인 의미에서 그 움직임의 부산물이다. 언어의 정지상태는 영원히 움직이고 있는 역설을 가정하고 있기 때문이다. 마치 그 언어의 의미가 전통적으로 그리고 상징적으로 현재에 살아있는 한 진실하게 느껴지는 이치와 같다. 이로보아 현실적 견지에서 언어와 표현의 중국식 경험은 시간에 의해 전통적 의미를 보존하는 패턴을 암시해준다.

두 번째 시인 「이스트 코커」에서 엘리엇은 일종의 역사적인 결론으로 이끌어지는 인간의 경험을 한 가지 양상으로 제안하고 있다. 바로 문명의 실제적 영역은 한시적인 시간과의 결합에서 온다는 것이다. 엘리엇은 역사 속의 경험이 확실한 가치관들과 생명력이 있다는 것을 언급하고 있을 뿐만 아니라, 그 역사과정과 인간과정 모두 어떤 경계가 있다고 인식하고 있다. 중국식 사고로는 시간의 순환적 의미는 역사로부터 의미를 지속적으로 찾으려는 노력이다. 이는 역사 속에서 인간과정을 위한 타산지석을 찾는 데 있다. 그래서 역사와 시간에 관한 중국의 형이상학은 엘리엇에게 다음의 형이상학적인 믿음을 어떻게 단순히 성취하는 가를 가리키고 있다. "나는 여기에 있고 저기에도 있고 도처에 있다. 나의 시작에서다"(50-51). 사람이 시공 속에 어디에 있던지 상징적인 새로운 시작은 계속해서 시작된다. 시간 속에서 구원의 경험을 반복하는 종교적 의식 또한 따지고 보면 이러한 반복과 주기의 형이상학이다. 결국 엘리엇은 이러한 인간경험의 상징적 패턴을 하나의 역사과정이 주는 결론으로 인식하고 있다.

구원을 위해 역사, 시간, 그리고 언어에 관해 생각해 보며 엘리엇은 나가르주나의 중관철학이 주장하는 이론과 실재는 중국식에 비해 완전히 바람직하지 못하다고 확신한 것 같다. 아마도 그는 이 철학이 중국식의 역사, 시간, 언어의 변증법을 설명할 수 없다고 본 것 같다. 그가 생각하기를 '중'에서 성취되는 것은 '도'의 중용에서 뿐만 아니라 모든 것에서, 심지어 어떤 확실한 기반도 없는 모진 감옥의 어귀에서조차도 성취되는 것이어야만 한다(90-92).

사실상 엘리엇은 그 자신을 낭만주의적인 현실탈출 형식을 경계하고 있다. 인도의 요가, 도교, 혹은 선불교가 보이는 명상형태로의 은둔, 말하자면 전통과 언어를 위한 역사적 책임의식으로부터 무시간대, 혹은 '장미빛 정원이 암시하는 신비적인 망각의 자연세계'(the world of lotus; the land of forgetfulness)로의 비상을 경계하고 있다.

「드라이 셀비지」는 유교를 그 기원을 인간사의 특별한 순간까지 추적하는 역사성을 띈 종교로 간주하고 있다. 역사의 이미지는 강과 같이 묘사되고 있으며 현재 시간 속에서 살아있는 상징적인 대상들을 끊임없이 현실로 부상시키고 있다. 역사적으로 중국의 철인은 공자, 맹자, 혹은 주희를 후손들이 숭배하는 것처럼 이들의 언어와 이미지는 영원히 성육화되어 추앙받는다. 엘리엇은 중국의 철인정신을 시간과 무시간대의 교차지점으로 이해하고 성자들의 직업, 즉 사랑행위에서 평생 동안 죽음, 열정, 헌신, 그리고 겸허의 삶을 살았던 이들로부터 그 어떤 정신적인 숭고함을 상기시킨다. "그들은 시간과 더불어 무시간대의 교차점을 유념한다. 이는 성자의 직업이며 어떤 직업도 주어지고 받는 것이 없다. 오로지 사랑 속에서 평생의 죽음, 열정, 헌신, 그리고 자기 굴복만이 있다"(204-9).

중국의 성자들은 정지점에서 시간과 영원의 완전한 결합을 추구하지 않을 수도 있다. 그러나 그들은 우주의 덕성인 '인'(love or benevolence)

(仁)의 정신을 일상생활 속에서 종교적인 형태로 실천하고 수행하고 있다. 유교의 이상은 중용에 의한 행동으로 완전한 원칙을 소유한 인간상이다. 엘리엇이 이해한 이러한 유교적 이상형은 "시간의 안팎에서 무심한 순간 세속적인 것과 영원한 것을 의도적으로 통합하는 원리"(210-11)를 따른다.

엘리엇은 행동과 선택에 있어서 유교인들이 추구하는 이상향의 인간상을 아우구스탄적, 캘빈적, 혹은 청도교적인 신념 속에서 찾고 있다. 시에서 시인은 침묵을 유지하려는 자신의 능력을 보이고 있고 필요에 따라 자신을 초연히 분리시키고 있다. 이로보아 엘리엇은 동양의 철인들이 종교적 태도에 의해 자신의 행동과 언어를 살아 있는 상징으로 영원히 성육화되는 차원을 넘어 범인에게까지 그 행동의 의미를 끌어내리고 있다. 그 의미는 구원으로 인도되는 경험 속에서 무엇인가를 선택하는 유일한 가능성으로 제시된다. "우리는 주목 나무, 즉 의미 있는 토양에서 멀지 않게 우리의 세속적 전환이 성장한다면 마침내 만족한다"(234-37).

마지막 시 「리틀 기딩」은 지혜의 단순성을 명상적인 삶의 가장 높고 최후의 단계로서 제시한다. 어린애의 감춰진 목소리와 웃음 속에서 아는 것과 행하는 것의 이중성이 결별되고, 이들 삶의 완전한 단순성에서 철인과 성자들의 완전한 지혜의 단순성의 조건을 보게 된다. "사과나무에 있는 아이들은 찾지도 않기 때문에 모르지만바다의 두 파도 사이의 정지점에서 지금 빠르게, 지금 늘 반쯤 듣고 있다"(255-60).

결론적으로 유교의 철인정신과 엘리엇의 성자정신은 군자의 도라는 평범한 일상생활에서 실천을 통해 성취되는 종교적 의식의 단순성과 계속성에 있다. 이로써 엘리엇은 동양종교와 사상에 본질적인 비계몽화된 신비주의를 기피하고자 역사의식과 책임과 도덕성이 결여된 힌두교, 불교, 도교를 삶의 진지성이 있는 진정한 형식으로 간주할 수 없었다. 실천과 지속적인 변화를 통해 새로운 삶을 창출해 나가는, 그러나 전통에 뿌리박은 생활인인 유교의 철인의 모습 속에서 앵글로색슨의 전형을 발견하고, 유럽의 기독교 전통 속에서 새로운 전통을 수립한 앵글로색슨계 가톨릭으로 개종한 엘리엇에게서 정지와 변화를 모색하는 변증적인 한 인간의 모습을 발견하게 된다.

제4장 엘리엇의 '구원' 프로젝트: 동방의 '낯선' 신

엘리엇 문학의 종교적인 관점은 동양문화를 이해하는 서구인들의 의식을 살펴 볼 좋은 지표가 된다. 서구 기독교 전통에 대한 그의 종교적 관점은 그 나름의 시대적 소명의식으로 서구문화의 새로운 흐름을 의미한다. 그 흐름은 서구 기독교 전통을 자신만의 새로운 시각으로 정리하려는 노력의 결과에서 도출된다. 새로운 시각이란 그 자신의 유일신 사상과 영국국교회의 선택에서 찾아 볼 수 있다. 이러한 배경에는 자신의 종교적 기반이었던 유니테어리어니즘(유일신 주의)과 하버드대학원 시절 연구하였던 다양한 동양의 종교사상이 바탕이 되고 있다.

엘리엇이 본 동양의 종교사상은 주로 힌두고, 불교, 유교 등이었다. 유니테어리어니즘은 엘리엇이 태어나고 자라난 가정이 신봉하는 신앙이었고 그가 영국국교회로 개종을 한 배경에는 동양의 신에 대한 자신의 시각이 중요하게 작용한 결과로 보여 진다. 동양종교의 신, 여기서는 동방의 신이라 지칭하고 싶다. 이 동방의 신이란 엘리엇에게 이방의 신을 의미하는 '낯선' 신이다. 먼 외국의 신이라는 뜻이다.

동방의 종교는 그의 종교적인 성장에 큰 기여를 했다. 하버드대학원 시절 찰스 란만(Charles Lanman)의 지도하에 2년 동안 산스크리트어를 공부하였고, 제임스 우즈(James Woods)의 지도하에 1년 동안 파탄잘리(Patanjali)의 형이상학을 공부했다(ASG 40). 그는 그 후에도 3년간 인도사상 연구에 몰두하였다. 이로보아 그가 단지 일시적인 흥미로 인도종교, 특히 인도의 신에 관심을 가졌다고 보기 어렵다. 그의 대표적인 시 『황무지』(*The Waste Land*)는 그의 인도사상 연구가 매우 진지하였음을 보여주고 있고, 무엇보다 그 자신이 한때 불교도가 되려하였다는 고백에 비추어도 일시적이 아니었다는 사실이 분명하다(Partridge 166).

엘리엇의 글 중 동방의 낯선 신에 대한 산문연구는 1934년 출간되었던 『낯선 신을 쫓아서』(*After Strange Gods*)에 집약되어 있다. 1933년 5월 버지니아 대학에서 페이지바버 시리즈(the Page-Barbour Series)였던 세 강연을 모아 출판한 이 『낯선 신을 쫓아서』는 그 부제가 「현대 이단의 입문서」("A Primer of Modern Heresy")로 되어 있다. 엘리엇의 'Primer'는 사실 입문서로 읽힐 수 있지만 그 자신에게는 독본이라는 뜻이 강하다.'동방의 신을 어떻게 읽을 것인가'하는 문제는 엘리엇 자신에게 흥미이상의 커다란 관심과 의무를 지어준 듯하다.

사실 동방의 신을 읽는 내용이나 방식은 엘리엇에게 이단을 판단할 중요한 경험을 주었다. 중세 이후 상당기간 지속되었던 종교재판의 의미를 연상시키는 이러한 경험은 어떤 종교적인 원칙에 벗어나 있는 글들을 이단으로 규정하려는 종교적 검열에 가까웠다. 그 원칙이란 물론 해석에 관한 문제이다. 자신이 살아가고 있는 동시대의 '현대를 어떻게 해석할 것이며, 전통을 어떻게 그 현대에 적용할 것인가'하는 문제는 엘리엇의 평생에 걸친 지난한 과업에 해당된다.

엘리엇은 일찍이「전통과 개인의 재능」(1917)에서 단순한 문학위주의 형식 미학보다 스스로 규정한 도덕성에 많은 비중을 두고 다루고 있다. 당시 부인이었던 비비엔(Vivien)과 별거한 상태는 엘리엇의 삶과 문학에 상당한 변화를 주었다고 전해지고 있다. '삶이 문학에서 어떤 의미를 찾을 수 있을 것인가'하는 문제는 무엇으로 어떻게 살아야 할 것에 대한 문제로 비친다. 그가 삶에 있어서 도덕성에 관심을 갖게 된 상황은 우연이 아닌 듯싶다. 문자 그대로 세상이 황무지라면 그 원인은 인간과 환경의 도덕성 상실로 비쳤을 수도 있다. 상실된 가치를 회복하기 위해 그가 무엇에 집중하였으리라는 추정은 이미 전통과 개인의 재능에서 암시되고 있었다.

1934년 봄 『낯선 신을 쫓아서』라는 다소 얇아 보이는 이 출판물은 당시 상당한 비판을 받았다고 알려져 있다. 그 배경은 물론 비기독교 종교에 대한 가혹한 비판과 반유대주의에 있었다(Julius 25-30). 두개 이상의 문화나 인종이 혼합되기보다는 동질성을 유지하고 보존해야 한다는 그의 비판적인 사고는 이미 동양사상이나 동양종교, 혹은 동방의 이신들에 대한 거부감을 강하게 시사하고 있었다. 더불어 같은 맥락에서 유대인에 대한 반기독교적인 요소를 강하게 비판하고 있었다.

비기독교인들은 '이방인'이 아니면 '유대인'이었다('Gentile or Jew'). 지금으로 말하면 백인중심, 혹은 유럽중심의 통합을 서구사회에 강조하였던 듯싶다. 다만 이러한 백인중심주의나 유럽중심주의를 하나의 서구전통으로 인식하였던 엘리엇을 백인우월주의나 유럽중심의 세계관으로만 비판할 수는 없다.

엘리엇은 칼 사피로(Karl Sahpiro)라는 젊은 시인으로부터 당시 자신의 버지니아 대학 강연에 대해 강한 비판을 받았다. 1932년 9월 버지니아대학에 입학하였던 샤피로는 그 강연이 있던 봄, 대학을 떠나기로 결정하였다고 한다. 사피로는 엘리엇 강의의 반유대주의를 비판하며, 자신의 시 「대학」("University")에서 '흑인에 상처를 주고 유대인을 기피하는 것이 이 대학의 교육과정'이냐며 대학당국을 비난하였다. 사피로는 후에 퓨리처상을 받았고, 상대적으로 엘리엇은 점차 나치 유럽 이후 자신의 그러한 발언이 출간되는 것을 경계하였다고 알려져 있다.

그럼에도 불구하고 『낯선 신을 쫓아서』의 세 번째 전문이 「개성과 악마에 홀림」("Personality and Demonic Possession")이라는 타이틀로 1934년 1월 『버지니아 쿼터리 리뷰』(*Virginia Quarterly Review*)에 실렸다. 이 전문이 세 강연 중 그나마 가장 덜 선동적이었다고 알려져 있다. 그해 4월 엘리엇은 시 「풍경」("Landscapes")에서 이러한 '마법에 홀리는 개념'("do not spell / Old enchantments")을 재현시켰다.

우리가 알 수 있는 것은 엘리엇의 그러한 기독교적 전통에 가까운 믿음이 그의 문학이나 비평에서 재현되었고, 점차 사회적으로 압박과 비판을 받았다는 사실이다. 비기독교적 교리나 종교철학을 이교도로 분류하였을 뿐만 아니라, 악마에 홀린 상태로 본 엘리엇은 문자 그대로 '이단의 입문서'로 『낯선 신을 쫓아서』를 발표하였다. 사실 이 글은 이교도의 글에 대한 독본으로 자기 스스로 규정한 동시대의 악마적인 글에 대한 신랄한 비판을 담고 있다.

동방의 낯선 신에 대한 엘리엇의 이런 시각은 『네 사중주』에 그대로 반영되어 있고, 그가 전통이라 생각한 부분과 개성의 융합은 동방의 낯선 신을 평가하는 잣대가 되었다. 이로 보아 엘리엇의 개성은 동방의 낯선 신을 쫓는 개성일 수 없으며 그가 말하는 전통은 서구문명의 뿌리였던 동방의 낯선 신을 가능한 한 거부한 형태로 나타난다.

엘리엇이 동방의 신을 어떻게 읽었는가는 특히 『낯선 신을 쫓아서』의 부제 「현대 이단의 입문서」 혹은 '독본'에서 너무나 명백하게 드러난다. 특히 세 번째 강연의 마지막 「개성과 악마에 홀림」은 타이프로 친 원고 그대로 인터넷에 2007년 최초 공개되었다(http://www.vqronline.org/). 원고를 보면 엘리엇은 동방의 낯선 신을 숭배하였던 당시 서구 지식인들을 악마에 홀린 자들로 신랄하게 비판하였고, 종교상의 이설을 허용하지 않았다. 그가 동양의 종교철학을 어떻게 이해하였는가는 동방의 신들을 자신에게는 모두 '낯선' 대상들이라는 주장에서 더욱 분명하게 드러난다.

서구 기독교전통에 식상하고 이러한 동방의 신들을 쫓던 당시 서구 지식인들을 엘리엇은 이단의 추종자, 이들의 글을 이단의 독본이라 불렀다.

엘리엇의 이상형은 단테로 알려져 있다. 단테의 전통으로부터 엘리엇이 동방의 낯선 신을 어떻게 해석하였으며, 어떻게 이를 서구의 전통에 받아들이고 무엇을 거부하였는가를 살펴보는 과정은 엘리엇의 동양에 대한 시각과 지식의 정도를 갈음하는 잣대라 할 수 있다. 본 글은 『황무지』와 『네 사중주』를 다시 읽어 봄으로써 동방의 낯선 신에 대한 엘리엇의 시각과 그의 구도자로서의 종교적인 가르침을 살펴보고자 한다.

'현대 이단'은 전통 기독교를 벗어나 동방의 이신을 쫓는 무리를 가리키거나 이 동방의 낯선 신을 쫓는 서구 지식인들의 의식을 가리키고 있다. 말 그대로 '낯선'이란 뜻이 강하게 느껴지는 'strange'와 복수 형태인 'gods' 모두 비기독교적인 종교와 그 신들을 가리킨다. 낯선 신의 뜻과 그 의미 해석에 다소 논란이 있을 수 있으나 이상한, 익숙하지 않는, 새로운, 혹은 심지어 이국의 신까지 그 의미 외연이 넓어 질 수도 있다. 엘리엇에 대한 대표적인 동양학자 커언즈(Cleo M. Kearns)를 포함해 인도학자들에 의한 동양연구를 볼 때 엘리엇이 하버드대학원 시절의 동양사상이나 종교연구에 관한 산문이나 시를 보면 낯선 신은 주로 이국의 신, 특히 동방의 신을 가리키는 의미가 크다.

사실상 엘리엇은 동양적인 것을 인정하면서도 무엇이 인도적인지를 분명하게 하지 않고 있다. 그의 문학은 직접적인 지시보다 오히려 인도적인 것에 대한 암시와 은유로 넘쳐있다. 크리스천 스미트(Kristian Smidt)는 『황무지』 "시에서 상징주의가 그의 종교적 여러 관념으로 반영되고 있다.... 물은 인도와 기독교 신앙을 결합하는 상징적인 수단이며, 또한 그의 믿음이 시로 유입되는 통로이다"(209). 이처럼 물은 직접적이라기보다 무엇을 상징하는 기호처럼 작용한다.

물론 상징이란 여러 의미로 해석될 여지를 남긴다. 『네 사중주』를 보더라도 철학, 종교, 문학에 대한 엘리엇의 관심은 동아시아의 전통사상과 상당한 관련이 있어 보이지만 정확하게 어떤 부분이 인도적인 것인지를 말하기는 쉽지 않다. 『네 사중주』에 대해 헬렌 가드너(Hellen Gardener)는 엘리엇의 인도사상은 「번트 노튼」("Burnt Norton")에서는 불교적이고 이국적인 이미지가 코츠월드 정원의 연꽃으로 나타나고, 「이스트 코커」("East Coker")에서는 동양의 은둔하는 현자들이 기독교의 은자들이나 바다에 은둔한 초기 아일랜드 승려들과 유사하게 나타나고, 「드라이 셀비지」("Dry Salvages")에서는 인도의 경전 『바가바드기타』(*Bhagavad-gita*)의 이미지가 있다고 지적한다(Composition 57). 엘리엇 스스로도 불교 명상의 이미저리가 강한 『로터스 슈트라』(*Lotus-sutra*)를 자주 언급함으로써 동양의 영향이 적지 않음을 보여준다(CC 191).

그럼에도 불구하고 메티에슨(F.O. Matthiessen) 경우 자신은 동양사상을 알지 못하지만 엘리엇의 시를 여전히 즐긴다고 말한다(51). 사실 메티에슨이 아니더라도 다른 동양 현자들을 포함해 크리슈나와 부처와의 직접적인 관계를 인식할 수 있을 정도로 인도적인 색깔이 엘리엇 시에 적지 않다. 더욱이 『낯선 신을 쫓아서』에서 엘리엇은 그의 시가 인도의 신 브라만과 부처에 영향을 받았다고 말하고 있다(ASG 41).

엘리엇의 『네 사중주』와 그 이전 시 『황무지』 모두 동양적인 주제가 확실하게 나타난다. 하지만 『네 사중주』가 『황무지』보다는 엘리엇의 종교적인 신념이나 종교철학에 대한 확신이 잘 드러난다. 더욱이 엘리엇은 개인적인 고통이나 아픔을 벗어나기 위해 시의 형식을 통해 종교적인 신념에 전념하였고, 동시에 그 신념이나 교리로부터 자유롭고자 문학을 선택하였다. 이는 엘리엇 스스로 종교적인 신념에 대한 자신감의 표현이며, 특히 동양종교에 대한 자신감을 기독교의 엄격한 교리로부터 자유롭게 해방시켰다.

『황무지』의 물의 이미지는 최초의 힌두 문학인 『리오 베가』(*Rio-Vega*)의 이미지를 가리킨다고 한다. 아리안족의 성배이야기에서처럼 힌두찬가나, 기도의식, 극 의식 등, 이 모두는 대지의 비옥함과 평온을 지키는데 필수적인 온화한 햇빛, 그리고 넉넉한 물을 상징하며 최고의 신 브라만에게서 이를 얻고자 기획되었다고 한다(Weston 23-24). 나게스웨어 라오(Nagesware G. Rao)에 따르면, 『황무지』의 타이틀마저 『베다스』(*Vedas*)와 『우파니샤드』(*Upanishads*)의 제목의 의미를 원용하였다(84-91). 모두 불모지의 사막으로부터 전해진 위대하고 비밀스런 메시지를 의미하며 인도의 신 브라만과 관련되어 있다.

『베다스』는 황무지의 가뭄과 불모지에 어떤 악마의 힘이 개입된 스토리 구조를 보여주며, 『우파니샤드』는 황무지의 목마른 사람들을 구제하기 위하여 이들에게 비밀 메시지를 가르친다고 한다. 『베다스』에서 프라야파티(Prajapati)는 브라만에 대한 통칭이다. 프라야파티는 예언자이며 창조자로서의 신이다. 이 경전 텍스트에 나오는 인간은 주로 창조라는 큰 체계의 일부이며 세속적인 의미보다 형이상학적인 의미가 강한 인간 유형이다. 프라야파티의 역할과 유사한, 신은 아니지만 서구의 예언자 티레시아스(Tiresias)를 언급하며 엘리엇은 티레시아스가 보고 이야기하는 내용은 시의 본질(Eliot's note to line 218, "The Fire Sermon")이며 그 결말("shantih")은 『우파니샤드』라 주석을 달았다.

비평가들은 물론 엘리엇 자신도 『네 사중주』는 철학적인 시라기 보다 철학적인 경험을 제시하고 있다고 말한다. 이는 엘리엇의 시들이 일반적으로 어떤 철학적인 이론에 비중을 두었다기보다 감각적으로 지각되는 경험을 말한다(SW 171). 시는 감각에 의존하는 정서에 호소하는 만큼 단테의 『신곡』(*Divine Comedy*)에서처럼 특히 『네 사중주』는 철학적이고 종교적인 신념에 도달하는 엘리엇의 감각적인 능력을 보여준다. 비평가들이 말하듯이 엘리엇에게 시를 떠난 종교적 신념은 있을 수 없다.

엘리엇 문학에서 볼 수 있는 것은 그 배경이 되는 종교사상들이다. 그렇다고 그의 시는 종교적인 환희에 도달하려는 독단적이고 편협한 이미지를 그리지는 않는다. 오히려 그러한 시는 특정한 종교 교리를 강조하는 종교적인 시가 될 것이며 엘리엇은 이를 단호히 거부한다. 사실 『네 사중주』는 『성회 수요일』(*Ash-Wednesday*)(1930)이나 『성당에서의 살인』(*Murder in the Cathedral*)(1935)보다 경험적인 측면에서 덜 기독교적이다. 리처드 레아(Richard Lea)가 말하듯이, 『네 사중주』는 "더 심오하고, 더욱 강렬하고, 더욱 아름답지만.......... 덜 기독교적임"을 보여준다(Smidt 182). 이 시의 특징은 정도의 차이는 있지만 동서양의 위대한 사상가들을 모두 기독적인 경험 안으로 통합시킨다. 십자가를 지켰던 예수가 사랑하였던 요한은 『황무지』에 나오는 바울이나 『성당에서의 살인』에 나오는 토마스 베켓처럼 『네 사중주』의 「이스트 코커」에서 가장 기독교적 경험을 제시하는 서양의 성자로 그려진다(Smidt 182).

대체적으로 시를 통해 엘리엇은 서구의 전통, 정통, 문화, 그리고 역사에 깔려 있는 이상적인 질서나 세속적인 가르침을 종교적 차원으로 수렴한다. 따라서 엘리엇은 동양사상과 동방의 신들을 추구하였던 어빙 베빗(Irving Babbit)과 에즈라 파운드(Ezra Pound)의 관점을 현대 이단의 전형으로 보았다. 또한 『황무지』에서 포괄적으로 보여준 인도의 낯선 신 브라만을 기독교적 종교철학에 비추어 보고자 한다. 이러한 엘리엇의 변화는 동방의 신에 대한 다소 애매한 엘리엇의 입장을 우리에게 불러일으키기 쉽다. 하지만 그는 동방의 신에 대한 낯선 특징을 낡은 서구 전통의 대안으로 모두 바꾸려하지는 않는다.

실제로 엘리엇 시는 동방의 낯선 신을 단지 부정적으로 반영하는 정도에 머물러 있지 않다. 적어도 엘리엇은 동방의 낯선 신이든 서구의 기존 신이든 이 신들은 현대인에게 새로운 삶의 의미를 부여하는 여러 유사 종교형태의 하나다. 엘리엇에게 현대인은 그 이상의 무엇을 찾아야 하는 순례자이며, 삶에서 궁극적인 구원을 찾아야 하는 잃어버린 영혼의 방랑자이다. 특히『네 사중주』에서 보이고 있는 동서양의 순례자라 할 현자 혹은 성자들의 모습은 엘리엇에게 다양한 경험을 의미하며, 그는 이러한 경험을 지혜로 소중하게 끌어들인다.

그러므로 먼 동방의 낯선 신에게도 특별한 의미를 부여한다. 엘리엇은 동방의 낯선 신의 형태를 나름의 기독교적 정신이라 할 '계몽된 신비주의'(enlightened mysticism) 개념으로 바라보고자 한다. 엘리엇은 자신이 바라는 인간형과 사회형을 동방의 낯선 신, 혹은 동방의 낯선 신비주의보다 조금 더 서양식의 계몽화된 신비주의 실체로 그려내고 싶어 한다. 그러한 모티브로는 시간이다.

『황무지』의 제1부 「죽은 자의 매장」("The Burial of the Dead")은 죽음과 물의 모티브로 동방의 낯선 신비주의 정체를 파헤칠 수 있는 시간을 다루고 있다. 대체로 동방의 신비주의는 시간을 초월하고자 한다. 그 신비주의 중심에 동방의 신은 낯설게, 저 멀리 시간을 초월하여 존재하거나, 인간은 그 신과의 합일을 통해 시간개념을 벗어난다. 이처럼 동방의 물과 가뭄의 상징적인 상호작용은 삶, 죽음, 그리고 영원의 시간과 관련이 있지만 서양식의 계몽된 실체는 아니다.

엘리엇은 나이가 들어가고 성숙해지면서 시간과 관련된 이미지를 다소 현실적으로 바꾼다. "나의 시작에 나의 종말이 있다..... 새로운 건물의 오래된 돌들처럼, 새로운 불의 오래된 목재처럼"("East Coker" 1-5), 우리는 시간을 벗어날 수 있다고 바라지만 결코 벗어날 수 없다. 엘리엇은 시간의 영역 내에서 신비적이라 할 시간의 초월을 해결하고자 한다. "오직 시간을 통과하는 것만이 시간을 정복하는 것이다"("Burnt Norton" 92).

시간과 경험에 대한 주제는 엘리엇의 초기 시에서 '원자적'(atomic) 시간 이란 용어로 나타난다(Jha 382). 크게는 베르그송(Bergson)이 사용한 '지속'(duration)의 개념으로 인간이 느낄 수 있는 시간의 연속성을 의미한다(Jha 24). 시간이란 베르그송에 의하면 단지 '지속'을 의미하며 오로지 우리의 직관으로만 느낄 수 있는 우주적인 의식에 해당된다(Radhakrishnan 340). 이러한 베르그송적인 신비적 시간의 개념은 동방의 낯선 경험에 해당될 뿐 엘리엇이 바라는 지적 수준의 계몽이 안된 경험이다(Freed 54). 엘리엇에게 지성과 직관은 영혼이나 정신적인 경험일 수 있지만 전통적인 고전주의의 시각에서처럼 물리적인 경험이어야 한다. 엘리엇에게 시간은 역사의 경험 내에 있어야 한다.

모리스 웨츠(Morris Wetz)는 엘리엇의 시간 개념을 신플라톤적인 의미로 해석하는 것은 잘못이라고 지적한다(142). 또한 아난다 쿠마르스와미(Ananda Coomaraswamy)는 기독교에 의해 받아들여진 신플라톤적인 시간과 힌두교와 불교에서 말하는 시간이 크게 다르지 않지만 이 또한 잘못된 해석이라 지적한다(3, 94). 사실 인도사상에서의 신플라톤적인 시간의 의미는 역사의 시간을 의미하지 않는 궁극적으로 '무시간'(timeless)에 가깝다. 엘리엇에게 시간 개념은 초월적 직관과 역사적인 경험내의 지성 둘 모두를 포함한다. 신플라톤적 시간개념은 엘리엇에게는 비로소 순간 시간의 문맥에서 설명되어야 한다. 그러므로 엘리엇이 바라는 시간은 역사나 전통을 벗어나지 않는, 즉 서구 기독교의 전통이라 할 '계몽된'(enlightened) 시간 개념이다.

특히 『네 사중주』의 중심 주제는 시간이지만 이때의 시간은 그로버 스미스(Grover Smith)에 따르면 무시간의 초월상태와 시간의 흐름을 통합시키는 의미가 강하다(251-55). 하지만 시간에 대한 엘리엇의 관심은 경험과 이상 사이의 차별에 있다. 영원이라는 이상은 일시적 시간이라 할 경험의 여러 변형된 형태로 나타난다. 역사, 전통, 시, 사랑 그리고 종교적인 믿음 등의 다양한 의미 양식은 경험을 지시하는 은유 형식으로 창조된다. 시간과 음악은 아마도 현실 경험차원에서 설명될 수 있는 좋은 은유에 해당된다. "단어들이 움직인다, 음악들이 움직인다. 오직 시간 속에서........, 영원히 그것의 정점에서"("Burnt Norton" 140-146)라는 표현은 경험을 시간 속에서 규정해보려는 엘리엇의 노력이다.

엘리엇이 시에서 추구하던 경험을 지시하는 은유들은 운율이나 음악과 같은 리듬이지만, 이를 통해 감정의 이완이 잘 조절되어 나타난다. 이러한 방식은 명상이라는 방법이 음악과 시간의 흐름과 관련이 있다는 점을 말한다. 이점은 개별 단어 자체가 여러 형태로 조합될 수 있다고 믿었던, 때로는 정교한 운율을 통해 시가 노래를 부르는 리듬처럼 '느껴질'(felt) 정도야 한다는 파운드의 『캔토스』(*Cantos*)를 연상시킨다(Palandri 135). 엘리엇은 『캔토스』가 동방의 낯선 이미지들을 음악적인 효과로 창출하고, 이를 표의문자들과 혼합시키는 방식에 주목하였다(TCC 170). 엘리엇에 의하면, "이 리듬은 생각과 이미지 탄생을 불러일으킬 수도 있다....... 그리고 주제의 순환적인 사용은 음악에서만큼이나 시에서도 자연스럽다(PP 32). 엘리엇의 시를 보면 단어와 절들에서 음악적으로 반복되는 이미지들과 순환적인 사계절과 네 요소들(흙, 물, 공기, 불) 사이에 여러 은유들이 전체적으로 통합된 경험으로 전달된다.

『네 사중주』의 경우 사계절과, 네 요소들은 시 구조 전체의 흐름에 따라 상징적으로 진행되며 시간이라는 경험 주제와 밀접한 관련이 있다.

이러한 상징은 경험세계 내에서 순환되는 변하기 쉬운 물질이다. 엘리엇은 시간에 묶여있는 경험세계를 불안정한 형태로 보지만 역설적으로 시간의 흐름에 대한 경험을 영원이라는 구원의 틀에다 안정시킨다. 마치 『황무지』가 죽음의 이미지로부터 재탄생의 상징적 은유라 할 "정원과 상처받은 신, 강과 바다, 물에 의한 죽음, 어부, 유령과의 만남, 암흑, 분리된 교회, 깨진 왕, 불에 의한 황폐"의 순환구조에서 서양역사의 경험을 강조하듯이 엘리엇은 역사의 지속성을 강조한다.

대체적으로 『네 사중주』의 경우 '번트 노튼'은 엘리엇이 1934년 방문하였던 영국의 글루세스터셔(Gloucestershire)의 에브링톤(Ebrington)에 있는 시골집이다. '이스트 코커'는 엘리엇 가족이 미국으로 이민했던 서머셋셔(Somersetshire)의 남동쪽에 있는 마을이다. '드라이 셀비지'는 어린 시절 여름방학을 보냈던 메사추세츠의 앤 케이프(Ca[e Ann) 해안에서 떠내려 온봉우리가 있는 작은 바위 돌더미이다. 1936년 엘리엇이 방문하였던 헌팅돈셔(Huntingdonshire)에 있는 '리틀 기딩'은 니콜라스 페라르(Nicholas Ferrar)에 의해 1625년에 설립된 영국인들의 종교 단체의 자리로서 찰스 왕이 세 번이나 방문했었고 이 때문에 나중에 청교도들이 이곳을 욕보인 것으로 잘 알려져 있다.

엘리엇에게 역사, 음악, 말, 시간, 그리고 영원은 인간 경험의 전체적인 문맥을 벗어나지 않는 시 속에서 이해되어야 한다. 말과 음악의 움직임은 시간 속에서만 느낄 수 있는 경험의 여러 은유형태이다. 엘리엇에 따르면 시간의 안에 있거나 밖에 있거나 "오로지 형태나 양식에 의해서 말이나 음악은 그 정점에 도달할 수 있다"("Burnt Norton" 143-45). 이러한 방식은 자주 동방의 낯선 이미지를 연상시키고 있다. "중국 단지가 조용히 있을 때/ 그것은 정지상태에서 영원히 움직인다"(145-146)는 그러한 낯선 이미지의 상징이다. 동방의 낯선 현자, 혹은 신, 혹은 그 이미지를 지시하는 형상들은 신비주의적이다. 이러한 낯선 이미지는 논의되거나 주목을 받을 수 있는 논리나 이론으로서가 아니라 익숙하게 '지각된'(felt) 서구적인 용어로 재구성된다.

엘리엇과 힌두의 차이점은 범아(브라만 및 아트만)를 변증법적인 합일로 보는 시각의 차에 있다. 인도인들은 브라만이라는 우주적인 의식, 곧 초자연적인 영혼인 신을 직관에 의해 만나는 정신현상을 강조한다. 인도의 종교철학적인 경험이란 신과 인간의 초자연적이고 신비적인 합일을 의미한다. 하지만 엘리엇은 '카르마 요가'(karma-yoga - 정점에서의 동작)의 중심 주제라 할 시간과 동작, 그리고 영원을 향한 역설적인 과정을 상징적인 차원에서보다 경험자체로 선호한다. 『바가바드기타』의 언어 속에 상징적으로 제시되는 카르마는 인도인에게 업보에 해당되며 세속에서 주어진 의무를 행해야 하는 숙명과도 같은 개념이다. 단지 요가는 그 업에서 영원히 벗어나려는 수양방법과 과정을 의미하며 신과의 만남이 궁극적인 목표이다.

엘리엇은 오히려 「번트 노튼」에서 헤라클리투스(Heraclitus)가 즐겨 인용한다는 여행의 은유를 끌어들인다("나는 나 자신 속에서 찾는다"). 이 여행의 은유는 육체적인 여행이면서 동시에 정신과 영혼의 순례를 가리키며 행동과 정신수양에서 얻게 되는 최고의 명상과정을 중시한다. 육체적인 경험 이상의 그 무엇을 찾는 구도자가 명상 속에서 깨달음을 얻게 되는 『우파니샤드』의 형태와 유사하다(Kamal 76-83). 예를 들면, 『카싸 우파니샤드』(*Katha Upanishad*)에서 나치케타스(Nachiketas), 『찬독야 우파니샤드』(*Chandogya Upanishad*)에서 사티야카마(Satyakama)는 『바가바드기타』에서의 아르쥬나(Arjuna)처럼 구도자들에 해당된다. 역설적이게도 이들은 정신적인 활동(yoga) 만큼이나 육체적 행동(karma)에서도 더 높은 진리를 수행하려는 목표가 있다. 이때 사실 카르마는 영혼의 활동을 의미한다.

시간에 대한 엘리엇의 관점은 요가와 베단타(Vedanta)철학에서와 마찬가지로 경험에서 시간이 얼마나 이해될 수 있는가에 있다. 요가를 실행하는 동안 영혼이 활동을 하기 시작하면 인도인들은 시간과 '삼사라'(samsara - 윤회가 진행되는 세속세계)의 세계로부터 자유롭다고 한다. 그러나 엘리엇에게 이 정신적인, 내면적인 자유는 시간과 삼사라를 피부로 동시에 '느끼고' 있어야 할 실체이다. 즉, 엘리엇은 자아와 우주의 실체를 감각으로 경험할 수 있어야 한다. 그는 말하기를, "실제적인 욕망으로부터의 내면적인 자유, 행동과 고통으로부터의 해방, 내적이고 외적인 강요로부터의 해방은... 감각의 혜택으로 이루어져야 한다"("Burton Norton" 72-75).

엘리엇과 힌두의 차이는 장미정원의 이미지와 새에 대한 인간영혼의 은유에서도 묘사된다. 엘리엇은 이 새의 이미지를 통해 낙원이지만 인간의 영혼은 여전히 세속세계에 구속되어야 하는 알레고리적 비유를 쓴다. 『우파니샤드』에서 새는 인간의 어리석음을 나타내는 것으로 비유된다(Wood 80-81). 이 새는 업보라 할 삼사라의 수레바퀴에 갇혀 있으면서도 무한한 신인 브라만의 영역에서 달콤한 과일을 먹고자 한다. 이 새가 나무위에서 노래를 자유롭게 부른다고 하여 자유를 즐기고 해방된 개체라고 생각한다면 잘못이다. 『황무지』의 제2부 「체스놀이」("A Game of Chess")에서 소소트리스 부인(Madame Sosotris)의 카드패의 이미지와 유사한 이 새는 업보의 거대한 수레바퀴에 걸린 인간의 육체와 영혼을 상징한다. 이제 새는 "너무 많은 실재를 견딜 수 없다"("Burton Norton" 45)는 현실의 무거움을 깨달아야 한다.

『황무지』에서는 의미 없는 현대인의 삶과 불모지를 나타내는 삼사라의 이미지가 영국인의 삶과 영국사회의 이미지로 비유되어 황폐한 런던

도시('Unreal City')로 그려진다. 이 이미지는 『네 사중주』에서 전체적으로 다시 나타난다. 엘리엇은 건강치 못한 영혼으로 시간에 묶여 긴장한 체 "런던의 우울한 언덕, 햄프스테드와 크럴켄웰, 캠프덴 그리고 퓨트니, 하이게이트, 프림로즈, 루드게이트"(111-15)를 통해 지하로 가고 있는 창백한 얼굴들과 마주친다. 황폐와 공허, 의미 없는 영혼들과 그 이동의 이미지는 엘리엇 시의 전형적인 어둡고 두려운 이미지들로 삼사라의 수레바퀴에 걸린 유령들이다.

그러므로 힌두의 구도자는 "관목 숲에 숨겨진 들리지 않는 음악과 방해받고 있는 보이지 않는 시선"("Burton Norton," 29-30)을 헛되이 찾으려고 노력한다. 하지만 엘리엇의 구도자는 고통을 경험하는 순간 음악과 시간의 리듬에 의해 진실이 즉각 번쩍이게 드러난다. 진실의 '즉각'(immediate) 경험은 너무 고요해서 "장미 잎의 그릇위에 앉은 먼지"(17)를 방해할 정도도 모를 경지이다.

엘리엇은 영국사회의 어두운 이미지와 실종된 영혼들이 어떻게 인도인들의 삶 속에서 종교적인 형태로 재현되고 있는 가를 주목한다. 「이스트 코커」는 인도의 가장 중요한 베다 신화 속에 살아있는 인도인의 삶을 그린다. "볼품없는 신발을 신은 무거운 발"(37)의 표현에서 발의 이미지는 황무지 같은 세상을 살아가는 인도인들의 이미지이다. 인도의 삼사라 업의 이미지는 역설적이게도 새로운 시작을 가리키는 시간의 끝에 대한 은유이다. 힌두 구도의 길은 시간의 끝 다음에 시간 밖의 영원이나 구원을 향해 열려있다. 엘리엇에게 이 구도의 가르침은 낯선 길이다.

특히 인도 신 크리슈나(Krishna)는 인간이 세상에 살아 있는 한 해야 할 의무, 즉 행동의 중심에서 무엇을 해야 하는 지를 알려주는 이상적인 신이다. 이 스토리는 「드라이 셀비지」에서 나오며, 크리슈나는 전쟁을 앞둔 아르쥬나에게 행동의 결과를 생각하지 말고 주어진 의무(악을 응징)를 마땅히 해야 한다고 그를 설득한다. 여기에서 엘리엇은 『바가바드기타』에서 말하는 삶과 죽음에 대한 크리슈나의 가르침에 주목한다. 인도의 주요한 신인 크리슈나는 아르쥬나에게 "죽음은 이미 태어난 사람에게 중요하고 탄생은 죽은 사람들에게 중요하다. 그 사이클은 불변하므로 너는 슬퍼할 이유가 없다.... 모든 존재의 몸으로 육신화되는 영혼만이 불멸한다"(*Gita* 33). 죽음은 몸과 이별하고 진정한 인간의 본질인 만질 수 없는 영혼은 육체로부터 떠난다. 이것이 『바가바드기타』가 말하는 카르마의 가르침이다.

크리슈나의 가르침은 엘리엇에게 세속과 관련된 행위는 무엇이어야 하는가를 가르쳐준다. 크리슈나는 아르쥬나에게 "본 정신을 알고 움직이는 행동은 필수이지만, 결과를 생각하지 않고 애착으로부터 자유로워야 하며, 증오에 이끌리지 않고 이를 수행하여야 한다. 어떤 결과도 바라지 않는 사람은 강요나 유혹을 받지 않고 수행하며 주변의 것으로부터 자유롭다"(*Gita* 146)고 가르치고 있다. 「드라이 샐비지」에서 엘리엇 역시 "즉, 하나의 행동이다. 죽음의 시간은 매 순간이며, 다른 이들의 삶에서 결과를 맺어야 한다. 행동의 결과를 생각하지 말고. 앞을 향해 나아가라"(160-4)고 가르친다. 엘리엇이 바라는 구도자는 궁극적인 진실을 향한 순례자들로 이 세상의 시련과 일상적인 삶에 의해 고통을 받도록 주어져 있다. 그러나 엘리엇의 구도자는 자신의 신성한 의무를 시간의 안과 밖 모두에서 실제 지혜롭게 행할 행동을 발견해야 한다. 카르마에서 주는 교훈은 "행복의 순간은 잘 사는 것, 성취, 안전, 혹은 애정, 심지어 매우 훌륭한 식사의 의미가 아니라 갑작스런 깨달음이다"("Dry Salvage" 92-94). '갑작스런'이라는 단어는 신비적인 체험을 가리키지만, 엘리엇이 찾는 궁극적인 구도의 길은 아니다.

동방의 낯선 신 브라만은 엘리엇에게 하나의 가르침으로 작용한다.

브라만의 화신인 아르쥬나는 『신곡』과 『네 사중주』에서의 단테처럼 『바가바드기타』와 『네 사중주』모두에서 핵심적인 영웅으로 그려진다. 다만, 버질이 단테의 스승이었던 것처럼 크리슈나는 아르쥬나의 스승이고 단테는 엘리엇의 스승이다. 크리슈나와 아르쥬나의 동방의 낯선 이야기는 엘리엇에게 기독교적 알레고리를 쓴 단테와의 만남을 가리키며 지옥, 연옥, 천국으로 가는 메시지이다. 이 단테의 기독교적 메시지는 『황무지』 제3부 「불의 설교」("Fire Sermon")에서 반복된다. 불에 의해 불모지에 사는 인간의 고통스러운 이미지('burning buining burning burining')는 제4부 물의 상징적인 세례의미로 정화("Death by Water")된다.

힌두교처럼 불교적 메시지 역시 엘리엇에게 인간과 세계를 보는 지혜의 외연을 넓혀준다. 불교의 경전 『담마파다』(*Dhammapada* - 선의 길)의 메시지는 동적인 상태와 정적인 상태 모두를 수반하는 인간영혼의 최고의 환희를 가리키며 '열반'(nirvana)에 드는 길이다. 이러한 체험의 최고 경지는 '수니야타'(sunyata - 空)로 엘리엇의 「번트 노튼」에서 재현된다. '장미정원'(rose-garden)은 고요한 마음의 상태를 가리키지만 심적 환희의 경험세계를 은유화한 불교의 연꽃정원을 상징한다.

불교식 명상은 엘리엇에게 이상과 현실 사이의 중도(the middle path)를 걸으려던 불교 승려 용수(Nagarjuna)로부터 영감을 제공한다. 장미정원의 이미지는 연꽃의 의미에 대한 심오한 비유적 탐구로 '로터스 수트라'(Lotus-sutra) 이미지와 비슷하다. 로터스는 물론 용수의 중관철학(madhyamika)으로부터 영향을 받았지만, 양극단을 피하고자하는 용수와는 달리 엘리엇은 신화와 상징의 이상세계를 살아야 할 의무세계인 현실세계로 다리를 놓는다. 가드너는 "코츠월드 정원에서 조용히 조용히 일어난다"(57)는 표현에서 연꽃이 피어나는 장면을 설명하고 있다. 가드너의 설명으로 보아 불교의 연꽃은 서구인들에게 오로지 신비적이고 낯선 이국적인 이미지로 해석되는 것이 분명하다.

불교용어에서 정점은 '수니야타'의 상태를 가리킨다. 엘리엇의 아네사키(Anesaki) 노트는 수니야타의 상태를 '텅 비어있음'(emptiness), '진공'(vacuity) 그리고 '공허한'(void) 용어로 지시하고 있다. 이 용어들은 종교적인 신념을 깨닫는데 필요한 집중적인 명상에 대한 엘리엇 나름의 이해를 가리킨다. 엘리엇은 "투명한 조용함 / ..... 흠집 없이 텅 비어있는 감각 / 현세적인 것으로부터 감정의 정화"("Burnt Norton" 96-101) 경지를 얻고자 할 때 이 수니야타의 개념을 원용한 듯 싶다.

힌두교의 세계관은 업보로 인한 윤회에 있는 만큼 수레바퀴의 상징은 불교정신의 핵심을 가리키고 있다. 엘리엇에게 이러한 불교의 세계관은 전혀 낯설지가 않다. 불교의 수레바퀴와 원은 둘 모두 시간의 안과 밖에서 벗어나지 못하는, 끊임없는 존재의 사슬을 의미하는 힌두 삼사라의 은유이다. 인간의 죽음은 힌두 삼사라의 세계에서 볼 때 의미가 없다. 단지 육체만이 소멸될 뿐이다. 엘리엇은 우주를 수레바퀴의 질서로 본 불교적 인과론에 주목한 듯싶다. 엘리엇은 인간은 이 수레바퀴 위에서 끊임없이 순환되는 운명을 갖고 있지 않나 생각한다. 이 경우 부처가 '공'이나 '허무'라고 묘사한 인간의 순환운명을 엘리엇은 "아담의 저주"("East Coker" 158)로 고쳐 부른다.

불교의 수레바퀴는 「이스트 코커」에서 분명히 나타난다. "지하철에 있는 모든 얼굴들 뒤에... 아무 것도 없이 공포만이 떠다니고, 정신적인 공허는 깊어만 간다"(121-22)는 현대인의 두려움과 상실을 말하며 삶의 수레바퀴를 의미한다. 엘리엇은 우리의 무관심을 삭막한 시대의 궁핍한 이미지들로 엮어낸다. 부처는 엘리엇에게 인간은 실제적인 욕망을 먹고 사는 자아이며 시간에 갇힌 죄수들이라는 것을 종종 떠올려준다.

그럼에도 불구하고 「드라이 셀비지」에서 불교는 엘리엇에게 고도로

숙련된 정신훈련을 통해 구원으로 가는 길을 제공해준다. 그 길은 "훈련되지 않는, 정확하지 않은 거대한 감정의 덩어리들"(183-4)로부터 방향을 찾아주고 이를 정화시키는 작업이다. 불교적 구원의 핵심은 금욕적인 초연함에 있다. 이것은 정신훈련을 통해 인간을 시간의 얽매임으로부터 해방시켜줄 유일한 길처럼 보인다. 불교에서 초연한 순간들은 최고의 기쁨과 환희의 의식적인 순간이나 체험을 가리킬 수도 있다. 그러나 이 순간은 불교에선 체험 그 이상이다. 열반에 드는 숭고한 종교적인 초월세계를 향한 구원의 길이다. 하지만 엘리엇에게 "그런 초연한 순간들은 다만 암시와 추측일 뿐이다. 나머지는 기도, 준수, 규율, 사고 그리고 행동"(216-18)이 수반되어야 한다고 엘리엇은 믿고 있다. 동방의 낯선 메시지, 혹은 낯선 신 부처의 가르침은 엘리엇을 넘지 못한다. 오히려 부처의 가르침으로부터 엘리엇은 기독교적 구원을 향한 이 다섯 행위의 가르침을 스스로 제시하고 있다.

엘리엇의 '무'(nothingness)는 승려 용수의 '공'과 제한된 의미에서는 가까울 수 있다. 그러나 엘리엇은 적어도 허무주의자는 아니다. 물론 용수 역시 허무주의자를 자칭한 것도 아니다. 엘리엇에게 필요한 선택은 「리틀 기딩」에서처럼 서구 고전적인 정신과 그 표현 방식이다. 동방의 현자들의 사유방식, 특히 승려 용수의 중관철학에서 말하는 중도는 자아를 포함하여 모든 것들에 치우치지 않는 정신적인 상태이다. 어떤 의미에서 불교의 금욕주의도 세상에의 집착을 털어내는 작업을 말한다.

「리틀 기딩」에서 엘리엇은 마음의 세 가지 상태를 제시한다. "아직은 완벽히 다르지만 같은 산울타리에서 무성하게 자라나는, 비슷하게 보이는 세 가지 상태가 있다. 자아 및 사물에 집착하고 사람들에의 집착이다. 그리고 그 세 가지 속에서 자라는 것은 살고 죽는 쐐기풀 사이에 피지 않는, 두 생명체들 사이에 피지 않는, 죽음이 삶을 닮듯이 다른 것들을 닮아있는 무차별성이다"(157-63). 엘리엇에게 마음이 자아와 사물, 사람들에게 집착하는 상태는 서로에 차이가 없다. 또한 삶과 죽음 역시 차이가 없다면 마음은 분별되지 않는 무차별상태에 있다. 이러한 정신적인 초연함은 모든 집착으로부터의 해탈을 의미하지만, 이 집착 혹은 해탈 두 경험 모두 엘리엇에게 큰 차이가 없어 보인다. 이 두 경험사이에 중심을 잡는 기독교 성자는 불교라는 동방의 낯선 이미지와는 다소 거리가 있다. 믿음처럼, 자기 초월처럼 해탈의 경지를 일단 체험한 경우라 하더라도 이 체험은 엘리엇에게 삼사라의 세계에서도 자기 참여가 적극적으로 작용되어야하는 경험이어야 한다.

구조적으로 동방의 낯선 신의 모티브는 기독교적 틀에서 유지된다. 그 틀은 기독교적 일신론에서는 첫째로 '성부'(God the Father)이며 두 번째는 '구세주로서의 성자'(God the Son)이고 세 번째는 '중재자로서의 성모'(The Virgin as Intercessor) 그리고 네 번째는 사랑의 힘과 목소리로서의 '성령의 신'(God the Holy Spirit)이다(Smith 253). 엘리엇은 시간의 모티브를 사용하고 그것을 동양 지혜의 의미로 찾아보았지만 실제로 기독교에서 수용할 수 있는 지혜는 동방의 낯선 지혜와 본질적으로 다르다.

엘리엇은 "우리가 얻기를 바랄 수 있는 유일한 지혜는 겸허이고 겸허는 끝이 없다"("East Coker" 98-99)고 말한다. 엘리엇에게 겸허의 지혜는 모든 위대한 종교가 그렇듯 사랑이다. 그에게 사랑은 모든 종교가 지향하는 우주적 진리로 비친다. 사랑은 무시간적이고, 영원하고, 시간과 공간속에서 규정될 수 없다. 그래서 사랑은 신비적 경험이 정점으로 향하듯 지혜의 마지막 산물이며 모든 철학적, 종교적인 독단을 넘어서는 믿음이다. 게다가 사랑은 우리에게 평정의 상태를 깨뜨리게 하는, 그리고 그렇게 밀어 붙이는 욕망과 대립된다.

엘리엇에게 "욕망 그 자체는 움직이나 그 자체는 바람직하지 않다.

사랑 그 자체는 정적이며 움직임의 원인과 목적일 뿐 무시간이고, 시간의 관점을 제외한 무욕망이다"("Burnt Norton" 164-69). 엘리엇은 사랑을 움직이지 않는 실체로서 성스러운 확실성으로 받아들인다. 그에게 훌륭한 진실은 사랑 속에서 드러나는 말씀, 즉 신의 이성이라 할 '로고스'(Logos)에서 불멸을 추구한다. 말이든 말씀의 로고스든 물질을 느끼면서도 동시에 그 느낌을 초월하려는 사랑이 넓게는 세상을 포용하고 좁게는 정신세계로 포섭된다.

이로보아 사랑이란 단어는 엘리엇이 현실적이라고 말하고 싶어 하는 믿음이자 실제다. 우리가 시간 속에서 사랑의 의미를 깨닫는 순간 그것의 추상적 의미는 극복되거나 정복된다. 그리고 시간 속에서 사랑 이야기는 불멸이 된다. 특히 『네 사중주』에서 사랑의 불멸성은 그러므로 엘리엇이 동서양의 시간의 지혜를 기독교의 사랑으로 융합시키는 미학적인 힘에 해당된다. 이 새로운 사랑의 자각은 시간과 지혜의 목표처럼 보인다.

그처럼 동방의 낯선 지혜라 할 불교의 '부정과 공'은 엘리엇에게 형식화된 서구의 기존 지식에 대한 회의적 시각을 부여하였고, 이에 긍정적으로 기여한 것으로 보여 진다. 그러나 엘리엇은 전적으로 중관철학에 만족하지 않았다. 지식은 항상 새로운 양식을 요구하기 때문이다. 엘리엇은 "지식은 하나의 패턴을 강요하며 속인다. 그 지식의 패턴은 매 순간 새롭기 때문이다"("East Coker" 85-86). 그러므로 엘리엇은 동방의 낯선, 혹은 낡은 지혜에만 의존할 수 없었다. "나에게 노인들의 지혜를 듣게 하지 마라, 오히려 그들의 어리석음과 그들의 공포와 열광, 홀림에 대한 공포를 듣게 해다오"("East Coker" 94-96). 엘리엇은 과학이 공포를 제거하는 데 도움을 줄 것이라고 믿는 동시대인 러셀(Bertrand Russell)과는 달랐다. 엘리엇에게 미지의 경험을 향한 인간의 본능적 두려움은 공포에 근거가 있어 보이기(*Knowledge and Experience* 163) 때문에 동방의 지혜 역시 두려움과 공포를 벗어나려는 인간 나름의 오만으로 비쳤는지 모른다.

기독교의 종교철학과 역사는 엘리엇에게 "우리가 얻기를 바랄 수 있는 유일한 지혜는 겸허"(98-99)라고 가르친다. 겸허의 지혜는 소유욕으로부터 벗어나야만 하고 브라만, 부처, 혹은 유교의 '리'(li-理)에서처럼 범신론이나 무신론적이어서도 안되고, 유니테어리어니즘의 기독교 유신론적이어야 한다. 한마디로 기독교적 유일신론은 역사와 시간의 산물이다. 엘리엇에게 '겸허함'의 개념은 동방의 낯선 신과 메시지가 가르치고자 하는 미묘하고 신비적인 변이들과는 다른, 그가 바라는 결론이라 할 사랑의 개념이다.

엘리엇에게 예수 그리스도는 겸허와 사랑의 지혜를 수행한 역사적 모델이다. "우리가 마시는 것은 흐르는 피요, 우리가 먹는 것은 피가 흐르는 살이니라"("East Coker" 169-70). 예수 그리스도의 '피 흐르는 육신'에서 엘리엇은 자신의 순례자적 마지막 여정이라 할 동방의 낯선 신으로부터 기독교의 성육화에 이른다. "이십년이 지난 후에야 나는 중간 길에 있다. 이십년이 낭비되었다. 싸움의 시간들. 단어들 사용을 배우기 위한 노력과 모든 시도는 새로운 시작이다"("East Coker" 174-7). 예수를 통해 엘리엇은 동방의 낯선 신이 주는 메시지로부터 '집'이라는 은유로 돌아온다. "집은 출발했던 그 곳이다"("East Coker" 192). 순환적으로 역사와 시간은 기독교적 경험에서 되살려진다.

엘리엇의 종교적인 신념에 있어서 죽음의 이미지들은 동방의 불교도들이나 힌두교도, 혹은 성자 요한이 경험할 수 있는 어둠의 이미지이다. 엘리엇은 동양의 신비주의에 매료되었던 서구 이단의 가르침이나, 동양의 신비주의의 가르침에서 발견한 어둠을, "그들은 모두 어둠속으로 간다. 텅빈 별들 사이로, 공허에서 공허로," 즉"신의 어둠"("East Coker"

102-3, 114)으로 지칭하였다. 이에 따르면, "믿음, 사랑, 소망"("East Coker" 127)이란 세 가지 기독교 미덕들에 비추어 볼 때, 동방의 미덕 역시 실천적 의미에서 유사한 종교적 체험의 영역일 수 있지만 세속적인 영역에서의 실천적 삶을 가리키는 데는 미흡해 보인다.

일반적으로 인도적 사고는 기독교적 미덕의 수행이나 시간의 의미에서보다는 현세적 경험과 신비적 경험을 동일시하는 총체성과 동시성을 강조하는 초월성에 두고 있다. 힌두교나 불교에서 말하는 신성한 경험은 세속 사회를 위한 어떤 큰 전망을 지시하기보다 스스로의 해탈이나 초연함을 추구하려는 개인들의 의지를 크게 강조한 듯 보인다. 하지만 인도식 이상형과는 달리, 유교의 신성한 가르침인 인의(仁義)사상은 세속적인 의미에서의 인간의 사랑과 박애에 두고 있어 보인다. 이러한 중국식 체험들은 기독교 정신의 실천 차원과 유사한 반면 신과 인간 영역에서 영적 구원이라는 인도의 신성과는 다소 거리가 있다. 그래서 기독교적 신성은 일종의 역사적 결론으로 세속 경험에서 상징적인 영적 단계를 제시하는 인간 예수 그리스도 안에서 요약된다.

「드라이 샐비지」에서의 "기차 안이나 북소리 울리는 기선에 탄 여행자들의 이미지"는 동방의 신비적인 이미지보다 서구의 일반적이고 실제적인 경험을 중시하는 실례이다. 역설적으로 엘리엇은 기독교적 성인들뿐만 아니라 동방의 현자들로부터도 인격화된 신을 기대한다. 이는 엘리엇이 동방의 신을 여전히 서구의 신에 비추어 이방의 신, 혹은 이단이 선호하는 낯선 신으로 보는 시각을 떨쳐 버릴 수 없는 의혹에서 비롯된다. 엘리엇은 "낯선 갈색 신으로서"(2) 동방의 신을 "영적 교섭의 전달자"(4)로 보지만 여전히 색은 동양인과 유대인처럼 갈색이고, 이들로부터 그가 배척하고 싶어 하는 이단 개념인 신인동형론(인간이 신과 하나 되는 형태)을 낯설게 보고 있다.

강의 은유에서도 엘리엇은 "강은 우리들 내면에 있고, 바다는 우리 주변 도처에 있다"(15)고 한다. 이때 강은 개인적인 무의식의 기억을 의식으로 전달하는 자아를 상징하고, 바다는 많은 고대 이교도의 신들을 현세로 떠 올리는 차원에서 강의 외연을 확대한다. 더 나아가 이 고대 이교도들, 동방의 낯선 신들은 "원시와 기타 창조에 대한 암시들"(18)을 주는, 어쩌면 샤머니즘의 신들이다. 인도의 신 크리슈나를 언급하며 가드너는 동방의 신에 대한 엘리엇의 이러한 부정적인 태도를 간파하고 있었다. 그녀는 "물질세계를 절망하는 종교와, 물질세계가 비난받지 않고 구원받는 사건에 신앙을 둔 종교 사이에 건널 수 없는 틈이 있다. 역사와 시간의 관점에서 볼 때 기독교적인 신과 힌두교적 신은 가장 비타협적으로 반대가 되며, 비슈누의 성육은 역사에 어떤 의미를 주지 못한 반면 기독교 신앙의 성육은 유일무이하다"(*Art* 173).

'성육'(Incarnation)의 관점에서 볼 때 엘리엇은 힌두교나 기독교정신 모두에서 자아와 신 사이의 신비적 합일은 물론 심지어 불교와 유교에서도 자아의 성숙한 정신형태를 발견한다. 하지만 유교를 제외하고는 인도정신은 주로 영혼성을 다루기 때문에 역사 그 자체에 많은 비중을 두지 않고 있다. 사실 동방의 낯선 신에 대한 엘리엇의 관심은 적어도 기독교적 전통을 근절하려는 태도와는 거리가 있다(Smidt n.1, 179). 우주의 은유라 할 "바다에는 여러 목소리가 있다. 여러 신들과 여러 목소리가 있다"(24-25)고 인정하는 엘리엇이지만 동방의 다양한 사상으로부터 낯선 신의 형태를 그대로 수용할 수는 없었다. 그 예로 힌두 용어에서 삼사라(재생 혹은 윤회의 의미에서)의 세계는 죽음을 간직하고 태어나지만 여전히 죽음은 새로운 탄생을 의미한다. 죽음은 육체와 영혼의 분리를 의미하는, 동방의 유기론적 인간관, 세계관, 우주관을 가리키지만 여전히 엘리엇에게 환상적이고 낯설고 이질적이다.

엘리엇의 신은 "하나의 절대자"이다. 「번트 노튼」에서 묘사된 신은 그 자체로 움직이지 않고도 이 우주 속에서 만물을 움직이는 중심점이다. "그곳으로부터 또는 그곳을 향한 운동도 아니다. 상승도 하강도 아니다.... 이 정점이 없이 춤은 없다, 거기에만 춤이 있다"(67-69). 『바가바드기타』나 『네 사중주』 모두 그 춤은 영적 환희를 나타낸다. 춤추는 사람은 이 우주의 모든 창조물들의 움직임을 노래하는 신 그 자체다. 다만 『바가바드기타』의 저자와 달리 엘리엇은 역사에 연결되어 있는 중심부에 신을 놓는다. 동시에 신은 인간경험의 범위를 넘어서는 초월적인 존재이다.

그러나 부처는 엘리엇에게 자아의 신성한 '공' 상태에 의해 자아의 완벽한 상태인 해탈을 성취할 깨달음과 삼사라를 극복하는 방법을 가르쳐주었다. 기본적으로 불교의 자비의 지혜는 이웃에 대한 신성한 의무를 수행하기위한 가르침으로서는 부족하다. 또한 이것은 유신론적 개념인 '하나의 절대자'나 유일신적인 기독교적 하나님, 범신론족인 힌두의 신 브라만의 입장과도 다르다. 유교 또한 유교의 가르침 속에서도 성인들의 성육을 말하지만 초월을 의미하는 종교적인 신의 이미지는 아니다.

엘리엇은 동서양의 모든 성육의 의미를 가리키는 성인이나 현자 정신을 좋아한다. 하지만 그에게 "성인들의 말들은 단지 암시와 추측일 뿐이다. 반쯤 추측된 암시, 반쯤 이해된 은총이 성육이다"(216-19). 엘리엇은 "나머지는 기도, 준수, 규율, 사고, 그리고 행동"(217-8)에서 얻어질 수 있다고 말한다. 이로보다 서양 성인과 유사한 이미지를 갖고 있는 힌두현자인 크리슈나는 아르쥬나에게 '전쟁터에서 싸워라'하고 있고, 유교현자들은 일상생활에서 보편적 선인 '인'을 실천하여 정신과 행동의 완벽한 조화를 이루길 가르치고 있다. 다만 유교의 현자는 예수 그리스도가 그랬던 것처럼 종교적 구원자로서 스스로를 생각하지 않는다. 「드라이 샐비지」에서 엘리엇은 신의 섭리를 중시하는 고전적인 캘빈주의나 절제와 청빈을 강조하는 청교도적 신념을 유지하고 싶어 한다.

「리틀 기딩」에서 엘리엇은 명상과 자기 훈련을 통해 얻을 수 있는 가장 높은 신성은 지혜에 대한 깨달음과 이의 실천에서 온다고 한다. 엘리엇은 깨달음에서 오는 평화와 경건함을 말 그대로 '유비쿼터스'(ubiquitous) 개념이라 할 "여기와 지금"(259)의 실천정신으로 강조한다. 엘리엇은 동서양의 현자들로부터 완벽한 유비쿼터스 조건(언제나 어느 곳이나)을 본다. "사과나무 속의 어린 아이들의 목소리는 찾은 것이 아니나 알려지지도 않았지만 들린다. 반쯤 들린다. 바다의 두 파도 사이 정적에서, 빨리, 당장, 여기, 지금, 언제나"(255-60).

동방의 낯선 신성을 상징적으로 나타내는 힌두적 체험 '해탈'은 엘리엇에게 궁극적으로 형이상학적인 신비에 의문을 준다. 해탈의 상태는 기독교적 용어에서 장미의 정원으로 비유된다. 하지만 이 장미정원은 단지 정화된 정신이 아니라 감정과 이성, 직관과 지성, 시간과 무시간, 역사와 신념, 시와 비평을 동등하게 합일시키는 완벽하게 단순한 정신을 나타낸다. 현실적으로 엘리엇은 "지금, 영국에서"(40) 필요한 영국공동체를 대안으로 제시하고 있고, 이 공동체는 순화되고 단순한 정신을 원한다.

역사적으로 영국인의 정신은 엘리엇에게 이미 "한겨울 오후, 사랑과 부름의 목소리를 가진 햇빛이 신성한 교회에 내리쬐는 한 양식"(241-45)이 되어 있었다. 따라서 엘리엇은 미혹에 빠진 동시대의 유럽의 기독교 정신을 유감으로 생각한다. "넘쳐 보이거나 혹은 폐물로 비치며 실제와 오용이 뒤죽박죽된 혼란스러운 공격의 적법한 대상들"(CC 12-13)은 동방의 낯선 신을 쫓는 이단의 독본들이다. 엘리엇은 로마 가톨릭에서 분리된 영국국교회를 건강한 변화로 보고, 앵글로색슨 정신을 '이상적인 질서'(ideal order)로 최종 서구의 신성한 정신이라 믿고 있다.

예수 그리스도에의 신념과 영국 교회는 "불과 장미가 하나가 되는"(266) 마지막 평화를 모색할 장소이다. 즉, 각각 현실적이고 이상적인 것을 대표하는 정화와 천국은 실제생활에서 분리할 수 없는 체험자체이다. 엘리엇은 다시 단테로부터 답을 찾는다. 단테는 기독교정신에 기반을 둔 종교철학적 경험들을 단순하게 접근할 수 있기를 바라고 있던 엘리엇이 가장 좋아하는 시인이었으며 엄격한 종교적인 정통들과 교리를 떠나 신성한 질서를 제시할 모델이 되고 있었다. 대표적인 시인 『황무지』나 『네 사중주』가 보여주듯이 엘리엇에게 단테는 직접적으로 종교, 철학, 언어 속에서 완벽한 단순성을 지향하면서도 동시에 지옥과 연옥을 통해 천국에 이르는 사랑의 지혜를 알게 해 준, 서구의 익숙한 신을 숭배한 시인이었다.

엘리엇에게 현대의 이교도는 "관목 숲에 숨겨진 들리지 않는 음악과, 방해받고 있는 보이지 않는 시선"("Burton Norton" 29-30)을 헛되이 찾으려는 사람이다. 엘리엇의 이상형은 고통이나 혼란 속에서도 너무 고요하여 장미 잎에 앉은 먼지까지 조용할 정도의 내적 성숙의 경지를 이루는 인물이다. 그 인간은 신인 예수이며 그 실천정신은 사랑에 있다는 엘리엇의 가르침은 다소 구태의연해 보이지만, 마치 불모지에 사는 그러한 정신과 가치를 상실한 현대인에 대한 연민이 크게 작용한다.

이로 보아 엘리엇이 영국 국교회를 선택한 배경은 기존 기독교 정신에 힌두교, 불교 등의 동방종교와 고대 철학사상까지 융합시키는, 즉 현실세계와 절대세계의 타협 내지는 융화에 있었다. 사실 엘리엇은 동서양의 모든 종교의 근본이 동일하다고 보고 있었다. 엘리엇은 동서양의 신의 본질이 사랑과 인간의 구원에 있어 공통된다고 생각하고 있었다. 그러한 생각은 그의 주요 작품이라 할 『황무지』나 『네 사중주』에 명시적으로 혹은 암시적으로 나타나 있다. 그러한 은유로는 장미정원과 정점으로 재현되고 있지만 장미정원은 현실과 절연되는 장소가 아니라 바로 현실이어야 하며, 정점은 기독교의 신과 동방의 낯선 신 및 고금의 철학사상을 포용하는 지점이 된다.

엘리엇은 수레바퀴의 이미지를 이용하여 수레바퀴의 원주는 현실이고 수레바퀴를 수레바퀴이게 지탱해주는 중심점을 정점이라고 표현한다. 정점은 비록 언어적 표현은 다르지만 실제로는 로고스, 기독교의 하나님, 불교의 해탈의 경지, 힌두교의 크리슈나, 유교의 리 등 시간과 무시간의 교차점을 가리키며, 장미정원 등의 실재와 동일하다. 「리틀 기딩」에서 보여주듯이 엘리엇은 모든 종교나 사상은 현실과 관계를 맺고 있을 때에만 가치가 있다고 말하고 싶어 한다. 다시 말하면 현실세계도 절대세계가 있음으로 해서 가치가 있고, 절대세계도 역시 현실세계가 있음으로 해서 가치가 있다고 말한다.

『네 사중주』는 현실이 비록 고통스러운 것이기는 하나, 우리가 크리슈나의 권고대로 결과에 연연하지 않고 겸손한 자세로 공평무사하게 행동한다면 그 현실 가운데서도 우리는 신도, 실재도, 시간과 무시간의 교차점도, 또 정점도 경험할 수 있다고 가르치고 있다. 엘리엇에게 현실은 『황무지』의 이미지 그대로였다. 현실을 황무지, 혹은 고통의 바다라는 은유로 보는 시각은 현실의 영혼은 황폐해졌고 절망에 빠져 죽었기 때문이다. 엘리엇은 인도사상에서처럼 현실을 황무지나 고통의 바다로 보는 시각에 동의하지만 현실을 도피하려거나 현실을 벗어나려는 동방의 신비주의는 받아들이지 않는다.

엘리엇이 동양의 종교철학을 어떻게 읽었든 그가 본 동방의 현자들 혹은 그 신들을 낯설 게 보았던 흔적은 『낯선 신을 쫓아서』, 특히 1933년

5월 버지니아 대학에서 행한 페이지바버 시리즈 강연의 마지막 타이틀인 「개성과 악마에 홀림」의 부제 「현대 이단의 입문서」 혹은 독본에서 너무나 명백하게 드러난다. 현대 이단을 어떻게 읽을 것인가 하는 화두는 동방의 낯선 신을 숭배하였던 당시 서구 지식인을 향한 엘리엇의 비판이었다. 따라서 동방의 신성한 개념들을 단지 쉽게 이해하고자 여러 용어로 설명하였을 뿐, 엘리엇은 이를 쫓던 당시 서구 지식인들을 이단의 추종자로 불렀고, 이들의 글이나 주장을 이단의 독본이라 불렀다. 곧 동방의 낯선 신은 살펴볼만한 가치는 있으나 서구에 궁극적으로 어울리지 않는 이질적이고 이상한 신이다.

엘리엇에게 동방의 낯선 신은 낡은 서구의 종교나 사상에 정신적인 가르침이 되었지만 서구의 전통을 현대에 재구성하는 프로젝트에 융화의 상징으로 사용되었을 뿐, 실제적인 융화는 기독교의 미덕에서 찾았다. 엘리엇은 장미원이 될 수 있는 신비주의를 현실 속에서 도모한 것은 사실이나, 인도사상에서 볼 수 있는 영원한 고통이라 할 윤회를 멈출 해탈에 이를 수 있다는 신인동형설을 거부한다. 동방의 신이 낯설다고 본 그 핵심에는 예수의 '사랑' 같은 현실적인 실천 정신이 동양 종교철학에는 부족하다는 것이며 하나의 절대자로서 신이 결여되어 있다고 엘리엇은 생각한다.

그럼에도 불구하고, 인도의 신 크리슈나의 권고를 인용하며 우리에게 '앞으로 나아가라'고 적극적으로 권하는 엘리엇은 현실에 대한 집착이나 결과를 기대하지 않고 필요한 의무와 행동을 수행해야한다고 가르치고 있고 고통이나 죽음까지 평온하게 느끼는 신비한 체험을 동시에 가르치고 있다. 동양 신비사상의 무상 또는 윤회의 의미가 여기에 내포되어 있음은 말할 필요도 없지만 그보다 참된 순간, 순간을 느끼며 현실로부터 구원을 찾는 엘리엇에게 동방의 낯선 신에 대한 그의 이해의 실체를 목격한다. 엘리엇에게 동방의 신은 현실구원이라는 종교적인 차원에서 볼 때 부족하고 결핍된 '낯선' 신이었다. 엘리엇의 이상향은 단테의 『신곡』처럼 황무지 같은 이 세상에서 절망하는 동양의 세계관보다 세상은 지옥이지만 철저한 자기절제와 도덕적인 수련을 통해 모두를 사랑하는 기독교의 '익숙한' 정신에 있었다.

제5장 종교철학 논쟁 : 로이스, 베르그송, 브래들리, 샹카라, 나가르주나, 주희

20세기 서구 최고 지성인 중의 하나인 엘리엇이 동양을 만나는 상황은 매우 주목할 만하다. 그가 서구를 대표할 만한 지식인이기도 하지만 서양문화를 유럽 종족문화로 재구성한 인물이기 때문이다. 그는 언뜻 보기에 고대 유대문화의 중심인물인 모세와 닮아 있다. 40세까지는 이집트 궁중에서 왕자의 신분으로 보내고 그 이후 아라비아반도 황야에서 보낸 40년 시절은 이집트에 거하던 유대인들에게 거의 이방인에 가까운 삶이었다. 외국인이었다고 하는 편이 나을 것이다. 모세는 타자로서 자국문화에 대한 이해를 갖기 위해 사람들의 입과 글을 통해 내려오는 구전이나 전설을 수집하였고, 이를 중심으로 그 나름의 고유한 종교사상과 종족전통에 대한 통찰력을 갖게 되었다. 그의 사상의 핵심은 순종과 종족중심의 혈통이었다. 엘리엇은 미국에서 낳아 미국에서 교육을 받은 인물로 서구문화의 전통이라 할 유럽문화에 대한 타자의 위치에 있었다. 엘리엇의 핵심은 유럽중심의 순수한 문화전통에 순응하는 일이었고 유럽종족중심의 문화혈통이었다.

엘리엇에게 동양학은 이질적인 문화였고 이단이었다. 그는 동양을 접할수록 서구중심 사상에 순응하며 자신의 종족혈통에 강하게 집착하였다. 이는 엘리엇이 결코 자신의 조상들이 전해준 구전과 글이 남긴 동양

경험에서 벗어날 수 없다는 사실을 입증한다. 오히려 자신의 종족 경험을 종족중심의 특성으로 만드는 일을 강화시켜 나갔다. 동양학은 '타'종족이 가져온 이질문화였고 서구문화에 배타적이며 순응을 거부한 그 자체였다. 이처럼 동양사상은 신비하게 이상하고도 아름다운 사상으로 서구문화 정착에 극단적이고 알레고리적인 기여를 하였다. 극단적이란 자체의 모순을 환원시키는 순환문화로 모순을 풀어나가는 직선문화를 가진 서양과는 동화하기 어려운 전통과 사상을 축으로 하고 있고 이에 대한 이야기는 사실보다 우화에 가까웠다.

동양과 서양의 이러한 지역을 기반으로 한 종족중심의 경향은 비난의 대상이라기보다 현대에 들어 매우 자연스러운 현상이 되었다. 지역문화나 문명은 기술이 발달하고 세계화를 추구하는 오늘날의 국제환경에서 더욱 가치를 주목받게 되었고, 더욱이 지역문화의 특성과 색깔이 존중되었다. 인종문제 역시 생물학적인 차이와 문화적인 차이를 당연하게 받아들이는 추세에 비추어 볼 때 종족중심의 문화에 순응하고 그 순수혈통을 유지하고자 하는 일은 국제사회에서 오히려 매우 중요한 이슈가 되었다.

그렇다고 엘리엇의 유럽 종족중심의 사고를 인종차별이나 혹은 인종주의라고 부를 수 없다. 무의식적이든 의식적이든 유태인에 대한 다소 부정적인 표현에 초점을 맞추어 그들을 반유태주의자로 본다면 엘리엇 역시 분명히 인종주의자임에 틀림없다. 이런 견해는 셰익스피어의 인물인 베니스의 상인이 유태인이라 하여 셰익스피어를 단적으로 인종주의자로 부를 수 없는 이치와 같다.

인종편견과 종족의 차별화는 종족중심의 생존방식에서 주로 결정되며, 그 종족의 집단의식과 개인의식에서 비롯된다. 고전적인 인종주의는 피부색깔과 생물학적인 차이 때문에 인종편견과 차별화된 사회구도가 진행되었지만 새로운 인종주의는 주로 경제적이고 정치적인 이해관계에 따라 결정된다. 전자는 우리가 항상 들어왔던 인종주의이지만 후자는 표면상 인종주의 색깔이 거의 없다. 다인종 다민족 사회에서 그러한 색깔을 공개적으로 드러내어 스스로가 인종주의자로 비난받을 이유도 없으려니와 집단이나 개인이 추구하는 이해관계에 따라 종족간의 차이는 생물학적인 차별화에서가 아니라 경제적이고 정치적인 이해에서 자연스럽게 결정될 수 있기 때문이다.

현실에서는 경제적인 여유가 적은 집단이 정치적인 혜택을 적게 받게 되어 있는 집단과 기득집단간의 이해가 엇갈리게 되며 이로 인해 종족간의 차별화가 결정된다. 이 구도는 매우 유동적이다. 피부색깔이나 생물학적인 차이에 의해 결정되기보다 재물과 힘에 의해 결정된다고 보기 때문에 표면적으로 인종주의를 공개적으로 부추길 이유가 없다. 경제적인 여유와 정치의 힘은 종족간의 차이를 인종편견으로 고려하기보다 종족 서로의 독특한 특성을 존중하고 권장하지만 이익의 관점에서는 자기 종족에게 유리한 방향으로 움직이기 마련이다.

엘리엇은 자신의 생존 시기에 이러한 종족간의 이해를 예측할 수 없었지만 유럽지역의 문화와 유럽인 종족의 특성을 갖춘 전통에 순응하고 그 혈통을 유지하는 데 헌신하였기 때문에 그를 인종주의자로 부를 수 없다. 오히려 그는 오늘날의 다인종 다민족 국제질서에 기여하였다고 보인다. 그의 종족주의는 외국인과 외국문화를 바라보는 타자성에 있었고 서구가 남긴 문화유산과 전통을 서구인에게 정착시켜 주었다. 문화적으로나 정치적으로나 그는 서구중심 종족주의자로 혹은 민족주의자로 그 평가가 달라져야 할 것이다. 그에게 동양은 그 이미지가 환상이든 역사적으로 규정되었든 동양 종족중심의 전통이고 그들의 국지적인 문화에 해당된다. 이는 굳이 동양적인 내용이 사실임을 확인할 필요는 없다. 서구가 남긴 동양사상에 대한 유산을 현대 서구문화에 알레고리적으로 정착시키는 일이 필요할 뿐이다.

엘리엇에게 있어 동양적인 것을 찾는 작업은 서구에 미친 동양의 역사적 영향을 재구성하는 일이다. 비평가들은 현대 유럽문학에 깊이 뿌리를 박고 있던 동양문학에 대한 실체와 엘리엇의 위치를 간과해왔다. 그들 가운데 특히 엘리엇의 역사적 시각의 뿌리와 큰 틀을 파악하지 못한 식자 중에 미국의 동양학자인 유병천(Beonchon Yu) 교수를 들고 싶다. 물론 그의 위치가 이 분야의 선구자는 아니지만 적어도 80년대 말 90년대 초 엘리엇의 동양사상이나 서구에 미친 동양학을 연구하는 식자에게 동양인으로서 주요한 연구업적을 그는 남겼다.

엘리엇은 자신의 조상들이 남긴 동양에 대한 두 가지 감정을 이어 받으며 매우 상반된 감정을 드러낸다. 경이로움과 불신이라는 두 가지 종류의 감정이다. 아름다움과 이상함이라는 매우 모순된 경험을 그는 갖게 되었다. 헬레니즘과 헤브라이즘의 두 서구 전통을 토대로 자신의 동양사상을 이해한 엘리엇의 역사적 감각은 그의 조상들의 동양사상의 이해에서 비롯되었지만 그 스스로 동양에 대한 두 가지 경험에서 결코 벗어난 적이 없었다.

동양사상의 핵심은 동양에 대한 서구지식인의 반응의 본질에 해당된다. 그것은 고대 그리스에서부터 지금까지의 긴 알레고리 역사를 가지고 있다. 역사적으로 동양사상은 아주 인상적인 이야기 방식으로 전달되었고 그 결과는 이에 대한 서구의 반감이 동반되었다. 이는 서구인들에게 자신들의 동질성을 강화하는데 기여하였고, 이들의 자신감을 부여해주는 보충적 역할을 해왔다. 동양사상은 일반적으로 이국적이고, 신비롭고, 심오하며, 원시적인 것으로 묘사되며, 특히 침체되고 나태한 경향으로 여겨졌다. 역사와 문화의 진화적인 발전 단계에서 우수하지 못한 열등한 의미로 정의되었다. 이에 대한 내러티브가 알레고리이며 이를 통해 역설적으로 서구문화는 그 지역적인 위치를 강화해 나갔다.

엘리엇은 자신의 사회가 정신적인 지식과 힘을 상실했기 때문에 우월한 것이 아니다(CC 49-51)라고 하면서도 그의 동양 사상에 대한 인식은 '다른'(other) 사회, 즉 동양의 이국주의 위에 도사린 아이러니(억제된 경멸 혹은 불신)와 함께 '우리'(our)라는 서구인들의 두려움의 일부를 반영하고 있다.

초서(Chaucer)는 「변호사 이야기」("The Man of Law's Tale")에서 부도덕하고 사악한 이미지로 시리아의 술탄어머니에 관해 기술하고 있다. 그녀는 기독교인으로 대변되는 서구인의 순결성과 불변성에 대항하는 잔혹한 인물로 그려져 있다. 초서의 이슬람에 대한 자세는 결코 우호적이지 않다. 서구인들의 기독교 소신 그 자체는 심지어 술탄이 기독교화되었을 때조차도 술탄의 코드 자체는 불변하지 않는 고정된 의미구조를 구축하며 파괴될 수 없는 하나의 체계로 기능하였다. 여기에 역사에 대한 진실과 픽션은 다양하게 혼합되어 있다. 서양에 비친 동양이라는 이국적인 특색은 상상력에 의해 사실의 오해로 하나의 평범한 허구로 만들어져 구전되었다(Said 60).

전체적으로 서양의 반응은 보수적이고 방어적이지만 그러나 종종 외래 문물에 대해 민감하기도 하다. 그리스 유리피데스(Euripides)의 『바케』(*Bacchae*)의 아가베(Agave)에서처럼 인도문화는 신비 그 자체로 그리스 사회에 대한 위협과 경계대상으로 비쳐진다. 그것은 엘리엇이 동양문화를 흡수하는 자세와 거부하는 자세 사이에서 그대로 반영된다. 경이로움과 불신이 동시에 수반되는 이중적인 서구전통은 엘리엇의 유럽중심의 사고와 표현양식에 지속되고 있다. 동양은 경이롭고 때로는 상상적인 차원에서 낙원이라는 서양의 왜곡된 '타자성'(otherness)으로 기억되어 있다. 그러므로 동양은 에덴이나 낙원으로 구전되어 내려 온 이야기구도를 넘어 실제적인 행위를 수반한 비전이다.

콜럼버스가 새로운 세계를 향해 미국에 온 것처럼 개척자에 의해 전체적으로 새 장소 사이에 "정신적인 지리로"(the mind's geography)로 다가온다 (Said 20). 비록 모순적으로 콜럼버스 그 자신이 구시대의 한 새로운 부분을 발견했다고 생각했음에도 불구하고 미국은 동양의 어떤 낙원에 해당되었다(Said 58). 확실히 이러한 동양은 순수하게 어느 하나도 다른 하나도 아니다. 그것은 서구인들의 상상과 유희, 불가해한 대상에 대한 흥미로움 이상도 아니다. 경이로움은 신비감을 넘어 오히려 경계해야 할 위협과 불신으로 자리를 잡았다.

상상과 재미는 그리스와 로마시대에 뿌리가 깊이 박혀 있다. 소크라테스의 "이상적인 계획, 특히, 세 가지 본질의 그의 신화는 인도풍의 그리스 신화이다"(Yu 15). 일반적으로 서구에 18세기는 전반적으로 동양 이미지에 대한 극적인 전환점이라 보여진다. 이 시기에 중국은 거의 동양과 동일하다는 것을 의미하였다. 중국의 풍습 "Chinoiserie"는 유럽에 흘러갔다. 도자기 제품에서부터 건축까지, 섬유에서부터 풍경화에 이르기까지, 수채화에서부터 차 마시는 것에 이르기까지 중국의 기호와 문화에 대해 유럽은 심취하였다(Yu 17). 레이몬드 슈왑(Raymond Schwab)은 유럽문화에 미친 중국의 영향을 이렇게 관찰했다. "비록 중국의 영향은 유럽에서 긴 역사를 가졌지만, 그것은 병풍, 자기제품, 그리고 진부함이 너무 많이 재현되었다"(Schwab 6).

머나먼 동양은 성경에서 에덴처럼 다소 환상적인 동양에 관한 알레고리를 생산해내었다. 알렉산더 포우프(Alexander Pope)는 「머리타래의 능욕」("The Rape of the Lock")에서 영국의 중상층의 냉소적이면서도 조롱기가 가득 찬 그의 목소리는 영국식 주택에서 커피를 마시기 위해 사용했던 중국 잔의 인공적이고 고상한 미에 매료되었던 베린다(Belind)에

맞추어 있었다. 19세기 전반에 걸쳐서 유럽의 제국주의는 인도에서 오늘의 고대문화를 찾으면서 점차 동쪽으로 뻗어나갔다. 영국은 1600년 이래 동인도회사를 통해 인도 식민지 개척에 본격적으로 나섰다.

찰스 윌킨스(Charles Wilkins)는 『바가바드기타』(*Bhagavad-gita*)의 번역서를 출간했는데, 그것은 최초로 산스크리트어 작품을 영문 번역한 것이다. 같은 시대에 산스크리트어 연구자이자 비교철학의 창시자 윌리엄 존스(Sir William Jones) 역시 다른 번역서들 중에 『마누의 법』(*Laws of Manu*)과 칼리다사(Kalidasa)의 명작 『사쿤탈라』(*Sakuntala*)의 영문판을 출간했다. 이들 두 작품은 다른 힌두교 학자 콜브룩(H.T. Colebrooke)의 작품들과 함께 영국과 미국의 독자들에게 읽혔다. 그들 중에는 에머슨(Emerson)과 쏘로(Thoreau)도 있었다. 존스의 독일어 번역서 『사쿤탈라』에 의하면, 괴테(Geothe)는 인도 극작가에게 경의를 표하는 시를 썼고 그의 서시는 『파우스트』(*Faust*)에 붙였다. 『서양과 동양의 시집』(*West-Eastern Divan*)이라는 그의 연제 서사시는 1819년에 나타났던 페르시안 시 연구에 영향을 주었다(Said 19).

인도는 서구인에게 항상 거리감이 있고 수용할 수 없는 곳이었다. 그러므로 그 뜻밖의 새 발견은 압도적이고 단호하고 저항할 수 없는 경험으로 나타났다(Schwab 16). 슈왑은 인도와 유럽의 문화적인 관계에서 인도의 철학적이고 교육적인 가치를 판단하던 주요 학자였다. 그는 저서 『동양 르네상스』(*The Oriental Renaissance*)는 인도와 유럽간의 문화적 융합을 시도했고, 그간 부분적인 휴머니즘에서 벗어나 동양과 서양을 통합한 휴머니즘의 한 구체적 표현이었다. 특히 미국의 에머슨, 쏘로 그리고 휘트먼(Whitman) 등은 동양을 그들에게 창조의 자원으로서 새 나라 미국에 주요한 사유체계를 제공한 훌륭한 문화보고로 생각했다.

에머슨은 인도의 『우파니사드』(*Upanishads*)의 서구화된 번역서를 사용했다. 이미 『바가바드기타』(이후 『기타』)는 많은 인도의 전통적인 사고와 정신을 서구적인 사고로 인해 상실했다. 에머슨의 사상은 상당부분 인도사상에 대한 자기 나름의 해석을 중심으로 형성되어 있었다. 쏘로의 부처(Buddha) 역시 기독교의 관점을 벗어나지 못하여 매우 세속화되었고 쇠약해진 그리스도의 이미지를 닮았다(Kenner 455)고 한다. 휘트먼에 미친 『기타』의 영향은 적지 않았다. 그는 사물의 배후 이면을 지배하는 궁극적 실체를 전달하려던 동양의 신비주의에 매료되었다. 에머슨은 휘트먼의『풀잎』(*Leaves of Grass*)을 『기타』와 『뉴욕헤럴드』(*New York Herald*)가 혼합되어 있다고 극찬하였다. 그리고 쏘로 역시 휘트먼의 시를 훌륭한 동양사상의 표현으로 발견했다. 당시 쏘로가 휘트먼에게 동양사상을 읽었는지 여부를 묻자 휘트먼은 이렇게 대답했다. "아니야. 나에게 그것을 말해주게." 후에 휘트먼은 「여행했던 길을 돌아보며」("A Backward Glance O'er Travelled Road")에서 고대 힌두 시들을 읽었음을 증언하였다(Kearns 178).

20세기 초 미국에 끼친 동양사상의 영향은 극동문화에서 최고조에 달한다. 어빙 베빗(Irving Babbitt)은 중국 휴머니즘의 개념을 기독교에 적용한다. 중국 성인들, 석가모니, 공자, 그리고 노자의 삶을 예로 들어 동양 휴머니스트들을 찬양한 파운드(Ezra Pound) 역시 그의 『캔토스』(*Cantos*)에서 서양문명의 폐단을 교정하고자 동양사상을 이용한다. 「제퍼슨과/혹은 무솔리니」("Jefferson and/or Mussolini")에서 파운드는 공자와 그의 사변철학에 관하여 이처럼 적고 있다. "2500년 동안 중국이나 중국 주변 지역에 질서가 있는 한 언제든지 그 이치의 근저에 공자의 뿌리를 찾아볼 수 있다"(Flanagan 112-113).

『황무지』에서처럼 부처의 '불 설교'(Fire Sermon)와 비슷하게 엘리엇은 초기에 인도종교를 구원의 형태와 의미로서 수용하였다. 실제로 그의 시는 언어와 문학의 견지에서 동양의 사유체계의 영향을 받은 프랑스 상징주의 경향들과 파운드의 시를 반향하고 있다. 1890년부터 1930년대까지 영국과 미국의 많은 시인들, 가령 파운드, 예이츠, 그리고 엘리엇은 서양의 진부함으로부터 벗어나고자 동양의 텍스트들을 읽었다.

경외심과 흥미로움 이상으로 동양으로부터 신비화된 아름다움 자체를 서구인들은 호의적인 시각으로 받아 들여졌고 이를 기반으로 서양문학을 새롭고 풍요롭게 장식하였다. 이 시기의 시인들은 앞을 다투어 동양문화를 모방하며 몰입하였다. 특히 『기타』에 수록된 『우파니샤드』, 또는 불교사상, 중국의 당, 송 왕조의 서정시들 그리고 일본의 하이쿠(haiku)와 같은 문학을 모방하였다(Flanagan x-xi).

당시 서구인들이 동양 텍스트에 쉽게 접근할 수 있게 되면서 20세기초 서구문화나 예술에 새로운 동양문화기반 문예사조를 불러일으킬 수 있었다. 이러한 결과는 동서양에 끼친 동양의 영향이 너무나 거셌고 기독교를 더 이상 진실을 향한 유일한 방법으로 이해하지 않는 경향이 대두되기도 하였다. 이 때문에 서양문화는 정체성 위기에 처한 듯이 보였다. 16세기 엘리자베스 시대와 비교할 경우 기독교는 자체의 정신적, 윤리적, 사회적 또는 정치적 확실성을 상실했다고 느껴진다. 이처럼 동양사상은 서구의 여러 가지 이론들과 지식인들에게 활기를 불어넣었던 것은 사실이다.

베빗의 말 '불쾌한 선물'은 서구문학과 문화의 처지를 요약해 준다. 베빗, 파운드 그리고 미국의 지식인들은 동양경전을 서양의 활기찬 철학과 종교에 접목시키며 동양사상의 알레고리를 창조하였다. 신비로운 아름다움 자체로 동양사상의 알레고리는 서구인들을 깊게 매료시켰다.

엘리엇 역시 동양사상에 깊이 매료되기는 하였지만 당시의 지식인들과 다소 달랐다. 그에게 아름다움 자체로 신비화된 동양사상의 알레고리는 서구 스스로 전통적인 사고를 부정하는 잘못된 시각으로 비쳤다. 아마 불안과 걱정, 혹은 두려움이 그를 괴롭혔을 것으로 보인다. 엘리엇에게 베빗과 파운드는 위험한 인물로 비쳤다. 슈왑은 1947년 인도사상가 라잔(Rajan) 박사와의 BBC 인터뷰를 인용하며 엘리엇, 예이츠, 헉슬리(Huxley) 등이 서구중심사고를 벗어나기 위해 모든 신비주의를 묶는 일종의 혼합주의를 취하였다고 지적하였다(467). 물론 엘리엇에 대한 슈왑의 지적은 젊은 엘리엇을 가리키고 있다. 후에 엘리엇은 점차 서구중심의 전통사상을 기반으로 유럽 종족의 혈통과 문화를 강화시켰다.

그러한 전통 서구중심의 인물로는 키플링(Rudyard Kipling)으로 그는 「동양과 서양의 발라드」("The Ballad of East and West")에서 "동양은 동양, 그리고 서양은 서양이며 그 둘은 결코 만나지 않는다"고 역설하였다(Yuan 166). 유사하게 포어스터(E.M. Forster)는 『인도로 가는 길』(*A Passage to Inida*)에서 인도인 아지즈(Aziz)와 영국인 필딩(Fielding)은 "세상이 이것을 원하기 않기 때문에" 둘이 서로 화합할 수 없다고 주장한다(316). 동양과 서양은 물과 기름처럼 나뉘며 뚜렷하게 식별이 된다는 포어스터의 말은 동양의 그 어둠의 깊이는 거부하거나 흡수할 수 없는 마라바라의 심연의 동굴을 상징한다.

이런 영향 탓인지 젊은 엘리엇은 처음 동양적 이상주의를 찾던 집단과 유사한 입장을 갖게 된다. 그러나 후에 그는 그러한 동양사상으로부터 자유롭지 못한다. 아마 베빗의 말처럼 동양사상을 '불쾌한 선물'로 보았는지 모른다. 초기의 엘리엇의 동양사상은 인도 텍스트에 대한 반응에서 전개되었다. 또한 파운드를 통해서 엘리엇은 연구자료, 주해 그리고 잡다한 인용구문들을 보았다(Kearns 32). 혼란스런 인도의 철학과 종교의 고대 텍스트를 읽고, 배우고, 해석하는 습관은 엘리엇의 학술적인 자세에서 비롯되었지만, 결국 엘리엇은 동양사상을 서양철학과 종교, 특히 기독교의 전통에 비유했다.

일반적으로 우리가 엘리엇의 이론에서 발견한 것은 그가 인도와 중국 문화의 차이를 이해하고 있었다는 것과, 이슬람이 접하고 있는 초기 기독교사상을 뛰어넘지 않았다는 사실이다. 다시 말해, 엘리엇은 비유럽 종족의 문화와 사상에 대한 맹목적인 숭배를 불신했다. 그는 베빗의 아시아적 사고의 이념적인 이해를 받아들일 수 없었다. 그의 스승 베빗은 불쾌한 선물이라고 하면서도 불교, 그리고 공자의 종교철학적인 교리와 공감이 되는 대부분의 동양사상에 매료되어 있었다(Yu 131). 또한 엘리엇은 기독교 원리인 '죽음 후의 삶', 즉 내세를 불신하였던 공자의 사고를 신뢰한 파운드 유형의 중국사상을 기독교 대안으로 인정할 수 없었다.

이처럼 동양사상과의 만남은 오히려 엘리엇과 같은 20세기 유럽인들에게 서양의 정체성 위기를 심화시켜 주었다. 엘리엇은 동양 연구가들의 동양 텍스트 이해에 몇 가지 위험성이 있다는 점을 발견해 내었다. 『황무지』는 동양적인 것, 그리고 동양전통에 대한 엘리엇 나름의 동양사상의 서구적 알레고리 표현이라 할 수 있다. 이러한 동서양의 대립된 충돌의식은 동양사상을 대응하는 서양의 전통을 반영하고 있다고 볼 수 있다. 그것은 불신과 경계심을 표현하는 서구 이야기방식이다. 엘리엇은 종교적이든 철학적이든 또는 문학작품에서든 관계없이 이해 불가능한 동양의 신비주의를 제거하고 동양 텍스트의 심오한 사상을 서양문화의 활성화를 위해 취사선택하고자 하였다. 그러므로 그가 쓰고자 한 동양사상의 알레고리 형식과 내용에 대한 검증작업은 매우 흥미로운 일이다.

엘리엇의 동양사상에 대한 불신은 시대적인 요구에도 불구하고 매우 전통적이었다. 동시대의 지식인들이 동양사상이 허구화된 실상이든 실제적인 모습이든 이를 환호하고 찬양하며 적극적으로 수용하던 자세와는 달리 엘리엇은 오히려 서구문화와 유럽 종족문화의 전통을 고수하고 철저하게 동양사상을 취사선택하였다. 그에게 동양사상이 자극제가 된 것은 사실이지만 서구중심의 종교철학을 재구성하기 위한 지역 문화이거나 동양종족이 만들어낸 지역 종족문화에 불과하였다. 따라서 엘리엇 연구는 그간 동양사상들을 '계몽화된 신비주의' 시각으로 취사선택하고, 유일신에 기초를 둔 기독교사상과 서양사상 그리고 종교적 신비주의의 관련성을 간과하는 경향이 있다.

아속 쿠머 자(Ashok Kumer Jha)는 인도사상에 바탕을 둔 엘리엇의 철학적인 면을 연구했다. 그러나 불행히도 그는 주로 엘리엇의 힌두교, 불교철학 그리고 종교의 신비주의 영향에 관심을 두었다. 또한 컨즈(Cleo M. Kearns)는 주로 인도사상 중심으로 엘리엇의 철학적, 종교적 관점을 연구했다. 자(Jha)에 의한 엘리엇의 인도사상 연구와 비슷하게, 컨즈는 서양 철학가 로이스(Royce), 베르그송(Bergson), 브래들리(Bradley)와 인도의 종교철학가인 삼카라(Samkara)와 대승불교(Mahayana Buddhism)의 창시자 나가르주나(Nagarjuna-용수) 를 상호비교하며 이들의 지적 연관성들을 검토하였다. 그러나 자나 컨즈 어느 누구도 동북아 사상, 특히 공자의 중용(chung)철학 그리고 명상을 위한 선불교와 도교를 기반으로 유일신을 숭배한 엘리엇의 기독교사상을 살펴보지 못하였다.

오히려 영국철학자 브래들리의 '즉각경험'(immediate experience)의 개념은 엘리엇의 종교차원의 신비주의의 개념에 깊은 영향을 주었다. 엘리엇은 학문적인 상식보다 일반상식의 철학을 문학적으로 역사적으로 그리고 사회적으로 선호했다. 그러나 그의 일반상식은 동양철학들의 심오한 이론들 보다 단순한 삶의 지혜로움에 큰 비중을 두었다. 이러한 지혜는 동서양의 경계를 떠나 일반적으로 삶과 우주의 결합에 기초하고 있었다.

1937년 엘리엇이 영국국회 그룹에 참가하자 그의 지인들을 놀라게 했다. 그들 중에 파운드는 서구문화의 침체와 쇠퇴를 위한 치유로서 기독교를 인정하지 않았던 인물이었다. 파운드는 단호하게 "그의 진단은 틀렸고, 치유법도 적절치 않다"라고 선언하였다(Gordon 69).

엘리엇의 기독교는 신앙과 이성의 신비적인 결합을 형상화하는 동양사상의 알레고리이다. 기독교 신앙은 직관력과 지적인 능력이 서로 함께 참여하고 의존할 필요가 있다고 보았기 때문에 동양사상의 신비주의는 불신과 경계심을 표현하는 알레고리로 작용하였다. 말고리스(John D. Margolis)는 엘리엇이 직관과 지식에 비추어 종교적 통합정신의 가치를 인정했던 「미들톤 머리의 통합」("Mr. Middleton Murry's Synthesis") 내용을 지적하고 있다. 엘리엇은 "직관은 담론세계에서 자신의 위치를 가져야 한다. 위와 아래 또는 시작과 끝 둘 모두 에 직관을 위한 여지가 남아있어야 할 것이다. 그러나 직관은 총체적인 경험 내에서 늘 시험받아야 하므로 여기에 지성이 큰 역할을 하게 된다"(Margolis 65).

동양사상의 알레고리의 핵은 엘리엇에게 있어 직관과 지성을 동시에 수반할 수 없는 정신현상의 부족에 있다. 동양사상을 기반으로 하는 스토리는 대체적으로 기독교적 유일신이 존재하지 않는다. 엘리엇에게 신은 인간의 정신과 육체적인 경험을 위한 전체라고 언급되고 있다. 엘리엇은 휴머니즘이 없는 종교나 종교 없는 휴머니즘에 대한 공포를 두려워하였다. 그의 에세이 「휴머니즘 없는 종교」는 지나치게 교리화한 종교도 싫어하였지만 종교성이 없는 휴머니즘도 거부하였다.

이러한 휴머니즘과 종교성에 대한 밀접한 관계는 노어만 포어스터(Norman Foerster)의 『휴머니즘과 미국』(*Humanism & America*, 1930)에 영향을 끼쳤다. 그 책 머리말에서, 포어스터는 오늘날의 휴머니즘은 새로운 것이 아니지만 동서양 모두 긴 역사를 가지고 있다고 쓰고 있다. 포어스터는 신이 인간으로 화신할 수 있다면 그 인간의 경험과 절대적 실재에 바탕을 둔 고대 그리스, 유대, 인도 그리고 중국에서 발생하는 초기 휴머니즘에 관심을 가졌다. 그러나 여기에는 헤브라이즘적 휴머니즘에 기초를 둔 유일신은 없었다.

고대 휴머니즘은 적어도 휴머니즘이라는 단어가 상용되던 르네상스 시대 보다 더 오래되었다(Foerster x). 고대나 현대 휴머니즘으로부터 엘리엇이 깨달은 것은 신에 대한 언급이고 직관경험을 필연적으로 동시에 수반하는 독실한 신앙심이다. 컨즈는 이러한 엘리엇의 종교적 경험을 "앵글리칸 중용"(the Anglican middle way)이라 칭하였다(158-59). 사실 앵글리칸 방식으로 엘리엇은 자기 수양, 힌두의 요가, 불교의 참선, 그리고 중국식 중용과 같은 동양적 명상기법을 이미 알고 있었다. 하지만 이 기법은 총체적인 기독교 신앙심을 갖기 위한 작은 부분에 불과하였다.

1951년에 엘리엇은 타고르(Targore)의 사위가 편집한 『명상기법을 위한 인류학 원전』에 간단한 머리말을 썼다. 영국국교회와 다른 동양 신앙과의 차별을 논하는 자리에 엘리엇은 보편적 진실 그 자체는 결코 숨길 수 없다고 하였으며, 어떤 신앙도 계몽구도를 갖고 있지 않다고 말할 수 없다고 하였다. 하지만 진실은 어떤 특정한 종교나 전통으로 이해될 수 없다고 그는 단정하였다. 엘리엇에게 진실이란 지역의 산물로서 종족을 배경으로 한 주로 기독교도, 힌두교도, 불교도 또는 유학자들에게서 찾아볼 수 있는 형태이다.

사실 동양사상의 유신론적, 무신론적 종교관은 엘리엇이 자신의 기독교를 재해석하고 재구성하는 노력에 기여하였다. 그러므로 그의 기독교 사상은 그가 개인적, 사회적, 정치적, 역사적 또는 문화적 언어로 정의할 수 없는 총체적 과정으로 보인다. 하지만 엄밀한 의미에서 그의 기독교 사상은 유럽문화와 유럽인의 의식과 행동양식을 강화시켰다. 표면적으로 이 총체적 단일성은 세계성을 지향하고 있고 국제적인 성격을 토대로 하고 있지만 합리성 그 자체와 그리고 특수한 감성은 지역성을 토대로 발전되고 진화되어 있었다.

『우파니샤드』와 불교사상의 폭넓은 연구자인 엘리엇의 스승 로이스(Josiah Royce)는 당시 하버드대학 철학과 교수로 미국의 문화적 생활과 철학에 많은 영향을 미친 인물이다. 그는 캘리포니아에서 태어났고 UC 버클리와 존 홉킨스 대학에 있었지만 독일에서 교육을 받았다. 그는 논리학자임과 동시에 이상주의 철학가였다(Kearns 96). 엘리엇과 그의 동료 대학원생 센 굽트(Sen Gupt)의 제일 큰 관심사는 당시 산스크리트 텍스트였다. 그들은 로이스의 지시로 학술회에 참석하기도 하였다. 이 학술회는 과학과 인간의 속성에 있어서 방법론에 관한 주제를 다루었다.

1913-1914년에 있었던 로이스학술회는 참가자들에게 피에르 그레이(Piers Gray)의 분석, 이와 관련된 이론을 듣고 논의하도록 요청하였다. 여기에 참석한 엘리엇은 몇 가지 브래들리 개념을 제안하며 인류학과 비교종교학에 관한 그의 지식을 프레이저(Frazer)와 막스 뮐러(Max Muller)의 저서에서 제기된 문제점과 연관시키기 위해 노력했다(Kearns' Note 8). 후에 엘리엇은 로이스가 자신의 그러한 노력을 "한 전문가의 업적"으로 인정하였다고 전했다(*Knowledge & Experience* 10). 이 학술회 이후로 주/객관 분리로 오로지 자기만이 옳다는 유아론을 극복하기 위해 엘리엇은 로이스의 글로벌 사회에 대한 이해와 글로벌 정신의 교류, 모든 사상의 공감대를 형성하는 이상 질서에 대한 개념을 처음으로 받아들였다.

로이스는 신비주의 철학이라는 전체 주제아래 인도사상을 다루었다. 그는 영혼, 또는 초감각으로서 브라만의 개념 같은 절대지식자 또는 '만물 포용자'(All-Enfolder)에 관해 설명을 하였다. 로이스는 'Absolute'(절대)와 'God'의 용어를 같은 뜻으로 사용하였다. 마치 힌두인들에게 'God'가 절대자 개념으로 인식되는 것처럼 모든 물질은 이 절대자의 존재로부터 나오며 다시 이 존재로 환원된다고 로이스는 보았다. 로이스는 "만물 포용자 자체, 우리는 그 이름을 알고 있다. 비록 마음과 사랑 모두가 이 만물 포용자 내부에 있든 그에 관한 것이든 그 자체는 마음도 아니며 사랑도 아니다. 단지 사상 자체이며 만물은 사상으로 존재하고 그 안에서 우리는 살고 움직인다"(Royce 76).

이러한 '만물 포용자'는 『우피나샤드』와 『기타』의 핵심개념이다. 힌두교와 서양의 신의 개념으로부터 로이스는 '만물 포용자'라는 공통분모를 창조한다. 그의 '만물 포용자'는 신성을 뜻하는 개념화된 단어이다. 그는 이상주의에 대한 일반적인 해석을 가능하게 해주는 그러한 공통분모, 즉 '해석공동체'(community of interpretation)를 창조해 이를 토대로 세상 전반의 사회와 문화를 이해하는 해석기반을 발전시킨다.

불교사상의 경우 로이스는 '열반'(nirvana)을 '만물 포용자'의 불교적인 용어와 개념으로 정의한다(Dyer 30). 그는 열반을 우리의 유한경험을 뛰어넘는 지극한 정신 단계로 간주하였다. 로이스는 열반과 영원을 유사한 정도의 개념으로 끌어내어 불교사상을 이해하는 방식을 찾고 있었다. 그에 따르면, "불교사상은 열정 없는 사색을 목적으로 하고 한 개인이 다른 개인과 구별되지 않는 결국 자기소멸을 목적으로 하고 있다"(Royce 143). 아마 로이스는 '에고'(ego)와 '비에고'(non-ego)의 소멸이 영생을 향한 길임을 믿고 있는 듯싶다.

엘리엇은 고전적인 유아론의 문제점을 해결하고 세계보편주의를 향한 범이상주의 철학이라고 생각한 로이스의 '해석공동체'의 개념을 유용한 해석도구로 생각한다. 하지만 엘리엇은 이러한 로이스의 사고에서 의문점을 발견한다. 바로 로이스가 발견한 기독교와 힌두의 신비주의 모두 공통으로 추구하는 영혼들의 세계라 할 '영혼의 공동체'(community of souls) 개념이다. 오히려 엘리엇은 로이스로부터 지역문화에 특별한, 그러면서도 영혼의 공동체 성격을 가리키는 통일성을 찾고 있었다. 사실 불교식 신비주의사상으로부터 엘리엇은 로이스가 일찍이 발견했던 동일한 영혼을 발견하였다. 열반의 경지에서 불교도들 역시 최고의 깨달음을 이루고 세상을 구원하는 형식을 갖고 있기 때문이다(Royce 191).

그러나 엘리엇은 로이스의 일반적인 글로벌 자세에 관한 주장을 신임하지 않았다. 동양의 이상주의 개념에서 출발하여 서구문화와 문학 텍스트를 해석하는 자세를 엘리엇은 그대로 받아들이지 않았다. 따라서 엘리엇에게 로이스의 철학과 종교의 관점들은 일반적이라기보다 또 다른 시각에 불과하였다. 로이스에 의한 텍스트 이해 방식은 엘리엇에게 데리다(Jacque Derrida)의 용어인 '보충'(supplement), 즉 문학의 동체로부터 지엽적 생명을 파생시키는 기생적인 의미에서 노력이상의 의미가 없었다. 그럼에도 불구하고 엘리엇은 동양 신비주의를 서양 이상주의라는 좀 더 거대한 철학적인 입장으로 통합하려 했지만, 그는 힌두교나 불교의 신비적 우주론에서부터 출발하였던 로이스의 이상주의에서 동양사상의 한계를 발견한다.

기독교의 관점에서 로이스는 기독교 삶의 교리가 "본질적으로 사회적인 교리"이기 때문에 개개인의 신앙을 결코 유의미하게 해석할 수 없다고 진단한다. 그는 개인의 "신비적인 경건성"은 결코 기독교 교리 모두를 만족시킬 수 없으며 표현할 수도 없다고 한다(Royce 216). 로이스 관점으로 보면 기독교적 삶이란 경험적인 자아나 에고를 초월한 공동체에 뿌리를 두고 있다. 그러므로 로이스에게 사도 바울은 가장 이상적인 인물이다. 바울은 신비주의자지만 "신비로운 꽃들이 자라는 정원을 꾸미는 공동체와 함께 하는 신비주의자이다"(Royce 216).

이로보아 로이스는 인도의 신비주의에도 만족하지 않는다. 『기타』에서 아트만(atman, 자아)은 초월한 정신이었고 이것은 무한정신인 브라만(Brahman)과 일체가 아니라 구분된다. 자아의 모든 행동들은 여전히 현세적인 개념에 뿌리를 두고 있어 보이지만 아직 우리는 『기타』에서 사도 바울의 기독교적인 사랑을 볼 수 없다. 신 크리슈나는 아르쥬나에게 "자아를 타락시키지 않고 고양시키는 법을 가리켜준다. 자아는 그 자체의 친구이면서 최악의 적이다"(Miller 168).

불교사상의 경우도 로이스가 보기에 금욕적인 삶을 피할 수 없다. 그러한 삶은 로이스에게 실패로 보였다. 열반은 강하게 세계를 부정하고 삶을 부정하는 면에서 사도 바울의 기독교적 사랑과 결합될 수 없는 연유에서다. 불교도는 신비주의자지만 사회적인 실천을 결코 정당화할 수 없는 개개인의 종교적 헌신을 목표로 한 신비주의자다. 그럼에도 불구하고 로이스는 바울, 크리슈나, 불교도에서 보편적으로 개인의 영원성을 성취하고자 하는 목표, 즉 '영혼 공동체'를 발견한다.

그러나 엘리엇에게 이 모든 고대 인물들은 지역문화의 산물이며 지역종족이 만들어낸 문화유산이다. 엘리엇은 물론 로이스의 "해석 공동체"나 "영혼 공동체"가 전통적인 정통 기독교의 의미를 대변하고 있다고 생각하지 않았다. 엘리엇은 전통 기독교 틀에 비추어 로이스의 보편주의를 받아들일 수가 없었다. 엘리엇에게 로이스의 종교는 신에 관한 믿음 없이 존재할 수 있다는 범신론적 힌두교 또는 무신론적 불교사상 모두를 동일하게 받아들이는 듯이 보였다. 반면에 엘리엇은 『베단타』(*Vedanta*)와 불교에서 실천 사상의 경향을 인식하고 자극을 받았지만 서구인들로 하여금 기독교 전통의 종교철학적 경험을 포기하도록 이끄는 방식으로 동양사상을 받아들이지 않았다. 더욱이 서구 이상주의자들과 신비주의자들의 관점에 따라 일반적으로 동양사상을 편입시켰던 자세를 받아들일 수가 없었다.

엘리엇은 동양주의자라 할 베르그송 철학에서 로이스적 정신을 더 구체적으로 확인한다. 그 두 가지는 베르그송이 만족하지 못하고 미완성시킨 실용주의와 그리고 로이스보다 선호하는 신비주의 개념이다(Royce 355). 베르그송은 불교를 이상주의적 신비론을 위한 본보기로 탐구한다. 베르그송에게 불교의 자기 부정적 개념은 현실과 시간의 관점에 비추어 볼 때 영원을 향해 있는 가장 가치가 있는 사고이다. 그에게 불교의 자기 부정은 살고자 하는 의지의 부정으로 쇼펜하우어(Schopenhauer)가 체념이라고 부른 형태와 유사하며 궁극적으로 신비적인 영원성을 향한 방법이다. 반면에 살고자 하는 자기긍정은 그러한 정신의 공허함과 괴로움을 발견하는 일이다. 그러므로 베르그송이 이해한 불교식 허무주의는 현실보다 다소 정신을 중요시 하는 이상주의 전개에 기여한다. 베르그송은 감각적 경험을 초월하여 특별한 시간에 가치 있고 궁극적인 무엇을 찾고 있었다.

이상주의 철학자 베르그송은 특히 시간에 관한 직관과 사고를 강조하며 과학적인 것과 합리성을 배제한 신비적인 충동에 관심을 가진 지식인으로 자주 거론된다. 다이얼(N.C. Dyer)은 베르그송이 존재 "시작"의 근원을 신비적 충동에서 보고 있기 때문에 존재를 설명하기 위하여 철학적인 것과 신비적인 것을 융합하려고 시도한다고 주장한다. 소위 이러한 진화론적 과정을 개인이나 사회 모두에게 적용할 수 있는 이론으로 창조적 진화론이라고도 한다. 다이어에 의하면 베르그송이 이 진화의 힘을 "생의 비약", 즉 "물질을 관통하는 에너지"라고 말한다. 이 본질은 행동할 때 방출되는 완만하게 축적된 잠재된 에너지이다(Bergson 248). 이로 보아 베르그송의 생의 비약은 지성의 활동이라기보다 직관의 충동에 기울어 있다.

지성과 직관을 분리시키기 위해 베르그송은 두 가지 개념을 도입한다.

본능과 지성이다. 그에게 "본능은 직관적이고 지성은 사색하고 추리한다." 베르그송은 직관을 "의식의 위 혹은 아래에" 있는 "생명의 흐름"으로서 간주한다(Dyer 38). 그리고 상대적인 개념이라 할 통제와 압박감은 지각 이상 또는 이하에 놓인 현실로서 규정한다(Dyer 38). 이 두 용어들을 시공의 개념으로 적용하여 베르그송은 미세한 시간은 비현실적임을 주장한다. 자신의 모든 경험을 끌어들이는 상태의 시간이 있다고 본 베르그송은 이것을 "지속"이라 부른다(Jha 24). 베르그송에게 지성이야말로 지속의 이 흐름을 단절시키는 반작용의 힘이다. 인간의 총체적 경험은 직관에서만 가능할 수 있으며 지성은 직관에 반하여 작용하게 된다.

베르그송 철학에 이르면 동양의 신비주의와 이상주의는 이상이란 경험을 배제한 무엇인가로서 언급된다. 그러나 엘리엇은 이러한 베르그송 정신을 대륙의 합리주의 연장으로 여긴다. 엘리엇은 자신의 캐릭터 에일드롭(Eeldrop - 자기 자신의 자화상)에게 이렇게 말하게 한다. "베르그송은 직관론자가 아닌 지성주의자이다." 그리고『신성한 숲』(*The Sacred Wood*)에서 그는 이렇게 말한다. "베르그송주의 그 자체는 지성의 구축이다"(Freed 54).

그럼에도 불구하고 직관과 영원성을 강조한 베르그송의 신비주의는 철학적 탐구의 기반으로 기능하며 심리학적 경험을 중시한 엘리엇 철학과 유사하다. 엘리엇은 베르그송이 동서양의 신비주의를 수용하기 위해 궁극적 지식의 바탕으로 직관 경험을 중시하였다고 알게 되었다. 철학적으로 엘리엇은 베르그송과 마찬가지로 과학과 합리성은 우리 세계의 참된 진실을 전혀 제시하고 있지 못하다고 보고 있었다. 오히려 과학 정신은 현실을 더욱 멀어지게 한다고 엘리엇은 생각하였다(Skaff 25). 심리학적으로 엘리엇은 특정한 시간 모든 경험이 무의식적으로 흐르는 심리상태에서 직관에 의해 도달할 수 있고 의식으로 이를 불러올 수 있다고 알게 되었다.

하지만 철학적으로 엘리엇은 베르그송 유형의 이상주의에서 미완성을 발견한다. 브래들리의 "절대"와 "즉각경험" 철학을 받아들인 엘리엇은 그 정신을 자신의 영국국교회의 정신에서 발견한다. 엘리엇은 창조의 근원으로서 "생의 비약"이라는 개념을 받아들일 수는 없었다. 더욱이 엘리엇은 지성의 능력을 배제한 베르그송을 또한 받아들일 수 없었다. 하지만 심리학적으로 엘리엇은 베르그송의 동양적 아이디어였던 직관, 지성, 의식, 무의식, 그리고 시간으로부터 확실히 많은 영감을 받았다. 하지만 여전히 베르그송의 아이디어들은 엘리엇 같은 서구문화중심의 유럽인에게는 이질적으로 비쳤다.

기독교의 관점에서 베르그송 또한 힌두교의 일원론이나 범신론, 불교의 무신론이 기독교적 사랑을 충분하게 표현하지 못한다고 생각하였다. 그럼에도 불구하고 베르그송은 기독교적 신성을 진실이나 현실을 발견하는 오직 유일한 방법으로 받아들이지 않았다. 로이스와 비슷하게 베르그송은 동양사상을 자신의 이상주의 관점에 흡수시켰고 동양의 신비주의를 위대한 기독교적 신비주의자들이 깨닫지 못하였던 사례로 사용했다. 사실 이러한 방식은 베르그송 유형의 동양의 신비주의였고, 엘리엇은 궁극적으로 이런 식의 동양사상을 거부하였다.

엘리엇은 이러한 베르그송을 파리에서 알게 되었지만 그를 극단적인 이상주의라고 생각을 하였다. 이유는 피부로 느낄 수 있는 구체적인 인간의 경험과 절대자나 신을 향한 믿음을 찾지 못하였기 때문이다. 베르그송은 인간의 의식을 초월하는, 구체적인 현실을 초월하는 존재에 대한 믿음 유형을 받아들이지 않았다(Bergson 262). 베르그송에 의하면 구체적인 현실은 초월적인 존재를 통해서가 아니라 인간의 직관 경험을 통해서만 도달되는 높은 단계의 진실일 수 있다. 베르그송의 창조 시스템에는 신을 위한 어떤 공간의 여지는 없고, 엄격한 형이상학적 원리 체계에 대한 여지도 없어 보인다.

실제로 1911년 엘리엇이 하버드대학원 철학과 졸업논문을 시작했을 때 그는 철학을 "도덕 붕괴"로 보았다. 철학은 더 이상 "과학의 과학"으로서 인지되지 않았다. 제프리 펄(Jeffrey M. Perl)과 앤드류 턱(Andrew P. Tuck)이 제시하듯이 엘리엇은 학문적 철학을 크게 무게를 두고 시작하지 않았기 때문에 1916년 자신의 학위논문을 끝내고도 논문방어를 하지 않은 것은 놀랄만한 일이 아니라고 한다(167).

브래들리를 통해 엘리엇은 이상주의와 현실주의 사이의 새로운 변증관계의 가능성을 실현하고자 노력하였다. 로이스, 브래들리, 베르그송에 관한 연구에서 엘리엇은 파탄잘리 요가의 설립자인 힌두 주석자 삼카라(Samkara), 부처, 대승불교 창시자 나가르주나 그리고 중국 사상가들을 접하면서 종교철학적 경험의 여러 주장들을 기독교 신앙에 병합시키는 방향으로 자신의 관점을 수정한다. 엘리엇에게 동양이든 서양이든 신비철학은 현실 문제를 접근하기 위한 체계적인 이상형 사상으로 비치기는 하지만 그는 이에 만족하지 않고 유럽문화 중심의 기독교 일신론을 정착시킨다. 이 기독교사상이 세계의 종교사상을 필연적으로 모두 포함할 수 있는 포괄적 경험으로 재정의 된다.

브래들리 철학은 엘리엇을 유신론적 종교로 이끈 중심인물이다. 엘리엇은 브래들리의 입장에서 베르그송주의를 해석했고 그것은 무한중심이나 무한관점을 배제한 "즉각경험"(유한중심 또는 그 관점)과 순간 초월성을 받아 들였다. 브래들리의 감성은 우선 특성상 포괄적이고 특이하여 로이스 사상보다 엘리엇에게 훨씬 더 매력을 주었다. 결국 로이스와 베르그송 사상과 다르게 브래들리 사상은 지성을 통한 감성에 기반을 두었다. 엘리엇은 이렇게 말한다. “브래들리는 저서 『현상』과 에세이 「즉각경험」에서... ‘경험’과 ‘느낌’을 거의 상호 교환하듯이 사용한다. 우리는 의식과 경험을 동일시하는데 있어 우선 주의하여야 한다.... 우리는 즉각 경험과 감각을 혼동해서는 않된다.... 우리는 즉각 경험을 정신의 내용 혹은 본질로서 사고하는 것을 피해야...하고... 느낌을 ‘유한 신체중심의 즉각 통합성’으로 [보아야 한다]. 우리는 느낌이 단지 정신의 느낌 혹은 의식의 느낌으로 이해하지 못하고 있다.... 느낌은 정신 삶의 어떤 단계에서든 나타나는 것을 의미한다.... 실제적인 모든 것은 무엇이든지 느껴져야 하는 의미에서다”(*Appearance* 406-7).

엘리엇은 베르그송의 직관 경험을 브래들리의 용어인 “즉각경험”으로 환원시키며 이를 한정된 신체중심으로 일상에서 당연히 느끼는 경험으로 이해한다. 다시 말해 엘리엇은 마음은 지적 활동의 유한중심이기 때문에 반드시 느낌이 주는 인상을 통해 즉각적이고 느낄 수 있어야한다. 그래서 느낌은 지적 활동에 적이 아니라 인간 의식활동의 기반임과 동시에 높은 진실에 도달하는 길이다.

엘리엇은 브래들리의 “유일 절대”(one Absolute) 개념을 이렇게 인용한다. ‘유일 절대’(one Absolute)는 그 자체를 알고 유한중심 내에서 실현한다. 브래들리는 “그 경험에 의해 현상은 변형되며, 나는 어떤 이유도 찾을 수 없다....” “하지만 우리가 아는 것은 한 관점에서 다른 관점으로 지나갈 수 있다는 것이며 우리는 어쩔 수 없이 그렇게 할 수밖에 없고, 그 관점의 차이는 어느 정도 일체를 이룬다. 높은 경험을 거부할 어떤 이유도 없다. 다만 이러한 높은 경험이 낮은 경험을 설명한다는 것은 적어도 의심할 여지가 있다”(*Knowledge & Experience* 15-16).

엘리엇은 브래들리의 ‘유한중심’을 관점으로서 그리고 그의 ‘유일 절대’를 시공의 범위를 넘는 실체 또는 진실로서 이해한다. 그 유일 절대는 자체가 자체를 알 수 있게 하고 실현시킬 수 있는 인도의 브라만과 중국의 리(理-원리)의 성격과 유사하다. 더욱이 엘리엇은 브래들리의 '유일 절대'를 인간 경험 내에서도 초월적인 의미가 있다고 생각한다. 이러한 사상은 위대한 동양철학자들, 예를 들어 힌두교 삼카라, 불교 나가르주나 그리고 신(新)유학 사상가 주희가 이미 제안하였던 아이디어이기도 한다. 후에 라이프니찌(Leibniz)의 단자론에 관한 글에서 엘리엇은 유아론과 같은, 다양한 경험의 관점을 고려하지 않는 유한 중심의 닫힌 감각을 거부한다.

비록 브래들리는 자신의 글에서 동양 텍스트를 언급하지 않았지만 그의 방식과 결론은 일부 동양 사상가와 비슷함이 발견되었다. 브래들리의 엄격한 일원론과 그의 회의론은 어떤 의미에서 삼카라, 나가르주나, 그리고 주희를 연상시키며 현상과 실체 관계에 관한 수백년의 오래된 동양 사상의 하나로 비치고 있다. 사실 브래들리는 '즉각경험'을 "우주를 이해할 지성"으로 믿는 사상가들에게 하나의 안식처럼 이를 지지하였다. 그는 이를 "신성을 경험하는" 핵심 방안으로 제안하였다(*Appearance* 4-5). 엘리엇은 브래들리에 관한 연구에서 "철학은 가장 최고의 엄격성과 학문으로 자세하게 수행되어야 하나 궁극적으로는 오로지 종교적 믿음에 기여할 수 있는 전통 기독교 사상으로 [수렴되는] 결론을 내린다" (*Knowledge & Experience* 163).

이로써 엘리엇은 '즉각경험'을 중시하게 되었다. 하지만 여기에도 형이상학적 접근과 심리학적 접근 사이의 접점에 동양사상의 알레고리가 있었다. '즉각경험'은 우리가 더 높은 현실을 추구하기 위한 형이상학적인 방법일 뿐만 아니라, 우리가 자신과 현실의 융합에 필요한 느끼는 감성을 찾는 심리학적 방법으로 이해되고 있다. 사실 느끼는 경험을 즉각 구별할 가능한 방법은 없다. 느끼는 경험은 순간적으로 발생하기 때문이다. 그래서 브라만이나 힌두 신에 관한 심리적 경험은 일차적으로 엘리엇에게 긍정적인 정보를 제공한다. 하지만 브라만이 유일신이 될 수 있는 가능성이 희박하다는 점 때문에 이를 수용하지 않는다. 오히려 인도식 브라만 개념은 헤브라이즘적 유일신 사상과 비교해 볼 때 불신과 경계의 대상이다.

그래서 언뜻 보면 브래들리의 '유일 절대'는 삼카라의 브라만의 개념과 유사한 듯 보인다. 그러나 경험차원에 볼 때 전자는 인격적인 특성보다 독립성과 중립성을 향하고 있다. 이 '유일 절대'는 브래들리 사상의 최종 의미를 가리키는 개념이지만 이 또한 기독교 유일신 사상을 직접 언급하는 차원에서는 사용하지 않고 있다. 따라서 엘리엇은 변증적인 필요에 의해 만들어진 신성을 개념화한 언어로서가 아니라 일신론적으로 존재하는 절대 철학이 필요함을 인정했다. 브라만의 힌두 개념을 향한 그리고 브래들리의 '절대' 개념을 향한 엘리엇의 다른 접근은 후에 라이프니쯔의 단자론을 중심으로 브래들리를 비판했다. 확실히 엘리엇은 유럽중심의 기독교 사상의 부활을 추구한다.

컨즈가 제안하듯이 브래들리는 자연의 이치에 관한 용어에서 삼카라와는 그 깊이가 다르다. 삼카라의 철학적 표현들은 예를 들어 '브라만' 그리고 '마야'(마술 또는 환상 또는 세상의 악)를 다루는 글에서 유신론적 언어의 뜻을 잃지 않았다. 삼카라에 따르면 신은 마야 그 자체의 힘에 의한 브라만 그 자체라고 한다. 하지만 기독교적 신에 비추어 엘리엇은 『기타』에서 크리슈나와 아르쥬나의 대화에서 암시하고 있듯이 신과 인간 사이에 일어나는 신성한 담론을 찾아낸 삼카라 유형의 힌두 신 개념에 만족하지 못하였다. 반대로 브래들리 또한 종교적 전통과 관련되어 보이는 '중립'의 의미를 기독교적 유일신의 용어로 수렴시키지 못하였다.

엘리엇은 철학적으로나 문학적으로나 종교적으로나 브래들리 유형의 신의 개념을 "종교의 신이 아닌 것"으로서 받아들일 수 없었다. 그에게 신은 하나의 개념이고 그것은 의미가 있어야 하고, 하나의 절대적인 존재이어야 한다. 다시 말해 엘리엇에 따르면 브래들리는 심지어 신으로서 "절대 존재"를 정의하는 개념에서조차 무신론주의를 제안한다. 브래들리의 철학은 힌두의 유신론적 철학에 상반되는 무신론 성격이 짙다. 브래들리의 '유일 절대'는 결코 엘리엇이 이해하고 있는 기독교의 '신'이 아니다. 그렇다고 브래들리의 그 '유일 절대'가 힌두의 신 '브라만'도 아니다.

엘리엇은 종교철학적 원리를 입증하기 위한 믿음은 유럽의 전통과 유럽중심의 기독교사상에서 비롯되어야 한다고 믿고 있다. 브래들리의 '절대'는 그러므로 철학적으로 확증된 원리에 해당될 뿐 그러한 믿음의 신은 아니다. 이러한 원리는 믿음을 아마 제거하게 될 것이고 그 믿음을 시행하는 신성함까지 훼손하게 될 것으로 엘리엇은 결론을 내린다. 엘리엇은 필요에 따라 브래들리의 '절대' 개념을 기독교 사상의 유일신 개념으로 받아들이기는 하였지만 유럽중심의 온전한 형태로는 아니었다.

브래들리와 삼카라에서 동양사상과 서양사상의 접목과 분리를 경험한 엘리엇은 동양사상에 대한 불신과 경계심을 동양사상의 신비주의에서 찾았다. 동양사상은 유일신도 현실체험도 공동체의식도 부족한 사변철학에 해당되었다. 이러한 동양사상의 알레고리는 불교의 나가르주나에서도 마찬가지였다. 엘리엇은 브래들리와 나가르주나의 철학에서 동양사상과의 교차점을 간파하였다. 브래들리의 철학 방법론은 나가르주나의 절대적 허무주의를 지향하는 노력으로 보이기까지 한다. 엘리엇에 따르면 나가르주나와 전통에 대한 문제는 브래들리가 지향하는 서구 이상주의 체계와 매우 흡사하다. 브래들리와 비슷하게 나가르주나는 정신에 관한 한 자아, 공간, 그리고 시간 개념에서 현실에 대한 부정적 요소를 확장시키고 있다(Kearns 108).

브래들리는 나가르주나의 부정 철학을 스스로에게 반영하였다. "모든 부정은... 절대적이 아니며 현실 내에서 차별에 의해 만들어지는 주체로부터 상대적이다"(*Essays on Truth and Reality* 40). 부정은 차이와 상대성으로 현실 시각을 설명하는 방식이다. 비슷하게 엘리엇은 현실 관점을 중시한다. 엘리엇은 에세이 「단테」("Dante")에서 이렇게 주장한다. "각각의 것은 단지 제한된 논제의 범위 안에서 사실이다. 그러나 네가 그 논제의 범위를 제한하지 않는다면, 너는 절대로 논제를 가질 수 없다"(*Selected Essays* 230). 엘리엇의 담론은 브래들리와 나가르주나의 부정 방식과는 다소 다르게 느껴진다. 한 쌍의 담론은 아마도 둘 다 거짓이거나 모든 상반된 논제의 쌍들은 진실을 만들지 못하는 것이 아니라 한 쌍의 담론 내에서 각각은 그 나름의 담론을 제공한다고 보는 것이 엘리엇 관점이다.

이로보아 엘리엇은 브래들리의 유한중심 개념을 개인의 즉각 경험의 하나로 이해한다. 하지만 브래들리의 즉각 경험이란 순간의 경험이 부정되어 무(無)까지 이를 정도의 제로지점을 향해 있다. 순간 경험은 현실로부터 없어지거나 사라질 수 있다는 뜻이다. 그러나 그 무(無)는 역설적으로 서로를 배제하고 있는 두 요소를 간단히 함께 통합할 수 있는 이상형태, 그 무엇이어야 한다. 그 무엇은 브래들리의 '유일 절대'의 경험이다. 엘리엇은 브래들리에 관한 연구에서 부정을 통한 변증과정을 중요하게 다루고 있음에도 불구하고 유희나 쾌락보다는 순간 체험 모두를 진지하게 받아들인다. 하지만 브래들리의 순간 체험이란 개개인의 마음은 모순까지 소화할 자체 능력을 가지고 있다고 보기 때문에 부정의 변증과정은 쾌락이 배제된 곳에서 쾌락을 경험하는 자기모순을 낳는다(*Essays on*

Truth and Reality 230).

이러한 자기모순적인 깨달음에 의해 엘리엇은 이상주의와 현실주의, 그리고 허무주의와 신 사이에서 앵글리칸 중용을 끌어들인다. 윌슨 나이트(Wilson Knight)의 『불의 수레』(*Wheel of Fire*) 서론에서 엘리엇은 실체는 단지 존재하고 현상을 통해서만 그 존재함을 드러낸다고 보고 있다(Kearns 110). 회의주의 방식으로 현실과 담론을 꿰뚫어보게 되자 엘리엇은 비로소 브래들리와 나가르주나로부터 서양과 동양의 정신을 분별한다. 그러나 엘리엇의 허무주의 유형이 두 사람의 어떤 정신에 의해 실행되고 있는지 그 구체적 예를 보여주기는 쉽지 않다. 그럼에도 불구하고 서양인 브래들리와 동양인 나가르주나에게서 유사한 허무주의가 발견된다. 그 대신 엘리엇은 양자 중 택일의 방법으로 직접적인 것을 제시한다.

"내가 가정하건대 두 관점은 서로가 다른 절반의 객관성을 만들어 나름대로의 인식 범위를 가진다. 엄격히 말해 다른 특색을 가지는 관점은 더 이상 같은 것이 아니라 제3의 감성의 중심부이다. 그러나 그것은 감성 중심과는 다른 어떤 것이다. 더 확실히 하자면, 의미에 중점을 둔, 그리고 그 [의미 대상을 향한] 즉각 경험이다"(*Knowledge & Experience* 230).

엘리엇은 '뭔가 다른 것'은 열반, 즉 신비로움이고, 자신의 깨달음의 상태는 즉시 제거되고 그 순간 현실을 초월하게 된다는 것을 배웠다. 엘리엇은 아마 무신론적 열반을 브래들리의 '절대'나 '즉각경험' 철학에서 찾았는지 모른다. 하지만 그에게 중요한 개념은 구체적인 유형인, 즉 신에 대한 즉각 경험이다. 불교적 신비의 중도 과정은 이상적이기는 하지만 무신론적이다. 이 역시 미완성이라는 동양사상의 알레고리에 해당된다.

결론적으로 이 두 종교사상적 실천과 이론, 또는 형이상학과 휴머니즘, 가공의 유신론적 중국사상(주희)과 일신론적 기독교 믿음은 모두 직접적으로 엘리엇에게 필요하였다. 하지만 요가나 초기 불교사상에서 발견된 진실은 한계가 있었고 진실 전체를 향한 목표는 아닌 듯싶었다. 역설적이게도 엘리엇은 현실적이며 회의주의적인 관점을 지양하고 어떤 완전함을 찾았다. 그것은 유럽중심의 일신론적 기독교 신앙이었다. 기독교 신앙의 전체적 진실은 지식과 경험이 궁극적 목표가 되는 방향에서 찾아졌다. 그러므로 동양사상은 현실도 아니고 비현실도 아니고, 주관적 진술도 객관적인 이치도 아니다(Kearns 129). 단지 다른 지역문화와 사상, 다른 종족의 혈통에서 나온 이질적인 불순물이다. 이 결과, 엘리엇의 브래들리에 관한 지식과 경험에 관한 논문은 동양사상의 알레고리를 달리 재현시키는 결과를 초래하였고, 그를 영국국교회 신앙으로 최종 이끌었다.

수많은 인도와 중국사상이 포섭하고 있는 유신론적 또는 무신론적 철학은 엘리엇에게 동시대 아시아문화를 이해하기 위한 노력이었다. 또한 개개 사상은 보편적 관점을 보이고 보편적 경험을 유도하지만 태생적인 지역한계를 극복하기 어려운, 종족 나름의 생물학적인 진화의 한계를 내포하고 있었다. 엘리엇은 "자신은 문학적으로 사실이라 가정하는 모든 진술을 삼가한다"고 결론지었다(*Knowledge & Experience* 164). 그는 "사실은 없으며 항상 근사치를 발견하고" 이를 에피소드(스토리)형식으로 재현한다. 스토리의 진실은 계산된 진실이라기보다 유럽인의 경험 자체에서 진실을 드러낸다. 결국 엘리엇은 주어진 환경과 현실 삶 자체에서 진실은 나타나게 되어 있다고 생각한다. 동양과 서양사상의 비교연구의 한계도 이러한 지역적이고 종족적인 경험을 중시한 엘리엇에서 찾아야 하는 이유도 여기에 있다.

제6장 낭만주의와 고전주의 논쟁: 예이츠와 엘리엇의 종교수사학

1965년 이후 소위 엘리엇 시대이후 포스트모더니즘이 성장하면서 낭만주의에 대한 관심이 커졌다. 이러한 시대적인 변화에 따라 90년대 이후 일련의 국내외 학술세미나 등에서 엘리엇보다 예이츠에 대한 연구와 관심이 적지 않다. 이런 성향을 반영하듯이 고전주의 경향이 강한 엘리엇 시를 낭만주의 시각으로 새롭게 바라보는 관심도 적지 않다. 안영수 교수는 "엘리엇이 낭만시인들을 영시 전통 주류에서 철저히 배제"하였지만 그 자신 낭만주의 전통을 벗어나기 어려웠다고 지적한다. 안영수 교수는 이 시대 영미 "현대시를 낭만주의를 중심으로 재평가하여야 한다는 자각"이 일어나고 있다고 덧붙인다(113). 이러한 자각의 배경에는 엘리엇의 시를 고전주의나 낭만주의 중 어느 특정한 범주로 규정하기 어렵다는 데에 있다.

엘리엇에게 낭만주의 특성이 있다면 그의 문학기법에 있을 것이다. 물론 문학기법이 정신현상과 별개일 수는 없다. 모던문학은 '신화적 방법'을 사용하는 공통점이 있다. 이때 '신화적인 방법'이란 인류의 신화를 현대문학이 목적에 따라 변형시키고 현대적인 의미로 재구성하는 기법을 말한다. 예를 들어, 모던문학 기법의 하나는 인간의 존재 혹은 인간의 삶이 무력감, 상실감, 소외감, 혹은 무정부적으로 느껴지는 세상에 신화는 "통제하고 질서를 부여하며 형태와 의미를 주는 방법"이라고 한다 (Skaff 112, SP 177).

엘리엇 역시 이러한 신화적인 방법을 그의 문학세계에 적극적으로 활용하고 있다. 엘리엇은 자신의 에세이 「율리시즈, 질서, 그리고 신화」("Ulysses, Order, and Myth", 1923)에서 조이스(James Joyce) 소설이 신화를 문학구성의 한 방법으로 사용하고 있고, 예이츠(W.B. Yeats)가 이를 "의식적"으로 자유롭게 활용한 "첫 번째 동시대인"이라고 평가한다(SP 178). 이점에서 모던문학의 특징은 신화를 중요한 모티브로 활용하고 있고 엘리엇 역시 그의 문학이 동서양의 고금의 신화나 전설, 성경의 에피소드를 인용하는 부분에 있어서 예외는 아니다.

신화를 주요 소재나 주제로 하던 모던문학의 특징에서 볼 때 '의식적'으로 자유롭게 신화를 활용한다는 예이츠에 대한 엘리엇의 평가는 타당성이 있다. 예이츠에 대한 엘리엇의 평가는 엘리엇 자신이 고전주의적이면서도 벗어날 수 없는 신비주의와 낭만주의 성향 때문에 본질적으로 정당하다고 보기 어려운 측면도 있다. 하지만 시대에 따라 사람들의 관심도 변한다고 보면 두 시인에 대한 평가도 달라지기 마련이다. 따라서 예이츠에 대한 엘리엇의 평가는 두 사람의 스타일을 비교해 볼 때 그 나름의 의미는 있다.

이들의 공통점은 스카프가 지적한 데로 "감성과 이성을 통합할 수 있는 정신경험의 형태"를 발견하고 "원시적이고 고대의 사건이나 신화를 현대에 살아있도록 허용하는 몇 가지 집단적이고 역사적인 무의식"에 있다. 스카프는 엘리엇은 조이스나 예이츠와는 다른 "제3의 시각"을 가지고 있다고 평가한다 (153). 다만 신화를 활용하는 기법에서 예이츠와는 달리 엘리엇의 시는 대체적으로 산문에 가까운 시의 스타일이 지배한다. 엘리엇은 산문에 가까운 시를 통해서 상대적으로 짧고 간결한 예이츠의 서정시를 능가한다고 생각하는지 모른다. 그러나 엘리엇은 도저히 예이츠처럼 간결하면서도 상상력이 풍부한 시를 쓰지는 못할 것이다.

이처럼 예이츠와 엘리엇의 시의 형식과 스타일은 신비주의나 낭만주의 관점에서 볼 때도 서로 대립되어 보이는 것이 사실이다. 그러나 엘리엇이 보여준 차이자체는 삶과 예술에 대한 관점의 차이라 보여진다. 따라서 예이츠에 대한 엘리엇의 평가 자체를 우리가 그릇된 편견으로 고려하기보다 엘리엇의 편견을 세상에 대한 다른 관점으로 이해할 필요가 있다. 이들이 보여준 관점의 차이는 사실 세상에 대한 대응이 매우 다르다는 느낌을 준다. 이점에서 이들은 종교주제에서도 서로가 다른 스타일과 관점을 직접적이고 적극적으로 보여준다.

예이츠는 「동방박사」("The Magi") 시를 1914년 시집 『책임』(*Responsibilities*)에서 발표한다. 대체로 중기시집에 실린 「동방박사」는 짧은 시지만 예이츠의 시적 성숙과 종교에 대한 시각을 읽게 해준다. 상대적으로 엘리엇은 「동방박사 여정」("Journey of the Magi")을 1927년 발표하였다. 두 시가 동방박사를 공통의 주제로 다루고 있어 두 시인간에 무엇인가 상호교감이 있어 보이지만 직접적으로 관련은 없다. 다만 예이츠가 이 시를 쓴지 15년 후 엘리엇이 같은 주제를 다루었다는 사실이 흥미를 준다.

두 시인사이에 보다 직접적인 관계가 있다면 엘리엇으로부터 찾아질 수 있다. 엘리엇은 시에서는 고전주의요, 종교는 영국국교회(1927년 개종), 정치는 왕당파로 알려져 있다. 따라서 예이츠의 신교와 낭만주의 정신은 엘리엇의 비판이 되기도 하였다. 한때 엘리엇은 예이츠를 '마법에 의해' 천국을 갈 수 있는 사람으로까지 평가하였다(UPUC 140). 그만큼 예이츠의 시가 '자기도취적'(self-induced trance)이고 환상적이라고 비판한다.

엘리엇은 "누구도 예이츠의 자서전과 그의 시가를 대마초나 아산화질소로부터 얻게 되는 숭고함과 같은 무엇인가를 갖고자 노력하는 감정이 없다면 읽을 수 없다.... [예이츠]는 자기도취 황홀에 너무 많이 열중해 있어 계산된 상징주의, 무당들, 신지학, 수정 점술, 민간전승, 요귀들, 황금사과들, 궁수자리, 흙돼지들, 그리고 개인 소품들이 넘친다. 종종 운문은 최면 마술을 보이지만 마법으로 천국을 갈 수 없다"(UPUC 140)고 혹평한다.

모더니즘 계열의 시인이며 신비평의 기수인 엘리엇이 당시에 예이츠의 낭만주의나 신비주의를 이렇게 직접 비판한 자세는 자연스러운 것인지 모른다. 그러나 여기에는 엘리엇의 종교적 이데올로기나 편견이 크게 자리하고 있는 것도 사실이다. 이러한 예는 엘리엇이 예이츠의 시적 몰입상태를 '신지학' 혹은 '접신학'(theosophy)이라는 종교적 용어를 사용하고 있는 데서 엿볼 수 있다. 랜덤하우스 사전은 신지학을 신성 혹은 특별한 신의 계시를 주장하는 철학적, 종교적 사상 유형이라고 정의하고 있다. 국어사전은 접신(接神)을 "신이 사람의 몸에 내리어 신통한 능력이 생기는 일"(동아출판사 1989)이라고 정의한다.

예이츠 문학에 대한 이러한 엘리엇 비평은 예이츠 문학이 전통 종교로부터 벗어나 있다는 다소 부정적인 시각에 있다. 엘리엇에 따르면 예이츠의 시적 체험은 종교적인 측면에서 볼 때 매우 사적이며 '마취'(hashish) 상태에서 나타날 수 있는 환상이나 신비이상이 아니다. 이처럼 두 시인의 관계는 예이츠의 시 세계에 나타난 종교적인 체험에 대한 엘리엇의 편견에서 찾아진다.

무엇보다 이들의 문학적인 상상력과 종교적 상징은 표현에 있어 차이가 크다. 엘리엇의 시가 상상력을 우위로 두기보다 이성이나 지성에 무게를 두고 있다면, 예이츠의 시는 우아하고 상상력이 뛰어나면서도 시적 감성이 훨씬 감동적으로 느껴질 만큼 진지한 휴먼 드라마에 가깝다. 특히 종교적인 시, 혹은 종교를 주제로 하는 「동방박사」의 경우 이 두 시인은 매우 다른 시적인 스타일에도 불구하고 같은 주제처럼 보이지만 상반된 접근을 보이고 있다.

엘리엇의 「동방박사」는 형식이나 전개가 매우 느슨하게 구성되어 있어 예이츠처럼 어법이나 운율이 정형화되어 있지 않다. 사실 엘리엇의 시는 산문에 가깝다. 동방박사라는 종교적 신화를 소재로 하는 이 시에서조차 이러한 산문형식은 두드러지게 나타난다. 그러나 신화는 직관과 통찰에 의해 비로소 의미파악이 가능하기 때문에 "그를 낭만적이거나 고전적이라고 명칭하기 어렵다"고 지적한다(Skaff 153).

사실 이러한 시각은 엘리엇의 시가 산문에 가까운 점을 간과하는 측면이 있다. 산문은 이성과 논리에 치중한 인과성에 의존하고 있기 때문에 감성을 중시하는 예이츠 유형의 시와는 다르다. 엘리엇의 산문에 가까운 시는 신화 자체를 감성과 분리("dissociation of sensibility")시키지 못하는 예이츠 시에 대한 엘리엇 비판 자체이다. 예이츠에 대한 엘리엇의 이런 평가가 정당한 것인지는 시대가 변함에 따라 다르게 나타나고 있다. 이러한 시대의 변화는 90년대 후반이후 엘리엇보다 예이츠의 낭만주의에 대한 관심이 증가하고 있는 이유를 설명하고 있다.

그래서 본 글은 예이츠나 엘리엇에 관한 시대의 비평이론이나 담론 중심을 벗어나고자 한다. 물론 개인의 창의성을 강조하고 독창성을 숭배하는 현대문화의 특성을 배제하고 엘리엇의 낭만주의 경향을 새롭게 논의하려는 자세나 예이츠를 새로운 관심으로 보려는 자세 모두를 무시하려는 것은 아니다. 필자는 동일한 주제의 시를 다루고 있음에도 이들 문학의 다양한 관점과 스타일의 다양성을 중시하고자 한다.

이처럼 엘리엇과 예이츠의 문학적 관점과 스타일의 차이는 현대문화를 이해하는 다양한 시각을 우리에게 제공하고 우리의 삶을 더욱 풍요롭게 이해하는 좋은 차이를 제공한다. 특히 이 두 시인은 현대문화 속에 차지하고 있는 종교적인 시각을 다양하게 살펴 볼 기회를 준다. 이 두 시인이 보여주는 종교주제는 두 시인의 문학적인 상상력과 상징성을 다르게 표현하는 종교수사학의 논의로 이어진다.

콜럼(Mary Colum)은 두 시인의 글 스타일의 차이를 미국인과 영국인의 의식 차이로 규정한다. 콜럼에 따르면, "미국인의 위대한 꿈의 하나는 도시 의복을 입고 도시 매너를 보이고 도시의 습관을 갖는 도시인이 되는 것"이고 "영국인의 위대한 꿈의 하나는 말과 개와 총을 가지고 시골의 집을 소유한 시골의 신사가 되는 것"이다(657). 대표적으로 엘리엇의 캐릭터인 '스위니'(Sweeney), '프루프록'(Prufrock), '버뱅크'(Burbank), '햄릿'(Hamlet) 등은 모두가 미국사회에 비추어 신경증 환자로 묘사되고 있고 미국적 속물근성과 도시의 세련됨을 추구한다. 무엇보다 엘리엇이 "영국과 영국의 전통을 사랑함에도 불구하고 그의 글은 비영국적"이라는 콜럼의 지적이다 (657). 사실 예이츠 같은 영국풍의 시인에게서 쉽게 발견되는 전통형식은 엘리엇에게서는 찾기 어렵다.

「동방박사」의 경우 예이츠의 시는 8행으로 매우 짧고 간결한 반면에 엘리엇의 시는 3연으로 43행이나 이어져 있다. 이처럼 예이츠의 시는 압운과 운율을 엄격하게 적용하면서도 깊고 심오하며 독자에게 많은 상상을 불러일으킨다. 하지만 엘리엇 시는 전통적인 시의 운율 형식보다 내러티브 형식을 통해 고전문구에 대한 인용과 암시를 빈번하게 사용하여 이러한 인용과 암시가 주는 이미지로 의미가 전달되도록 하고 있다. 즉 엘리엇의 시는 다양한 이미지를 모자이크 형식으로 구성한 산문에 가깝다.

엄격한 의미에서 이러한 두 사람의 스타일 차이는 영국 전통과 미국

전통의 차이라고 여겨지는 부분이 있다. 콜럼은 엘리엇이 미국적인 분위기를 많이 풍기고 있다고 보고 있고, 이 점 때문에 그의 시에 대한 냉소를 숨기지 않고 있다. 미국적인 분위기가 나쁘다는 시각은 아니겠지만, 시의 리듬의 경우 다양한 힘을 느낄 수 있지만 표현되는 감정은 대부분의 미국인처럼 절제되어 저음으로 짧고 신경적인 징후를 보이고 있다는 지적이다(657). 엘리엇의 초기시가 대체적으로 감정이 풍부하고 개성적인 스타일이 분명하게 드러나 보이고 가장 낭만적이라고 생각되고 있음에도 불구하고, 전체적으로 볼 때 엘리엇의 캐릭터들은 인간이 보여주는 극적인 승화된 감정이나 이에 대한 수사는 없어 보인다. 콜롬이 보는 미국인들의 신경증후란 예이츠가 환희에 차서 도전하는 곳에 엘리엇은 단지 걱정과 망설임, 그리고 사소한 걱정거리들이 시속으로 유입되고 있기 때문이다.

엘리엇의 내러티브 역시 일반적인 산문에서 볼 수 있는 사건배열과는 다르게 매우 심리적이며 언어적이다. 그의 내러티브 형식은 가능한 시인 내부의 빈 공간 속에서 형성되는 사건이 일정한 플롯에 따라 전개된다고 생각하면 된다. 따라서 사건은 우리가 체험하는 일상적인 사건이 아니다. 경우에 따라서는 시인의 의식이 시간과 공간을 뛰어넘어 역사의 어느 곳에서나 편재해 있다. 달리 말하면 동방박사의 신화가 예수탄생이라는 역사적인 시간개념을 넘어 시인의 의식 안에서 자유롭게 존재한다. 성서의 신화가 최초로 보여주는 모습은 아니다. 목적에 따라 다소 변형된 모습으로 나타나는 은유적인 존재이다. 이 존재가 현대라는 시간적인 문맥에서 죽음과 탄생의 주제로 반복된다.

엘리엇의 시에서 시간적인 문맥이란 인간이 매우 무력하게 존재하고 세상에 대한 환멸과 혐오로 가득 찬 모든 환경과 장소를 가리킨다. 물론 이때 시간과 공간에 대한 문맥은 엘리엇이 가진 세계관과 인생관을 대변한다. 이러한 다양한 문맥은 수사학적으로 환유에 속한다. 그러나 이러한 수사학은 언어로 통제되고 있고 의식적인 면에서 매우 심리적이다. 예이츠가 개개인의 심리 깊은 곳에 집착해 있다면 엘리엇은 의식의 흐름에 따른 사건을 언어로 이어간다. 예를 들면, 그의 시 캐릭터인 동방박사는 역사상 많은 장소와 시간을 넘나들면서도 그가 만난 인물들이 모두가 비극적이고 정신적으로 황폐해 있다. 이러한 일관성은 최초의 신화적인 사건을 인간의 비극이라는 주제에 어울리도록 비슷한 이지미지를 가진 여러 인물들을 반복시키고 재현시키는 데에서 찾아진다.

엘리엇이 구성한 이야기에 나오는 주인공은 시인 자신일 수 있고, 그가 창조한 인물일 수 있다. 그러나 매우 혼란스러워 보인다. 또한 어떤 정해진 공간이나 시간에 인물이 나타나기보다 목적이 부합하는 곳에 언제든지 등장한다. 주인공은 대체적으로 고전 속의 인물이고, 그가 살고 있는 환경은 유사하게 반복되어 있다. 스위니의 환경이나 프루프록의 환경이나 햄릿의 환경이나 동방박사의 환경이나 모두 유사하다. 단지 이들 각각에 대한 이야기가 다를 뿐이다. 모두 절망에 빠지고 무력한 인물로 등장하고 이들이 사는 곳은 한결같이 황무지이다. 이로보아 엘리엇의 시의 스타일은 이러한 비슷한 인물들을 비슷한 환경 속에서 반복시키는 패턴을 유지하고 있다. 이것은 언어의 수사학적인 패턴의 발견을 용이하게 한다. 즉, 엘리엇의 심리전개는 언어가 가진 힘에 주로 의지한다.

이런 점에서 예이츠의 주관적 심리와는 다르다. 예이츠의 심리세계가 언어적인 측면보다 주관적인 체험을 강조한다면, 엘리엇의 심리세계는 객관화되어 있는 빈 공간이다. 내러티브는 이 빈 공간을 흐르고 있다. 그러면서 공간 밖에 있다. 공허함은 엘리엇의 시의 세계이며 그의 스타일에서 단적으로 발견되고 있다. 사실 엘리엇은 시에서 자신의 자아나 세계가 존재의 공허함이나 삶의 허무 형태로 비쳐지는 인물이다. 엘리엇의 내러티브 스타일은 어느 경우이든 이처럼 그의 전용된 말처럼 다양한 은유들이 "객관적 상관물"처럼 다양한 스토리에 의해 전개되고 있다. 시에서 표현되는 다양한 인물들의 이미지는 모두 시인 자신의 이미지를 객관화시킨 언어적 형태로 존재하고 있다는 뜻이다.

예이츠 시의 스타일은 다양한 이미지들을 분산시키기보다 상상력에 의해 이들을 통합시키는 순간 체험되는 내면적 환희에서 발견된다. 엘리엇이 전개시키는 이미지는 "감수성의 분리"라는 그의 전용된 말에서 알 수 있는 것처럼 따로 따로 분리되어 있거나 외면적으로 전혀 통일성이 없어 보이는 측면에서 예이츠와는 다르다. 시에서 엘리엇의 수사학 패턴과는 달리 예이츠의 경우 시 안과 밖에 시인이 따로 존재하지 않는다. 이미지 자체가 시인의 전체와 삶을 함께 포용한다. 예를 들어, 「학동들 사이에서」("Among School Children") 시에서처럼 댄서와 댄스와 구분을 찾아 볼 수 없다. 댄스 자체가 댄서이고 댄서가 댄스 자체인 시적인 체험은 암시적이기 보다 구체적이고, 부분적이라기보다 통합적이고, 시 밖이나 시인 밖에 아무 것도 없다. 시인이 모든 세계의 중심에 서 있고, 공허하기보다 존재로 가득 차있다. 자아가 모든 세계의 중심이고, 세계와 자아와의 신비적인 통합이 새로운 시적 체험을 낳는다.

이처럼 예이츠의 시 세계는 낭만적 신비주의 경향을 띄는 일체의 수사학을 보여준다. 시인 자신을 대용하는 다른 인물의 은유는 없다. 자신은 동방박사이고 동방박사와 융합되며 자신 안에서 시공을 초월한 체 살아있는 인물이다. 그것은 일체의 순간이고 역사와 신화와 동화되는 순간이며 영원을 지향한다. 그의 종교적 구원은 이러한 글짓 자체의 행위에 해당된다. 이 행위는 다양한 인물들의 유사한 반복에서 나타나기보다 순간에 이루어진 기쁨과 환희의 절정이다. 따라서 그 체험은 예이츠의 특유의 수사학으로 역사적인 예수탄생과 동방박사의 신화가 다른 사건의 문맥에서 반복적으로 재현되기보다 존재론적이다.

그러므로 예이츠의 수사학 패턴은 시인 자신이 은유에 해당되며 그의 체험이 환유이다. 체험은 항상 다르다. 그러나 체험의 본질은 같다. 다만 시인 자신이 동방박사의 은유에 해당되고 자신의 체험이 환유로 인식될 뿐이다. 이는 자신과 체험 자체가 차별을 둘 수 없는 정도에서 은유도 환유도 경계가 허물어진다. 이점에서 종교 역사와 신화의 경계가 허물어지고 동시에 시간과 공간이 허물어진다. 또한 자아와 삶의 세계에 대한 경계가 허물어진다. 이 모든 체험은 시인의 상상력을 떠나 존재하지 않는 숭고함에 있다.

앨브라잇(Daneil Albright)은 예이츠가 "상상력 자체보다 이미지에 관심이 크지 않다"(31)고 지적한다. 양자파동이론을 적용한 앨브라잇에 따르면 엘리엇이 은유들이나 이미지들을 "매듭으로 엮는 내러티브"를 사용(241)하고 있는 반면에, 예이츠는 "물속에 반사되는 인상"(32)과 같은 은유들을 사용하고 있고, 이러한 은유는 매우 환상적이라고 한다. 종교적인 상징으로는 예이츠가 소위 "계시적 수사학"(49)을 사용하고 있는 반면에 엘리엇은 그리스도의 이미지를 띤 분자들을 마치 파동에서 해방시키듯이 그리스도와 유사한 상징적인 은유들을 자기 구원의 과정 안으로 나열시킨다. 그에 따르면, 특히 예이츠에게는 "어둠 속에서 보다 강렬한 불빛"(31)을 일으키는 방출 파동과 같은 감각적인 이미지가 파도처럼 유연하게 그러나 모호하게 소용돌이친다.

「동방박사」 시에 있어서 중요한 종교적 수사학이란 시간과 죽음, 그리고 상징에서 비롯된다. 수사학의 기저는 기독교의 역사적이고 상징적인 사건인 예수의 탄생과 예수 탄생지로 가는 동방박사의 여행이다. 이러한 여행은 사건에 의해서든 심리현상이든 종교적인 의식이며 제의일 수 있다. 그리고 이 종교적인 의식과 제의행위에는 문학적인 표현이 필연적으로 따르게 된다. 크게는 현실 삶에 대한 불만족을 문학의 상상력으로 표현해내는 자체가 종교적인 의식이나 제의라 볼 수 있고, 작게는 이러한 제의행위자체가 구원을 함축한다고 말할 수 있다.

우리가 하는 이야기 짓기, 말하기, 듣기는 구원의 몸짓과 다르지 않는다. 이때 종교적인 의식이나 제의라는 틀 안으로 문학적인 상상을 어떻게 끌어들이나 하는 것은 그것을 표현해내는 글쓴이의 스타일이나 주제에 따라 매우 다르게 나타나기 마련이다. 무릇 글짓은 그 자체가 종교적일 수 있는 행위를 함축하고 있거나, 종교적인 행위를 글짓으로 나타낸다고 볼 때, 서울대 정진홍 교수의 지적처럼, "문학적 상상(글짓 문화)은 제의(구원론 또는 몸짓-말짓의 복합문화)를 충동하는 다양한 기제"(98) 일 수 있음을 보여준다. 예이츠와 엘리엇은 그들 시대를 넘어 오늘날의 현대문화를 상징적으로 보여주는 인물들로서 이들의 문학적 상상과 종교적인 상징은 구원이라는 종교적인 제의문화를 충동하는 다른 기제임을 알 수 있다.

알려진 대로 예이츠와 엘리엇의 종교수사학은 신화에 의존하는 바가 크다. 종교적인 사건이나 신화는 융(C.G. Jung)의 '집단무의식'(collective unconsciousness)에서처럼 이들의 시적 상상력의 근저를 이루고 있다. 예수 탄생은 서구에 커다란 종교적인 사건이지만 동방박사들의 성지로의 순례는 신화에 가깝다고 하겠다. 이들의 순례는 시공을 뛰어넘어 예이츠와 엘리엇의 성지 순례를 의미할 수 있다. 예수 탄생은 인류의 고난과 구원을 의미하며, 개인적으로 이들 시인에게 종교적인 상징으로 다가온다. 이로부터 시 자체는 이러한 종교적인 상징을 시적 상상력의 세계로 승화시킨다. 다만 이들은 이러한 예수탄생이라는 역사적인 사건과 동방박사들의 성지 순례라는 신화적인 사건을 종교적인 구원 형식으로 시의 세계에서 재현시키고 있다.

말하자면 시라는 글짓은 종교적인 구원을 충동하는 하나의 기제라 할 수 있다. 이때 두 시인의 글짓과 구원은 종교적인 제의문화를 상징적으로 보여주는 예라 여겨진다. 그리고 이러한 제의문화는 두 시인의 시적 스타일과 표현양식을 다르게 형성하는 다양성을 보여준다. 예이츠의 낭만적 신비주의와 엘리엇의 고전적 형식주의가 같은 종교적 사건과 신화를 접근하고 있음에도 다른 양상을 보여주는 이치와 같다. 예이츠의 경우 동방박사의 신화는 여기에서 개인의식 안 깊은 체험으로 다가올 수 있는 반면에, 엘리엇의 경우 이야기 속의 인물이 어떤 사건을 겪으면서 갖게 되는 플롯에서 강조된다. 이러한 형식의 차원에서 예이츠의 시가 인간의 깊은 내면을 탐구하고 있는 것에 비추어 동방박사의 신화를 접근한다고 보면, 엘리엇은 상대적으로 이 신화를 고전에 대한 암시를 통해 기독교 전통에 비추어 외면화시키거나 객관화시킨다.

이러한 종교에 대한 입장 차이는 예이츠보다 엘리엇이 훨씬 기독교 전통에 얽매어 있는 인상을 보인다. 그러나 동방박사 신화를 종교수사학 형식으로, 즉 시적 제의문화로 형상화하는 작업은 탄생과 죽음이라는 고전적인 주제를 고려해 볼 때 매우 상이하게 목격된다. 이럴 때 예이츠는 종교를 사적인 체험으로 승화하는 측면에서 비기독교적이라는 비난을 받을 수 있지만 비종교적이라는 의미는 맞지 않는다.

예이츠는 자신의 『자서전』(*Autobiography*)에서 "자신은 매우 종교적이다"(77)라고 말한다. 자신이 종교적이라고 말하는 것은 특별한 고백이 아니다. 예이츠의 국가적인 환경과 가정의 배경이 구교이든 신교이든 기독교이고 그 기독교로부터 성장을 했기 때문이다. 어린 시절부터 자연스럽게 종교를 접해왔을 것이다. 이환묵 교수는 이러한 예이츠의 환경이 매우 종교적이라는 것과 그가 49살 때까지 성경을 공부한 이력 때문에 시에서 성경을 자주 사용하고 있음에도 불구하고 그의 종교적인 관심이 어떻게 시에 사용되고 있는지에 대한 연구는 간과되었다고 지적한다 (109). 이 교수에 따르면 헤럴드 블룸(Harold Bloom)이나 리처드 엘먼 (Richard Ellmann)은 예이츠가 간접적이든 직접적이든 3,000번 이상 성경을 사용하였다고 지적하고 있다.

문제는 성경의 사용과 기독교 전통에 대한 예이츠의 태도가 무엇인가 하는 것이다. 현대에 들어 종교가 상당히 세속화되어 있는 점은 언급하지 않더라도 적어도 예이츠의 경우 성경을 정통 기독교의 의미에서 사용하지 않았다는 것은 분명한 듯싶다. 이런 자세는 성경을 해석하는 차원을 보면 매우 자의적이라는 것을 알 수 있다. 이러한 성경에 대한 자의적인 해석이나 비기독교적인 의미에서 성경을 차용하고 있기 때문에 그동안 예이츠의 종교성에 대한 연구가 다소 미흡하였을 수도 있다. 혹은 성경에 대한 인용이나 암시, 문맥을 중심으로 예이츠의 종교성에 대한 연구가 매우 제한적으로 이루어 질 수도 있다.

중요한 것은 예이츠가 성경을 자신의 시에서 이상적이고 예언적인 문맥에 주로 사용하고 있다는 부분이다. 이점은 그가 지속적인 성경의 사용을 통해 "신의 예술을 인간의 예술로 전환시키기 위해 철학적이고 정신적인 가능성을 탐구하였다"(*Autobiography* 110)는 입장이다. 이러한 정신적인 차원에서 예이츠는 성경의 사건, 이미지, 상징, 언어 등을 지속적으로 사용하고 있음이 틀림없는 것 같다.

「동방박사」 시는 이러한 성경의 사건, 이미지, 상징, 언어 등에서두 시인의 문학적 상상력과 종교적인 상징을 살펴보기에 매우 적절한 형식과 주제를 보여준다. 예이츠의 경우 동방박사 이미지는 화폭 속의 인물처럼 죽음이나 화석으로 그려져 있고, 엘리엇의 경우 예수가 태어난 베들레헴을 향해 여행을 떠나는 인물로 그려지면서 그들이 노정에서 겪게 되는 어려움과 고통을 묘사한다. 전자는 죽은 영혼을 자극하고 후자는 고통스러운 순례여정을 통해 종교적 구원을 상징적으로 그리고 있다. 종교수사학이란 동방박사가 시간이나 죽음의 문제를 종교적인 제의문화로 끌어들이는 방식에서 그 의미를 찾는다.

우선 동방박사에 대한 사건은 시 속에서 시간을 뛰어넘는다. 오히려 현재에서 과거로 이행해가고 과거에서 현재로 다시 거슬러 올라오는 현상이 생긴다. 동방박사에 대한 추적은 시인의 회상 속에서 이루어지기 때문이다. 성경 속의 사건으로 우리를 되돌아가게 만들고 현재의 시간으로 돌아오는 시간의 구조로 우리를 안내한다. 다시 말하면 흐르는 시간에 따라 과거로부터 현재를 확인하고 우리의 현 정체성을 동시에 확인한다. 이처럼 시간을 거슬러 최초의 사건을 현재에 되살리게 되면 최초의 사건에 비추어 현재에 사는 우리가 어떤 정체성의 위기를 맞고 있는지를 이해하게 된다. 예이츠나 엘리엇의 경우 모두 성경의 역사적인 사건이 역사적 시간을 초월하고 있기 때문에 환상적인 시간들로 느껴지면서도 역설적으로 항상 동시대적인 삶의 경험으로 인식된다. 엘리엇의 경우 캐릭터들의 유사한 삶들이 다양한 형태로 시간 속에 배열되는 차이가 있을 뿐이다. 그러나 이러한 배열들은 복합적으로 연계되어 있다. 그러면서도 이를 엮고 있는 스토리는 단일한 주제를 이루면서 이끌어진다.

아무튼 이 두 시인 모두에게 동시적인 체험이 환상 속에서 영원성을 지향하든, 사건의 배열에 의해 지속되든 이것은 시간의 간격을 뛰어넘는 신비적 시간을 가리키고 있다. 이에 대한 체험은 직관에 의해 비로소 현실적으로 느껴진다. 이러한 과정은 심리적 시간이라 볼 수도 있다. 심리적 시간이란 시인의 마음 내부에서 과거나 현재의 시간이 초월되고 용해되기 때문에 역사적 사건 자체는 불가피하게 파괴되거나 소멸된다. 이로 인해 동방박사를 우리는 우리 자신과 동일시하는 혼란을 겪게 되고 정체성에 대한 혼동을 경험한다. 결국 특별한 역사적인 시간이 현대인의 고통이나 환희로 전이되는 과정에서 시간 개념은 무력해지고, 과거 인물들의 고통과 환희를 표현해내는 이미지나 상징은 언어를 통해 살아 있는 실존으로 우리에게 다가온다.

문학은 과거 인물들의 이러한 실존 과정을 상상력에 의해 언어로 표출해내고, 동시에 종교적 구원을 향한 모티브를 발견한다. 예이츠가 동방박사를 화석의 이미지로 그리는 배경과 엘리엇이 동방박사를 고통과 절망에 쌓인 이미지로 그리는 배경에는 둘 모두 현실에서 존재론적 위기를 느끼고 있다는 의미이다. 두 시인은 한때 살았던 인간의 이미지들을 통해 동시에 지금 이곳의 자기 스스로에 대한 정체성을 되돌아본다. 스스로 갖는 질문은 우리가 어떻게 이러한 모습으로 살게 되었는가에 대한 회의이다. 이런 관점에서 보면 인간은 염세적이고 비관적이고 현재에 대한 회의로 고통을 받는 존재들이다. 그리고 이러한 존재에 대한 회의는 당연히 시간에의 공포를 수반한다. 그리고 이로부터 탈출하겠다는 욕망이 생긴다. 이때 과거의 사건이나 상징은 시간을 초월해 현실 속에서 의미를 다시 복원한다.

이래서 신화는 의식적으로 혹은 무의식적으로 반복되며 새로운 생명력을 갖게 된다. 따라서 현재를 탈출하고자 하는 욕망이 시간의 소멸을 자극하고 과거를 현재화하게 된다. 최초의 사건을 읽고 다시 쓰는 행위가 곧 최초의 신화를 새롭게 현재에 구체화시키는 몸짓이다. 이러한 몸짓을 의식화하는 형태가 종교적인 제의에 해당될 것이다. 그러므로 시인은 종교적 구원을 얻기 위한 욕망을 과거 사건에서 찾는다. 이 욕망체험을 형상화한 글짓은 문학적 상상력의 소산이다.

죽음의 경우 죽음은 삶의 소멸을 의미하지만, 죽음자체는 종교적인 차원에서 보면 미지의 세계, 즉 미래의 시간과 공간에 대한 현실이라

볼 수 있다. 또한 죽음에 대한 인식은 현실을 살아가는 인간의 자기 정체성에 대한 다른 표현이라 할 수 있다. 이점에서 죽음은 현실 속에서 자기 인식을 하는 의지의 표현이다. 「동방박사」에서 두 시인 모두에게 동방박사는 죽음의 이미지로 그려져 있다.

예이츠에게 동방박사는 이미 과거에 죽은 생명이 없는 신화 속의 주인공일 뿐이다. 당시에 예수탄생의 신비와 종교적인 의미를 체험하였을 그 모습은 시간이 지남에 따라 가혹한 세상에 의해 소멸되어 버렸다는 뜻일 것이다. 엘리엇에게 동방박사는 별을 따라 예수탄생지로 향하는 음산하고 긴장된 이야기 속에 나오는 주인공들이다. 동방박사는 탄생의 기쁨과 미지의 죽음을 동시에 느끼는 신비적인 인물로 묘사된다. 그런데 이러한 탄생과 죽음이 시인의 삶 내부 깊은 곳에서 작용하게 된다.

그러나 그 탄생과 죽음의 의미는 알 수 없다. 오히려 탄생과 죽음의 의미가 모호해진다. 그래서 시인은 현실적인 인식기능을 가지고 이 깊이를 측정하려 한다. 징표를 발견하여 그 의미를 알고 싶어 한다. 그리고 삶의 현실 속에서 그 죽음의 의미가 얼마나 차지하고 있는 것인지 느끼고 싶어 한다. 또한 죽음에 적응할 수 있는 한계를 느낀다. 마치 동방박사처럼 예수탄생과 죽음은 시인에게 탄생과 죽음의 문제를 제기한다. 물론 죽음의 한계를 밝히고 싶을 것이다. 육적인 것과 영적인 것에 대한 질의 자체가 무겁게 인간을 압도할 것이다. 인간은 때로 죽음을 비약시키거나 죽음으로부터 해방을 감행한다. 죽음에 대한 두려움이 그렇게 비약을 요청하거나 비약을 감행하도록 요구할 것이다.

죽음을 알려는 태도는 결국 사고의 비약을 낳는다. 그렇지 않으면 인간은 현실에서 오는 존재의 위기를 극복하기 어려울 뿐만 아니라 좌절과 절망에서 비탄하고 있을 것이다. 죽음을 만나고 죽음을 읽는 행위는 두려움과 공포를 당연히 수반하게 되고 현실은 설명하기 불가능하게 다가

온다. 우리는 일상 속에서 죽음을 만나는 것을 꺼린다. 하지만 시인은 동방박사와 같은 인물을 기꺼이 환영한다.

시에서 탄생만큼이나 죽음은 시인들의 즐겁고 가장 재미있는 놀이이다. 시는 동방박사처럼 두려우면서도 기꺼이 죽음의 의미를 찾는 놀이다. 시 속에서 새로운 미지의 세계가 그려지고 동시에 현실 삶 속에서 이를 누릴 것이라는 즐거움이 있다. 놀이 자체는 전율하는 즐거움을 안겨준다. 환상적이면서도 체험에서 오는 환희이다. 어쩌면 죽음에 대한 인간의 욕망의 다른 표현일 것이다. 이것이 죽음에 대한 인간의 본연적인 모습일 것이다. 때로는 죽음 놀이에 대한 회상은 세속세계로부터 강한 저항에 부닥칠 수 있다. 시속에서만 가능해진다. 죽음을 맞는 환희는 문학적 상상력 안에서만 가능해진다. 우리는 시간을 극복하지 못한다. 그래서 시인의 순수함을 승인하지 않으려 한다.

죽음놀이를 즐기지 못하는 시인은 죽음을 슬픔처럼 드러낸다. 진정한 자기 모습으로 돌아가려는 자아가 있는 반면에 여기에 도전하는 세속적 저항이 도사리고 있다. 예이츠의 죽음은 시간의 소멸을 의미하는 영원한 해방된 실체라면, 엘리엇의 죽음은 시간과 무시간의 교차로에서 시간의 소멸에 저항하는 긴장된 모습을 보여준다. 죽음의 신비와 죽음의 현실성을 시인들은 그렇게 다르게 묘사하고 있다.

따라서 종교적인 차원에서의 상징적인 죽음은 회피해야할 대상이 아니라, 혹은 수용해야 하고 극복해야 할 대상도 아니다. 오히려 죽음은 삶을 이루는 내부에 존재하고 있고 동시에 영원한 타자로서 사랑해야 할 대상인 셈이다. 예이츠가 이를 서정적인 구조에서 표현한 것이라면 엘리엇은 서사적 구조를 통해 이야기하고자 한다. 시가 담고 있는 체험과 일련의 스토리는 이러한 종교적 상징을 극적인 효과를 통해 드러내고 있는 것이라 말할 수 있다. 그리고 시간과 죽음을 회상하는 일은 구원의 현실적인 형태이기도 하다. 구원이란 새로운 비전과 미지의 세계에 이르려는 존재양태의 변화로 볼 수 있다. 이들의 시가 이러한 비전속의 존재양태를 목표로 한다면 우리는 동방박사들의 상징성을 구원의 의미로 수용하는 데 아무런 어려움을 느끼지는 않는다.

이처럼 시에서뿐만 아니라 삶을 표현하는 곳에서도 예이츠와 엘리엇은 상반되어 보인다. 이들의 「동방박사」가 삶과 시의 관계를 매우 상반되게 보여주는 시로 적절하다는 의미이다. 삶과 시 모두에서 예이츠와 엘리엇을 대비시키면 자아가 통합하는 곳에 분열이 있고, 간결한 표현이 있는 곳에 산문이 있고, 비약이 있는 곳에 겸양이 있고, 말과 의미사이의 일치가 있는 곳에 불일치가 있고, 생생한 체험이 있는 곳에 관성과 무력이 있고, 환희와 유희가 있는 곳에 고통과 진지함이 있고, 긍정적이고 적극적인 곳에 부정적이고 소심함이 있고, 직접적이고 통일된 구조가 있는 곳에 간접적이고 산만한 구조가 있고, 활기 있게 그대로의 가치를 수용하고 자기 승화를 찾는 곳에 지치고 풍자적이고 자기 비하가 있고, 완고하고 용감한 독자가 있는 곳에 승복하고 회의하는 독자가 있다.

이들의 삶과 예술은 통합된 구조와 분리된 구조라는 수사학의 패턴에 따라 종교적인 주제가 순수한 개인의 차원에서 숭고한 체험으로 다가오거나 신앙의 틀 안에서 한 경건한 인물로 다가온다. 예이츠의 시가 신비적이고 감성에 의한 삶을 통합하는 것이라면 엘리엇의 시는 합리적이고 이성에 의한 삶을 초연히 묘사하고 있다는 뜻이다. 물론 이 두 시인 모두가 직관과 상상력에 의존하고 있다. 모순되어 보이고 이분법적으로 보이는 두 시인에게서 종교적 신비주의가 있다면 이 신비주의는 이성과 상상력이 서로 상반되게 통합되어 있는 사유형태이다. 예이츠가 직관과 상상력에 의해 이성에 도전하고 궁극적인 삶의 가치관을 낭만적 시 세계에서 구현한다면, 엘리엇은 직관과 상상력에 의해 고전작품 사이에서 의미

찾기를 시도하고 시의 전반적인 형식이나 구조에 적극 관심을 갖는다.

예이츠에게 예수의 탄생은 '짐승 우리'(the bestial floor) 같은 세속 세상에 물리적, 정신적 위협이 되고 있음을 암시하고 있다. 이점은 엘리엇의 비관적 세상관과 유사하다. 예이츠는 세상이 신의 성육신을 의미하는 그리스도 정신을 상실하였다고 믿고 있다. 그에게 골고다의 수난 혹은 '갈보리의 수난'(the turbulence of Calvary)은 십자가에 못 박힌 예수의 수난이며 곧 그의 죽음을 의미한다. 이 수난은 신이 육체로 태어난 탄생의 고통이기도 한다. 바로 거기에 기독교의 정신이 있다. 그렇지만 예이츠가 본 기독교는 우리의 영혼과 신체를 하나로 결합할 수 없는, 즉 육신의 요인이 없는 오로지 신성만 강조하는 측면에서 독약이다. 해롭다는 부분은 인간의 감성이 인간의 완성을 성취할 수 있는 순기능을 한다는 사실을 기독교가 부정하거나 차라리 거부하고 있다는 생각 때문이다. 그리스도의 탄생은 이러한 인간성의 완성을 부정한다면 세속세계에 오히려 위협적이고 공포이다. 예이츠에게 그리스도의 역사적인 탄생은 세상에 대한 계시적 희망이고, 인간의 완성이 추구될 수 있는 새로운 비전이다.

동방박사 이미지는 가장 비천한 곳인 '짐승우리'에서 '걷잡을 수 없는 신비'(the uncontrollable mystery)를 목격한 이후 이들이 세상에 회귀한 이후에도 여전히 죽음과 같은 삶을 살아야 하는 모순 자체였다. 예이츠는 '딱딱하고 공허한 의복을 입고'(In their stiff, painted clothes) '창백하게 행복하지 못한'(pale unsatisfied) 얼굴로 '창공 깊은 곳에서 나타났다 사라지는'(Appear and disappear in the blue depth of the sky) 그들을 '항상 그랬듯이 지금 마음의 눈으로 볼 수 있다'(Now as at all times I can see in the mind's eye). 그들의 얼굴은 '풍상을 겪은 돌처럼 모든 고대인들의 얼굴을 하고'(With all their ancient faces like rain-beaten stones) '모두 은으로 된 투구를 쓰고 나란히 공중을 떠돈다'(all their helms of silver hovering side by side). 눈은 하나 같이 '정지된 체 고정'(still fixed)되어 있다.

여전히 동방박사들은 '갈보리 수난'이 주는 불행에 고통을 받으면서도 한번 더 짐승우리에서 일어났던 불가사의한 신비를 열망한다. 한번 더 이 세상이 바라는 그의 탄생은 어쩌면 '예수 주현'(the Epiphany)이다. 이는 동방의 세 박사의 베들레헴 내방이 상징하는 그리스도의 출현이다. 이는 곧 신비이다. 오로지 직관과 통찰에 의해서만 가능한 체험 그 자체이다. 세 동방박사가 체험한 신비는 합리적이고 객관적인 세상에서는 알 수 없는 신비이다. 그래서 그들은 세상에 의해 거부된 체 움직이지 않는 화석으로 예이츠에게 비친다.

예이츠에게 이들은 항상 그런 죽음의 이미지로 목격되었다. 신비적이고 환상적인 체험이 주는 구원에 대한 비전이 구체적이고 실제적인 현실에 의해 거부되거나 희생당한 세 동방박사는 시인자신인 셈이다. 시인 역시 딱딱하고 공허한 의복을 입고 죽어 있는 화석이 되어 있기 때문에 그 불가사의한 신비를 설명할 수 없다는 고백이다. 그 역시 예수 탄생이 주는 신비와 이해할 수 없는 갈보리에서의 예수 수난 사이에서 받았던 동방박사의 충격이 가시지 않는다. 예이츠는 불가사의한 예수의 삶과 죽음으로부터 영원히 만족스럽지 못한 자기 모습을 발견한다.

문학적 상상력은 동방박사의 당시 체험을 넘어 시간을 초월한다. 과거 종교적 사건과 신화가 현재의 사건과 신화로 변한다. 당시 예수 탄생이 주는 '걷잡을 수 없는 신비'가 세상에 의해 거부되고 부정되어 가혹한 죽음으로 만나는 사건은 그 참다운 의미를 이해하지 못한 현실로 세상에 남겨져 있다. 인간의 실존적 위기이다. 예수탄생과 죽음의 구조는 동방박사의 정체성뿐만 아니라 시인이 근원에의 회귀를 통해서 정체성을 회복하려는 동일한 축을 가지고 있다.

동방박사가 예수 탄생을 다시 바라는 마음은 근원에로 회귀하고자 하는 욕망의 표현이다. 이는 곧 시인의 욕망이다. 욕망은 예수탄생을 통해 체험한 종교적 구원에 대한 환희이다. 그리고 이 환희 속에서 스스로의 정체성을 회복한다. 그리고 이러한 정체성은 객관적이고 이성적인 산물이 아니다. 신성이 '짐승우리'에서 발가벗겨진 체 인간의 모습으로 태어나는 신비이다. 인간이 신을 만나는 정황과 유사하다. 말하자면 인간에게 신의 탄생은 종교적 구원이며 신과 인간이 결합하는 일체를 시사한다. 그리고 그 신의 죽음 또한 궁극적인 긍정을 찾고자 모순적이고 역설적인 정황에서 이루어지는 신비이다.

이러한 숭고한 체험은 비로소 인간의 원초적인 감각과 자연그대로의 본성에 의해 시간을 뛰어넘는다. 동방박사의 최초의 신비적인 체험은 항상 동일한 차원에서 예이츠에 의해 극적으로 찾아진다. 예이츠에게 인간의 완성은 이러한 예수의 정체성에 대한 새로운 비전과 그의 탄생과 죽음의 회귀 축에서 항상 이루어지고 있다. 신과 인간의 만남은 뜨겁고도 격정적이며 불가해한 신비이다.

동방의 세 박사가 본 그리스도의 수난이 구원을 위한 수난이라면 그들이 돌아 온 세상은 엄격한 정의만이 단단한 현실로 되어 있었다. 이러한 깨달음 때문에 예이츠는 인간의 정신을 찬양하고 자신의 주관적인 체험에 호소할 수 있는 예술에 대한 관심을 가지고 있었다. 이러한 예술의 혼을 통해 비전과 현실사이의 긴장을 해소하려고 노력하였다. 그에게 진정한 예술가는 동방박사의 화석화된 이미지가 살아 있는 인간의 모습으로 변화되는 존재였다. 동방박사들이 겪은 인간으로서의 체험이란 짐승우리에서 그리스도를 낳았던 동정녀 마리아의 고통을 세상에 대한 축복으로 여겼던 예이츠 자신의 체험이다.

시란 예이츠에게 숭고한 체험 자체이고 탄생과 죽음에 대한 예술의 숭엄한 표현이다. 그리스도의 갈보리의 수난은 세상이 일찍이 저지른 가장 사악한 행위로 시인 또한 그 세상으로부터 자신의 죽음을 목격한다. 문제는 동방박사가 겪은 인간적인 체험을 시인 스스로 내부에서 보다 죽음과 탄생이라는 종교적 구원을 문학의 상상력에 의해 이루어내는 것이다. 이때의 시는 곧 예이츠 자신의 구원을 위한 종교적인 제의형식이다. 그리스도의 탄생을 목격한 동방박사의 영광은 생명이 없고 창백한 시인인 화석화된 자신을 자극시키는 시적 동기이다. 이점에서 동방박사는 예이츠 자신의 은유이고 시인으로서 새로운 탄생신화는 역사적인 시공을 뛰어넘는 환유이다.

이처럼 예수의 죽음 또한 시인에게 탄생의 의미를 갖고 있다. 갈보리의 사건은 예이츠에게 불행한 사건이다. '갈보리 수난'으로부터 받은 동방박사의 충격은 세속 역사에 그대로 이어져 있기 때문이다. 상대적으로 인간의 역사는 그리스도 탄생의 고통을 통해 만족스러운 상태보다 불행한 모습을 가지고 있었다. 신이 기획한 '제어할 수 없는 신비'란 기독교의 진리가 현실적으로 거의 성취될 수 없다는 역설을 드러낸다.

이러한 모순은 기독교의 교리나 신학적인 입장과는 거리가 먼 예이츠 자신이 그리스도의 인격적 완성과 정신에 일치할 수 있는 예술적 감수성과 관련이 깊다. 그리스도의 죽음은 불행한 사건이면서도 그가 보인 인류사랑에 대한 위대한 정신은 단순한 그의 희생만은 아니다. 또한 육체적 소멸을 의미한 것도 아니다. 오히려 진정한 정체성은 사랑을 통해 완성되는 인성에 있다고도 여겨진다. 사랑은 자기정체에 대한 인식의 토대이다. 더욱이 희생이나 소멸을 통해 자기 정체성이 역설적으로 이루어지는 측면도 있다. 이 죽음 또한 자기 부정과 긍정, 혹은 자기 긍정과 부정이라는 역설에서 이루어지는 신비이다.

이러한 신비는 이 세상에서 이루어지는 것은 아니다. 그러나 이 신비가 현실로 이어질 수 있는 가교에 시가 있다. 시를 통해 이 신비가 현실로 다가온다. 그리고 자기 고백을 통해 불가능한 꿈을 현실로 이끌어내 그 안에서 느끼고 보고 호흡하고 접촉한다. 그러므로 시가 신비의 세계임을 고백한다. 이러한 차원에서 죽음은 그냥 죽음이 아니다. 현실이다. 이 현실을 글자로 음성으로 믿는다면 지나치게 비현실적이고 낭만적이라고 할 것이다. 구원의 신비는 죽음을 현실화하는 과정이 삶 속에 살아 있는데 있다.

「동방박사」에서 시간과 탄생, 그리고 죽음이 종교적인 상징으로 표현되면서 이 세 모티브가 구원의 구조를 이루고 있음을 알 수 있다. 그러나 이러한 구조가 일련의 합리적인 이성이나 엄격한 논리를 앞세우는 지성에 의해 이루어지고 있지는 않다. 시인의 훌륭한 감수성에 의존하는 바가 크다. 직관과 통찰에 의해 이러한 구원이 신비스럽게 성취되고 있다. 따라서 동방박사의 인간적인 체험이란 이러한 감수성을 통한 인간의 완성이라 볼 수 있다.

예이츠는 이러한 동방박사의 경험을 자신 안에서 동일시함으로써 스스로의 감성을 순화시킨다. 그들처럼 자신의 완성과 성취를 향하듯이 믿음을 향한 그리스도의 열정을 얻기 위해 전력을 다한다. 그는 역사와 세상의 비인간적인 면과 그리스도의 인간적인 측면사이에 존재하는 대립되는 힘들을 조화하려고 노력한다. 예이츠의 눈에 그리스도는 최고의 예술가가 그러하듯이 인간의 역설적인 힘들을 조율할 수 있는 완성된 인간이다. 마치 참된 예술가가 자신의 창조적인 행위 앞에서 기쁨을 찾듯이 창조주처럼 환희에 차 있다.

이처럼 세상을 놀라게 할 예수탄생은 시인의 삶에 새로운 의미의 시작이다. 그러나 예이츠에게 이 사건은 악마적인 탄생을 확실히 예견하였다. 자신의 삶을 거부해야 하고 시적인 비전을 질식시키는 기독교 역사를 말한다. 예이츠는 인간의 실질적인 활동을 부정하는 기독교는 그리스도의 정신은 아니라고 생각한 듯싶다. 동방박사는 그러한 반그리스도 악마들을 상대로 하는 상징적인 인물들이다. 오히려 그리스도의 고통이 정점에 이른 '갈보리 수난'은 예수의 탄생처럼 생의 가장 기쁜 순간이다. 그리고 그 죽음은 또 다른 삶을 위한 마지막 종교적 의식이다. 이를 통해 인간이 저지른 가혹한 행위와 인간의 또 다른 악마적 이미지를 신비적인 힘으로 순화시킨다.

예술의 삶에 필수적인 열정은 이러한 '제어할 수 없는 신비'이다. 그리고 이 신비는 인간의 소망을 신에게 건넬 수 있는, 그리고 신의 의지를 인간에게 건넬 수 있는 살아 있는 경험이다. 동방박사에 대한 이러한 종교적 경험은 예이츠에게 시적 계시로 나타나고 우리에게 살아 있는 종교적인 제의이다.

엘리엇의 시는 달리 예수의 탄생이 죄와 죽음으로부터 고통을 받는 인간의 불행함에 대한 분노를 암시한다. 예수의 '탄생이란 [그의] 죽음처럼 우리의 죽음, 우리를 위한 힘겹고 쓰라린 고통'이었다 (Birth was/ Hard and bitter agony for us, like Death, our death). 인간은 원죄로부터 구원받기 위해 새로운 복음을 전파한 예수의 탄생을 통해서만 신으로 향한 길을 찾을 수 있다. 신이 모세를 통해 명한 낡은 섭리는 모세 민족이 마음과 행동으로 지켜야할 비싼 대가이다. 인류의 첫 인간이 신에게 불복종을 저지른 이후, 인류가 신으로부터 소외되고 타락이 된 후 죄로 망쳐진 이 세상을 구원하기 위해 자신의 독생자를 보낸 것은 신의 은총이다. 사람들은 그러한 낡은 법을 파기하고 믿음, 소망, 사랑으로 새로운 섭리를 연 그리스도에 의해 신으로 가는 길을 찾을 수 있었다. 엘리엇에게 예수의 탄생은 인간의 구원을 의미하였다.

예수가 태어난 세상과 시기는 '어둠'(the darkness)과 '겨울'(the winter)이다. 상징적으로 그러한 공간과 시간은 사람들이 자신들을 구원할 메시아가 오기를 오랫동안 기다리고 있음을 암시한다. 아이러니컬하게 사람들은 메시아가 마구간의 '짐승우리'에서 그러한 미천한 모습으로 오리라고 알지 못한다. 그들은 그가 오는 것이 무엇을 의미하는지 이해조차하지 못한다.

이국의 왕인 세 동방박사는 별을 연구하면서 이상한 일들이 일어나는 것을 알고 이상하게 빛나는 별의 의미를 찾기 위해 여행하였다. 그리고 출생의 장소에 이르렀다. 그를 왕 중의 왕인 주로 받아들였다. 주가 어린 아이로 오신 것을 몸소 보고 그의 오심이 세상의 구원을 의미함을 믿은 후 동방박사는 변화를 거부하는 자신들의 왕국에 되돌아왔다. 세상은 여전히 삶의 진실을 외면한 어떤 믿음도 갖지 못하고 있었다. 새로운 삶을 달리 찾지 못하게 된 그들은 소외된 체 어둠과 겨울에 쌓여 있었다.

기독교란 그리스도 안에서 사는 기독교인의 삶이다. 하지만 예수의 죽음이후에 참된 그리스도는 없었다. 엘리엇은 세상이 여전히 불행하고 비참하다고 생각하였다. 여기에서 엘리엇이 희망하는 세상은 그리스도의 세계이다. 지구에서 천국을 건설하는 것이다. 아마도 두 종류의 지형적인 의미로 세상을 구분하는 것은 아닐 것이다. 세상을 천국과 이승으로 구분하는 자세는 아닐 것이다.

엘리엇은 지구가 사람들의 죄에 의해 망쳐졌고 그리스도의 의미가 이 땅에서 사라졌다고 믿고 있다. 이 땅은 천국이지만 죽었고 추운 지옥이라는 것을 엘리엇은 보여주고 싶었다. 동방박사 시대는 이러한 추운 지옥이었다. 이때 구세주 그리스도의 오심은 세상을 놀라게 한 사건이었다. 세상은 여전히 신의 말씀으로부터 멀어져 있었다.

엘리엇은 우리 세계가 진실을 잃고 신에게서 믿음을 잃었다고 믿는다. 세상은 황무지다. 삶은 의미가 없다. 그는 동방박사의 세계가 자신의 세계라고 알고 있다. 기독교는 믿음, 소망, 사랑을 잃었다. 인간의 불행은 예수가 오시기 전보다 나빠졌다. 엘리엇은 자신이 궁지에 빠져있다고 느낀다. 전체적으로 존재론적인 절망 속에서 소외되고 고통을 받고 있다. 그는 스스로를 위해 동방박사가 물리적으로 자신을 당시의 세계로 이끌어 주기를 바란다. 육체적으로, 정신적으로 그는 동방박사처럼 긴 겨울여행을 스스로 준비하고 있다.

동방박사는 엘리엇 자신이 아니라 자신 이야기 속의 캐릭터이다. 동방박사는 추운 겨울에 주가 태어난 성스러운 장소인 베들레헴으로 가는 힘든 여정에 나선 인물이다. 그 여행은 자신의 순례에 대한 목적을 의미한다. '깊은 길과 살을 에이는 날씨'(the ways deep and the weather sharp)는 여행의 어려움을 말한다. 엘리엇은 이 여행의 어려움을 통해 기독교인이 걸어야 할 모습을 제시한다. 신체적인 어려움을 통해 진정한 가치를 찾고, 정신적인 고난을 통해 진정한 기쁨을 찾는 고난의 길이다.

엘리엇은 그리스도가 자신에게 미친 삶의 형태, 그것을 유지하는 것이 매우 고통스럽다는 것을 안다. 물질적으로 '여름 궁전'(the summer palace)이나, 육체적으로 '실크 옷을 입은 소녀들'(the silken girls)로 묘사된 많은 유혹은 여행에 대한 어려움을 반영한다. 삶의 과정에서 물질적인 욕구를 거부하고 죄를 지지 않고 인간이 산다는 것은 어렵다. 오히려 쉽게 타락할 수 있다. 자신의 귀에 물리적인 세계와 충돌할 때의 소리는 믿음에 의한 정신적인 성장을 막는 장해물이다.

동방박사의 물리적인 여행은 엘리엇 자신의 정신적인 여행임을 반영하고 있다. 그렇게 기독교인의 삶은 정신적인 성취에 희망을 둔다. 아마도 엘리엇은 그리스도가 육체를 통해 주의 탄생이 이루어진 신비를 자신에게도 이루어질 수 있기를 바랐던 듯싶다. 이런 체험은 신비이고 두 인물을 동일시하는 종교적인 환상을 동시에 수반한다.

아이러니컬하게 동방박사는 세상을 위하여 태어나 십자가를 지기까지 살아 온 그리스도의 위대한 인간 드라마에서 관객이고 엑스트라 역할을 한다. 엘리엇은 동방박사의 이러한 역할을 행복하게 그리고 있지는 않다. 그것은 그리스도의 신체적인 탄생이 주는 기쁨에 비추어 볼 때 기대할 만큼 행복하지 못하다는 의도이다. 이유는 동방박사에게 그리스도가 인간으로서 고통받는 모습은 결코 상상이 되지 않기 때문이다. 그가 태어난 것은 육체적인 측면에서 보다 정신적인 조건을 만족시키는 즐거운 사건이었기에 그들의 고통은 더욱 슬픈 것이다.

엘리엇은 이러한 탄생의 즐거움과 죽음의 고통을 동방박사로부터 자신의 것으로 받아들이고 있다. 엘리엇은 세상에 드러낸 그리스도의 성육신에다 동방박사의 의미를 연결시킨다. '낡은 섭리'(an old white horse)에 얽매인 사람들의 어리석음은 '새로운 시대'(a new bag)에 '새로운 섭리'(new wine)를 깨닫지 못한다. 이들은 자신의 정신적인 변화를 스스로 거부한다.

'여섯 개의 손'(six hands)은 아마도 그리스도의 십자가 앞의 군인들을 상징한다. 이들은 여전히 '은전을 위해 주사위를 던지고 발은 빈 섭리의 껍질을 차고 있다'(dicing for pieces of silver / Feet kicking the empty wine-skins). 동방박사가 탄생지를 찾는 여정은 그냥 만족스러울 사건일 뿐이다. 엘리엇은 동방박사를 통해서 주의 성육신이 진실로 의미하는 것을 찾고 있다. 그는 '거기에는 탄생이 확실하게 있다 / 우리는 증거가 있고 의심하지 않는다. 나는 탄생과 죽음을 목격했다'(There was a Birth certainly, / We had evidence and no doubt. I had seen birth and death)고 말한다. 탄생의 순간 죽음의 교차는 동방박사가 수행한 아이러닉한 역할과 순례의 의미를 넘고 있다.

엘리엇은 기독교의 진실이 신체적인 탄생과 이의 죽음을 넘어선 영원을 향한 정신의 긴 순례에 있다고 보고 있다. 육신을 넘어선 정신의 부활에 있다는 아이러니를 엘리엇은 찾고 있다. 정신적인 영광은 신체적인 어려움을 뛰어 넘으며 극적으로 그리고 신비스럽게 성취된다. 이러한 과정은 상징적으로 하나의 종교적 제의이다. 이 제의에서는 자신이 속한 세상에서 신체적인 죽음을 의미한다. 그의 진실은 '나는 또 다른 죽음에 대해 기뻐해야 한다'(I should be glad of another death)에 있다. 여기에서 죽음은 삶의 또 다른 은유이다.

엘리엇은 자신이 탈출하고 싶은 세상을 시에서 낡은 섭리에 있는 왕국으로 언급한다. 그는 그리스도와 동방박사가 이들이 속한 왕국으로부터 소외된 이방인들인 것처럼 자신도 전적으로 사회로부터 소외됨을 느낀다. 하늘의 왕국은 엘리엇의 마음에 있다. 마음밖에 어떤 천국도 존재하지 않는다. 개인적인 차원에서 얻으려는 이러한 정신세계의 경험은 신체가 연루된 고통스러운 사회를 부정하고 있어 매우 실제적이다. 엘리엇의 시가 정신적인 것과 신체적인 것 사이에서 어떤 갈등과 긴장이 부족한 이유는 황무지같이 느끼는 사회로부터 그러한 은둔을 스스로 추구하거나 거리감을 만들기 때문이다.

동방박사의 여행은 신체가 속한 사회로부터 정신세계로 향하는 시의 진행과 관련이 있다. 마치 단테의 『신곡』을 연상시키듯 지옥, 연옥, 천국을 여행하는 동방박사는 시인을 대신한 인물이다. 베들레헴으로의 여정은 천국을 향한 시인 자신의 순례인 셈이다. 동방박사는 시인 자신의 은유이며 동방박사의 여행 과정에서 겪게 되는 모든 어려움과 고통은 시인 자신의 어려움과 고통을 가리키는 문맥으로 전환된다.

이처럼 엘리엇 시의 구조는 은유와 환유가 교차하는 수사학에 의해 짜여져 있다. 즉, 예수가 태어난 역사적인 시대와 비슷한 이미지를 가진 신화적인 인물들이 과거의 신화처럼 현대의 신화를 만들어 내고 있다. 신화의 이야기나 내용이 다를 뿐이다. 이런 의미에서 예수의 탄생은 동방박사들이 느낀 것처럼 역사적으로 만족스러운 사건이지만 예수가 겪은 고통은 동방박사나 엘리엇 자신에 똑같은 고통으로 다가온다. 시에서 동방박사처럼 기독교인 엘리엇에게 고통은 정신적인 구원을 위한 여정이고 조건으로 비쳐진다.

엘리엇 시의 내러티브는 이러한 여정을 은유와 환유의 그물 망 속에서 사건 중심으로 이끌고 있다. 이때 시인 자신의 공허한 내면은 물리적인 세계인 황무지로부터, 사회로부터 타자화되어 격리되어 있다. 이러한 심리과정은 예이츠와는 달리 시인 자신 내부에서 신체와 정신사이의 긴장이나 갈등이 심각하게 존재하지 않는다. 역사적인 사건을 맞이하는 신화적인 여정이 시인 자신의 심리적인 여행으로 대치되어 있고, 이러한 여행은 구원을 위한 종교적 순례를 의미한다. 시는 곧 글짓으로 이러한 종교수사학을 객관적으로 구체화한 제의이다.

엘리엇의 에세이 「종교와 문학」(1935)은 종교와 문학의 관계에 있어 예이츠의 문학세계와 종교의 입장에 대한 비판의 정도를 보여준다. 엘리엇은 "문학비평은 명백하게 윤리적이고 신학적인 관점을 가진 비평에 의해 완성되어야 한다"(388)고 말한다. 이처럼 엘리엇은 문학평가에 대한 기준을 종교적인 관점에 의해 비로소 한 작품이 좋거나 나쁘다고 판단할 수 있고, 종교에 관한 성실성의 정도에 따라 작가를 주요작가와 소수작가로 분류할 수 있다는 신념을 내비친다. 특히 과거와는 달리 기독교와 같은 일반적인 문화나 합의가 부족한 시대에 사는 작가들에 대한 평가는 엄격해야 한다고 생각했다.

엘리엇은 작가들의 낭만적 상상력을 크게 신뢰하지 않은 것이 분명하다. 낭만적 상상력에 지나치게 의존하는 시는 시 자체의 형식뿐만 아니라 작가의 주관적이고 신비적 가치에 의존하는 경향이 강하기 때문에 이러한 시를 위대한 작품으로 평가할 수 없다는 엘리엇의 시각이다. 이처럼 엘리엇 문학의 배경에는 서구 전통문화와 정통 기독교를 토대로 한 고전주의 정신이 중요한 위치를 점하고 있다. 특히, 고대신화나 종교적인 상징에 의존할 경우 기독교적 형식과 전통을 매우 중요시하였다. 그래서 일상의 삶을 그리는 상황에서도 고전의 사건이나 상징, 그리고 이미지까지 일련의 암시적인 의미를 가지고 배열시킨다.

현대인의 모습과 삶의 형태를 접근하는 자세 역시 마찬가지다. 이 형태들은 단편적으로 구성되어 있고, 이를 이어가는 글짓 자체는 감성 유형의 시 형식보다 지성 유형의 산문형식에 가깝다. 엘리엇에게는 시가 곧 산문이며 자기 비평이요 자기 평가를 전제로 하는 점에서 예이츠의 시는 비이성적이고 비윤리적이며 사회에 대한 책임이 결여되어 비쳐진다. 이러한 고전주의 관점이 시가 시이기를 바라는 예이츠의 낭만주의에 편견의 테러로 작용하고 있다.

오늘날의 고전주의와 낭만주의 논란의 중심에는 지금까지 이 두 시인 사이의 긴장으로 보아 개인의 도덕성과 책임성에 있어 보인다. 엘리엇이 신앙에서 궁극적인 행복을 찾고 종교적인 차원에서 겸허의 삶을 추구하는 확실한 방법을 찾았던 반면에 예이츠는 시인으로서 시의 세계에서 새로운 차원의 완성된 숭고한 삶을 소유하고자 하였다. 이들의 상이한 비전은 동방박사의 초상에서 제시되었다. 엘리엇은 동방박사를 통해 새로운 기독교인의 삶을 발견하였고 예이츠는 새로운 예술가적 삶을 탐색하였다.

두 시인이 꿈꾸는 세계는 다르게 제시되지만 상호 보완적인 것은 아니었다. 엘리엇이 이 세상에 기독교 윤리의 왕국을 꾼다면 예이츠는 신비의 계시적인 왕국이다. 이러한 서로 다른 꿈은 시의 형식과 스타일을 지배하고 있다. 전통적인 영국시의 정형성과 또 다른 전통인 미국시의 산문성이다. 이점에서 예이츠는 엘리엇의 편견을 넘어선다. 그래서 우리는 이 두 시인을 시대에 따라 평가할 것이 아니라 편견을 넘어 시대의 다양성이라는 측면에서 서로간의 가치를 고려해야 한다.

결과적으로 종교적인 주제 면에서 시 「동방박사」는 두 시인의 상상력에 의해 종교적인 상징을 각각 다르게 수용하고 표출하고 있다. 살펴본 대로 두 시인 모두 문학적 상상과 종교적인 상징을 동방박사와 예수탄생이라는 종교적 신화와 사건을 토대로 하고 있다. 하지만 이러한 종교적 상징은 시속에서 신화적인 구조로 정착되는 과정에서 시인에 따라 다양한 종교수사학을 자극한다. 하나는 고전주의 종교수사학과 다른 하나는 낭만주의 종교수사학의 형태이다. 이 둘 사이의 긴장은 윤리와 신비의 차이라기보다 언어와 관념 차이의 긴장이라고 보는 것이 타당하다.

언어와 관념이 일치되는 곳에 긴장이 있다. 시라는 글짓은 이러한 체험의 다양성을 가능하게 한다. 즉, 주제와 스타일의 차이다. 다만 시의 종교성에 관한 한 예이츠나 엘리엇은 사제이고 시를 완성해 가는 과정은 이들의 종교의식이다. 최초 종교적 신화는 구원의 신념을 토대로 서로 다른 언어로 재현되고 있다는 사실이다. 시 자체의 언어와 그에 따른 다른 경험이 시인 자신의 다른 구원이고 다른 비전이고 세상에 대한 다른 대응이다.

시는 언어로 표현되고 있기 때문에 「동방박사」의 구성은 일차적으로 은유와 환유의 수사학을 보여주고 있다. 이러한 수사학은 현실에 대응하는 의미체계를 다르게 설득한다. 때로는 비현실적인 체험이나 세계를 다양하게 해석할 가능성을 제공한다. 이렇게 시는 제도 종교보다 종교수사학에 대한 재생을 생생하게 가능하게 하고 영원한 삶을 향한 종교적인 제의 기능까지 수행한다. 이때 비로소 두 시인의 「동방박사」시는 제의문화의 틀을 유지하고 현대인에게 체험의 다양성을 제공한다.

제7장 모더니즘과 포스트모더니즘 논쟁: 아브람스, 밀러, 엘리엇의 종교미학

1994년 10월 8일 한국학술진흥재단 소강당에서 한국 T.S. 엘리엇학회가 주관한 제7회 학술발표회에서 엘리엇에 관한 학계의 동향을 볼 수 있는 흥미있는 논의가 있었다. 이 논의는 필자에게 서구 비평계에서 일고 있는 포스트구조주의에 대한 순기능과 역기능을 살펴 볼 수 있게 하였다. 또한 이 논의는 문학과 비평의 의미관계에 대한 상이한 견해들을 엘리엇을 통해 보다 구체적으로 생각할 동기를 갖게 하였다.

우선 엘리엇에 관한 모더니즘적 해석과 포스트모더니즘적 해석이 작가의 인식론적 체험을 중심으로 하는 문학적 접근보다는 다양한 비평적 시각으로 인하여 여러 논란을 노출시키고 있는 것이 단적인 예다. 필자는 이러한 논란이 바람직하다, 혹은 바람직하지 못하다 하는 판단을 떠나 일단은 현대문학 논쟁에 새로운 생동감을 부여한 것은 충분히 인정하고 싶다.

이러한 현상은 비단 엘리엇에 관한 것만은 아니라고 생각한다. 엘리엇뿐만 아니라 지금까지 통념상 모더니즘계열로 인식되던 조이스(Joyce), 예이츠(Yeats), 파운드(Pound)등 소위 20세기 전반에 활동하던 작가군에 관해서도 포스트모던 해석은 상당히 광범위하게 진행되고 있었다. 또한 이들에 대한 새로운 해석이 가해지고 있는 자체만 보아도 학계나 사회는 바야흐로 물고기가 물을 만난 듯 다양한 해석을 강조하고 있다.

특히 이러한 다양한 해석의 출발은 모더니즘의 특징인 객관성, 보편성, 탈개성, 혹은 공간 예술성을 지향하는 엘리엇에 대한 새로운 해석방식에서 두드러진다. 따라서 모더니즘계열의 작가를 포스트모더니즘의 특징인 주관성, 특수성, 개성, 혹은 열린 공간을 지향하는 탈모더니즘, 혹은 반모더니즘 해석을 시도할 때 우리는 해석상의 상이한 태도를 목격하게 된다.

이러한 상반된 자세는 포스트구조주의라는 새로운 지적 흐름에 대해 우려와 기대를 동시에 갖고 있는 서구 지식인들의 태도에서도 엿볼 수 있다. 오늘날 다양한 문화를 연구하고 기대하는 우리로서는 그러한 대립되는 듯한 해석의 상이함에 주목하는 것이다.

첫째 그간 엘리엇에 대한 종전의 모더니즘적 해석과 평가에 반한, 소위 새로운 지적 운동인 포스트모던적 해석과 평가가 보여주는 다양한 가치와 의미를 우려보다는 기대를 갖고 평가하고 싶다. 두 번째로 엘리엇에 대한 그러한 포스트모던 평가가 그를 이해하는 다양한 의미해석으로 평가될 필요가 있고, 이러한 새로운 경험은 우리의 지적 욕망을 채워주고 우리를 새로운 가능성의 세계로 데려다주는 기쁨을 준다. 셋째로 엘리엇에 대한 포스트모던적 해석에도 불구하고 엘리엇의 중심주제인 역사의 문맥을 벗어나기 어렵다는 것을 지적하고 싶다. 즉, 새로운 지적 풍토가 그 이전의 것들을 단순히 대립하는 의미로, 즉 탈모던적 의미로만 파악하는 것에 동의하지 않는다. 마지막으로 엘리엇은 모더니즘의 역사에 서있고 모더니즘은 그의 시대적, 지적 배경이고, 그의 사상적인 근거이며 종교철학적 사고의 중심이다. 또한 무엇보다 21세기 현대사회는 지나친 탈근대성이 가져오는 신자유주의 사상의 문제를 해소하는 방식으로 여전히 근원적인 모던적 사고를 복원하고 있다는 뜻이다.

구체적인 측면에서 문학작품에 대한 오늘날의 포스트모던적 접근은 새로운 평가와 의미해석의 가치체계를 부여하고 새로운 지적인 욕망을 갈구하는 오늘의 지식인들에게 준 의미는 자못 크다 하겠다. 그러나 포스트모더니즘 역시 모더니즘 문맥을 벗어나서 독립적으로 존립할 수 없을 뿐만 아니라 이것 역시 역사의 흐름에 서 있다. 최근에 새로운 지적인 융합, 즉 모더니즘 및 포스트모더니즘의 특성을 소위 문화연구라는 차원에서 동시에 수용하려는 시도가 자연스럽게 진행되고 있음을 간과하여서도 안된다.

엘리엇에게서 이 두 가지의 상이한 모습을 동시에 보고 있기 때문에 우리가 그의 모더니즘 성격을 벗어나서 포스트모더니즘을 생각할 수 없는 것은 다양성을 추구하는 현대사회의 맥락에 있다고 생각한다. 이는 엘리엇이 근대역사의 격동기에 서 있었고 또한 어느 지식인에게서 볼 수 있는 과거에 대한 갈등과 진통, 그리고 새 시대를 위해 기존전통에 대한 새로운 해석을 엘리엇으로부터 발견하기 때문이다. 그 점은 모든 지식인들이 해왔던 것처럼 역사의 유산에 대한 갈등과 번민, 그리고 재발견, 그리고 새로운 역사적 지평을 열려는 엘리엇의 모습을 의미한다. 포스트모더니즘 역시 이 지적 역사의 의미고리에 연결되어 있는 역사의 한 시점에 서 있음이 분명하다.

따라서 엘리엇으로부터 포스트모더니즘의 특성을 찾으려는 어느 시도도 그가 속한 모더니즘의 역사적인 문맥을 벗어나기 어렵다는 것을 인식할 수밖에 없다. 그리고 그 결과는 모더니즘과는 상이한 대립형식이 지배하고 있다고 하더라도 그 의미의 연장을 벗어날 수 없을 것이다. 그 예로 엘리엇의 비평적 자세가 이를 입증하고 있다. 엘리엇은 과거의 전통으로부터 새로운 역사적 의미를 해석하려고 행위자체를 멈추지 않은 시인이며 문화비평가이다. 이러한 엘리엇의 자세는 유사하게 모더니즘의 전통으로부터 포스트모더니즘이 시도하는 새로운 해석태도, 즉 이전의 역사로부터 또 다른 해석을 시도하는 행위와 크게 다를 바가 없다.

필자는 그가 역사로부터 지혜를 터득하고 자신의 시대와 함께 조화를 이루어 보려는 한 인간으로서, 삶의 지혜에 근본을 둔 체험미학을 평생동안 완결시키고자 노력한 지식인으로 알고 있다. 그의 문학비평은 이러한 예를 보여주는 동시에 한편으로 치우친 포스트모더니즘적 혹은 모더니즘적 해석만을 거부하고 있다. 그의 문학비평은 그의 인간적 체험이고 그 체험은 한 인간의 삶의 미학을 일관성 있게 보여주는 지표이다. 엘리엇의 비평은 과거중심적이며, 미래를 향해 열려있는 탈중심적인, 그러면서도 역사의 의미고리 속에서 명상의 사유를 강조하는 종교철학임을 벗어나 본적이 없다.

엘리엇의 사유체계는 역사, 전통, 종교, 문학, 비평 등을 향한 한 인간의 일관된 지적 흐름을 반영하고 있다. 그렇다고 그가 과거에만 매인 고루한 사람은 아니다. 그러기 위해서 그의 문학과 비평에서 보이는 역사와 전통의 흐름으로부터 사상의 주기를 먼저 검토할 필요가 있다.

우선 현대비평에서 구조주의의 대응으로서, 혹은 연장으로서 포스트구조주의는 그 특성상 포스트모더니즘의 정신을 함유하고 있다고 알려져 있다. 이러한 대응과 연장은 서구의 전통인 이성과 감성, 일반성과 특수성, 탈개성과 개성, 객관과 주관 등의 반복적인 큰 주기의 논란을 벗어나지 않는다. 이러한 주기는 포스트모더니즘 이후의 지적 흐름 또한 다른 경향으로 변화할 것이라는 것을 암시하고 있다. 그러면서도 이전의 모더니즘 특성을 공유하는, 그러나 당시와는 차이가 있는 새로운 지적 움직임이 나타나리라는 것을 의미한다.

그 이유로 21세기의 지나친 주관성이 갖는 위험은 미국의 신자유주의의 위험성을 경고하고 있고, 균형적이고 유연한 주관상호간의 연계의 필요성을 불가피하게 요구하고 있다. 그러므로 이분법적 사고는 필연적으로 인간의 양면을 떠나 설명할 수가 없기 때문에 인식론적 주체로서 인간은 결국 부분간의 관련성을 모색하는 총체적인 의미해석 노력을 포기하지 않을 것이다.

과거 유사한 논쟁을 야기시켰던 아브람스(M.H. Abrams)의 에세이 「해체의 천사」("The Deconstructive Angel")와 힐리스 밀러(J. Hillis Miller)의 에세이 「숙주로서 비평가」("The Critic as Host")의 갈등은 엘리엇에 관한 상이한 비평논지를 대립관점보다는 다양성의 관점에 따라 총체적으로 살펴볼 수 있는 논쟁을 제공한다. 이로보아 이 두 에세이는 엘리엇에 대한 모더니즘과 포스트모더니즘 논쟁에 주요한 출발점이 될 수 있다. 이러한 논쟁은 엘리엇의 사유체계가 매우 일관성이 있다는 것과 그 배경에 종교미학이 그의 사유의 본질을 이루고 있는 것을 드러내준다.

아브람스는 1971년 낭만주의 시인들의 초자연주의에 대한 특성을 자세하게 설명한 『자연적 초자연주의』(*Natural Supernaturalism*)를 출간하였다. 이 책이 갖는 함축적인 이론들과 방법론은 밀러에 의한 혹독한 비평으로 학계와 세인의 주목을 받았다. 밀러와 아브람스가 서로 공방한 얼마 후, 1976년 미국 현대언어학회(the Modern Language Association) 겨울 발표회에서 밀러의 「숙주로서 비평가」, 아브람스의 「해체의 천사」가 나란히 발표되었다.

아브람스의 주장은 밀러가 자신을 '서구문화의 전통 역사가'의 범주로 분류하여 자신의 텍스트인 『자연적 초자연주의』를 "'현대 인문학 연구의 위대한 전통의' 실례"로 규정하는 세 가지 전제를 반박하며 출발한다. 우선 간단하게 필자가 의역하여 소개하면, 첫째 역사의 기본 자료는 쓰여진 텍스트들이며 작가는 언어가 나타내는 많은 가능성과 규범들을 '유전'하여 '결정적인 무엇'인가를 텍스트에 표현하고 독자도 함께 이를 공유한다. 둘째 역사가는 대부분 자신이 인용한 구문들이 무엇을 의미하는지를 해석하고 작가들이 쓴 텍스트가 무엇을 의미하는지를 해석한다. 이 해석은 서로가 언어라는 의미상 공유된 매체를 가지고 있기 때문이다. 셋째 역사가의 해석은 자신뿐만 아니라 대중을 향한 객관성을 지향하고 있기 때문에 비록 많은 부분이 오류를 범한다고 할지라도 전체적으로 역사의 건전함을 크게 영향을 미치지 않는 한 그 역사가의 책은 역사로 간주되기보다 역사적 픽션으로 여겨진다.

이로보아 밀러에 의해 아브람스는 낭만주의 시인들이 쓴 텍스트를 자료로 그들이 의미하는 것을 해독하고, 또한 의미상의 공유된 언어의 해독을 통해 객관적 기술을 위한 역사가의 입장에 서있는 역사적 픽션(소위 역사와 픽션을 합성한 팩션)작가가 된다. 그러나 아브람스는 언어가 함축하고 있는 다양한 의미해석, 즉 다원주의 의미해석을 인정하면서도 언어의 의미는 변화를 본질적으로 거부하는 특성이 있다는 것도 간과해서 안된다고 반박한다. 따라서 아무리 역사가라 할지라도 기존 텍스트에 대한 지나친 독단적 의미해석은 가능하지 않기 때문에 역사가가 기술하는 그 스토리는 우선적으로 건전할 수밖에 없다는 주장을 한다.

결과적으로 아브람스는 포스트구조주의자들이 언어가 함축하고 있는 다양한 '의사전달의 힘'에 지나치게 의존하고 있다고 이들을 비난한다. 바꾸어 말하면 기존의 인문학연구가 중시하는 역사와 전통의식을 벗어나 해석의 무한한 가능성만을 애써 강조하는 자들이 포스트구조주의자들의 과업이라고 아브람스는 불편한 심기를 드러낸다. 하지만 아브람스의 의도와는 달리 해석의 의미중심관계를 해체하려는 밀러의 전략은 아브람스의 주장 자체에 있다.

밀러는 포스트구조주의 비평이 기존의 텍스트에 기생하는 동시에 숙주로서 다양한 의미해석을 꾀하는 역사적 픽션 행위로서 혹은 문화 비평 행위로서 간주한다. 밀러는 아브람스의 주장도 그러한 픽션이나 비평행위 이상의 의미는 없다고 주장한다. 밀러로서는 아브람스가 강조하는 어느 정도 언어의 고정된 의미전달은 언어가 필연적으로 안고 있는 역설과 모순을 부정하는 행위이다. 밀러에게 언어의 한 가지 고정개념은 또 다른 반대개념을 수반할 수밖에 없기 때문에 이미 아브람스는 언어의 고정개념을 형상화하는 과정에 '이중기호구조'(the system of double coding)를 가지는 모순이 있다고 반박한다. 이를 그렇지 않다고 주장하면 할수록 한편을 강조하는 어리석음을 드러내는 것이라고 밀러는 말한다.

아브람스는 이러한 밀러의 대응에 훨씬 급진적인 반전을 모색해 나간다. 그는 만약 해체주의자들의 원리들이 정당하다면 쓰여진 텍스트들에 의존하는 어떠한 역사도 불가능하다고 말한다. 그는 말하기를 "그렇다. 그것은 논의할 것도 없다. 어떤 정해진 해독이라는 특정한 개념처럼, 어떤 특정한 역사 혹은 문학사가 정말로 불가능해질 수 있다. 만약 그렇다면 그것을 아는 것이 현명하다. 그렇지 않으면 그는 스스로를 바보로 만들거나 웃음거리가 될 것이다."

이에 대해 밀러는 "시란 나의 형상 속에서 희생과 재물의 의미로서 그런 애매한 선물이며 음식이고 숙주이다. 시란 숙주와 기생이라는 이상한 관계 속에 있는 솜씨 있고, 신비한 비평가들에 의해 절단되고, 분리되며, 순환되고, 소비되는 그 것이다"라고 응수한다. 밀러의 해체의 본질은 "확실하게 부적절하고 과장이 넘치고 멋대로 간다고 하더라도 언어는 가능한, 혹은 주어진 텍스트가 허용하는 한 무수한 한계까지 진행하게 된다.... 이러한 좌우명은 언어라는 감옥이 고통과 박탈의 폐쇄된 장소임에도 불구하고, 즐거움의 장소 및 심지어 확장의 장소가 되는 방법일 것이다.” 이러한 해체에 대해 아브람스는 자신의 논문 첫 부분에서 “오늘날 우리는 ‘기원’, ‘중심’, 그리고 ‘완결’이라는 단어에 대해 걱정하도록 주어지게 되었다”고 우려를 표시한다.

해체의 다른 표현은 ‘탈구축’이다. 이정호 교수는 주로 해체라는 용어보다 탈구축이라는 표현을 즐긴다. 구조주의의 구조를 해체하는 의미가 크기 때문에 탈구축을 써야 하는 것이 옳다고 한다. 하지만 이도 의미상 탈구축을 어떻게 보느냐에 따른 용어의 차이라 여겨진다. 오늘날 대부분 탈구축이라는 용어보다 해체를 사용한다. 정확하게 표현하면 탈구축적 해체라고 표현하는 것이 올바르다 하겠다. 이는 해체라는 말보다 구조주의의 구조화에 대한 탈구조화의 의미가 탈구축에서 강하게 제시되고 있기 때문이다.

자타가 공인한대로 아브람스는 낭만주의 연구의 대가요, 서구 이론비평의 역사적 고찰을 체계적으로 시도한 선구자이기도 하다. 그의 「비평이론의 기본구도」(“Orientation of Critical Theories”)는 현대비평의 체계와 방법론을 소개한 논문이기도 하다. 여기에서 그는 낭만주의 작가들의 특성을 ‘표현주의 이론’(expressive theory) 비평의 범주로 분류한다.

밀러의 입장에서 보면 이러한 아브람스의 자세는 의식적이든지 무의식적이든지 형식미학(formalistic aestheticism)을 추구하는 고전주의 계열의 ‘모사이론’(mimetic theory)과, 이에 반 대응하는 낭만주의 작가들의 ‘인식미학’(epistemological aestheticism)을 대립시키고 있다. 이 둘 모두를 소위 ‘이항대립’(binary opposition), 혹은 ‘이중기호구조’(the system of double coding)로 본 밀러는 기본 텍스트들로부터 다른 텍스트를 구성하는 아브람스의 지적 노력 자체를 탈구축의 끝없는 기호놀이나 의미연장으로 설명한다.

밀러는 또한 중심구도 개념에 대한 데리다(Jacques Derrida)의 아이디어를 아브람스의 아이디어에서 확인하고 있다. 아브람스가 저술한 텍스트 역시 '구축의 구축성'(structurality of structure) 때문에 한 텍스트의 중심구도는 그 텍스트 '구조 안에서'(within the structure), 혹은 '그 밖에서'(outside it), 혹은 '그 다른 공간'(its elsewhere)에서 은연중 새로운 중심을 만들어 내고 있다고 밀러는 주장한다. 따라서 아브람스의 우려는 중심, 혹은 기원, 혹은 완결이라는 어휘 속에 내재된 탈중심, 탈기원, 미결정성을 모순적으로 의식하지 않을 수 없다는 데 있다.

이러한 모순은 오늘날 모더니즘계열에서 활동하는 문학가나 비평가의 비슷한 염려이기도 하다. 반면에, 밀러를 중심한 포스트모더니즘계열의 작가나 비평가들은 이런 진지한 염려로 부터 해방이라는 탈을 쓰고 기호의 유희를 통한 차이의 즐거움을 당연한 것으로 여기고 있다.

엘리엇에 관해서도 포스트모던적 해석은 기호학이 주는 유희를 충분히 즐기고 있다. 이정호 교수의 논문에서 고양이와 인어가 갖는 기호의 기표와 기의관계를 살펴보면, 상대적으로 엘리엇이 모던적인가 포스트모던적인가를 살펴보는 논의의 단서를 발견할 수 있다. 이 논문은 고양이로 부터 두 가지 모순된 이항대립을 설명하고 있다. 하나는 성욕, 곧 생명과 다른 하나는 안개가 갖는 나태, 곧 죽음이라는 이분구도 중심을 보인다. 다른 하나는 인어로 부터 비슷한 이항대립을 설명하고 있다. 하나는 수면위로 부상하려는 욕망, 곧 의식의 세계와 다른 하나는 물속으로 빠지는 죽음, 곧 무의식의 세계라는 모순된 특성을 설명한다.

고양이와 인어라는 기표로 부터 생명과 죽음, 의식과 무의식이라는 서술적 관계를 가리키는 '환유'(metonymy)와 생명과 죽음을 대체하는 의식과 무의식이라는 '은유'(metaphor)를 통해 엘리엇은 기호의 유희를 하고 있다. 다시 말하면, 고양이와 인어는 은유의 관계며 고양이는 생명과 나태를 나타낸다고 할 때의 생명과 나태는 고양이를 설명하는 환유이고, 인어는 의식과 무의식을 나타낸다고 할 때의 의식과 무의식은 인어를 설명하는 환유이다. 또한 생명과 의식은 은유관계이고 죽음과 무의식도 은유관계이다.

계속 재미있게 살펴보면 고양이, 생명, 의식은 모두 은유에 의한 기표의 연장이고, 생명과 의식은 고양이의 기의를 가리키는 환유에 해당된다. 달리 고양이, 죽음, 무의식은 모든 은유에 의한 기표의 연장이고, 죽음과 무의식은 고양이의 기의를 가리키는 환유에 해당된다. 물론 이 환유구도는 왜, 어떻게 고양이가 생명이고 의식이고, 죽음이고 무의식인지를 논리적으로 그 관계를 설명하는 내러티브가 있어야 한다. 유사하게 인어, 생명, 의식은 은유관계이면서 인어에 대한 생명과 의식은 환유관계이다. 또한 인어, 죽음, 무의식은 은유관계이면서 인어에 대한 죽음과 무의식은 인어를 설명하는 기의에 해당되는 환유관계이다. 물론 이 환유구도 역시 왜, 어떻게 고양이가 생명이고 의식이고, 죽음이고 무의식인지를 논리적으로 그 관계를 설명하는 내러티브가 있어야 한다.

생명과 죽음, 의식과 무의식으로 이런 고양이와 인어 기표에 대한 다양한 기의적 해석은 기표가 고정된 의미를 가지고 있다는 전통적 해석을 거부하고 비유에 의한 새로운 의미로의 무한한 언어생산과 의미확대를 가리킨다고 하겠다. 이로보아 엘리엇은 이시에서 고양이와 인어의 기표를 통해 끝없는 이항대립의 차이관계를 창출하였다고 볼 수 있다.

이에 따르면 이항대립의 구조와, 기호, 그리고 시인으로서 엘리엇은 언어생산과 의미확대에 대한 유희를 작품 속에서 즐겼음이 틀림없다. 탈구축 방식으로, 정확히 말해 엘리엇 역시 시에서 고양이와 인어의 언어기표를 재창출하고 반복 사용함으로써 무의식적이든 의식적이든 의미의 고착으로부터 포스트모던적 기호학 모델을 취하고 있다고 하겠다.

그러나 엘리엇은 과연 포스트모던적인가? 모던적 중심이 없다고 설명하는 경우, 이 또한 중심이 없다는 것을 설명해야 할 필요가 발생한다. 그래서 필자는 또 다른 중심을 끌어들여야 하는 이중구조구도를 의식하지 않을 수 없는 모순을 자초하게 된다. 아무튼 중심적이라고 표현하든지 탈중심적이라고 표현하든지, 그 어느 것이 되었든 이중구조구도의 함정에 빠지는 것은 마찬가지라고 생각한다. 따라서 중심적이라고 표현하는 것을 낡은 사고라고 몰아 부친다면, 그 또한 상대적으로 새로운 사고, 새로운 세대라는 이중구조구도를 갖고 있을 수밖에 없기 때문에 논리의 모순을 수반하게 된다.

논리의 모순은 역으로 새로운 담론을 허용하는 유연성도 함의하고 있는 것을 간과할 수 없다. 다시 말하면, 새로운 것과 낡은 것, 그리고 이의 혼합, 모두가 자유롭게 설명되고 허용하는 차원에서 본다면 아브람스, 밀러, 엘리엇의 인식미학은 그 나름의 인식론적 담론 성격을 갖고 있다. 엘리엇의 경우 종교미학이 하나의 인식미학으로 새로운 중심사고를 차지하고 있다. 과거의 종교형태를 보존하고 재구성하는 노력 자체가 논리 이전에 경험적으로 인식해야 하는 체험미학의 성격을 보여준다.

엘리엇에게 역사는 현존하고, 전통은 이상적 질서를 갖고 있고, 그 기원을 찾고, 그 기원의 중심에 신이 있고, 신 중심에 서구문화의 중심이 있는 중심구도를 부정할 수 있겠는가? 이로보아 그는 명백히 또한 중심적이다. 모순이야 말로 인간의 가장 보편적인 특성중의 특성이라고 한다면 이 평범한 진리를 엘리엇은 그의 시와 비평에서 잘 용해시키고 있다.

엘리엇의 인식미학은 한편으로는 아브람스의 경우처럼 고전 텍스트들로부터 호의적이든 비호의적이든 새로운 중심, 기원, 완결이라는 모던적 종교기반 텍스트를 만들어낸 기호학의 한 분야이다. 다른 한편으로는 밀러의 경우처럼 탈중심, 탈기원, 끝이 열려 있는 미완성의 포스트모던적 유희추구 텍스트를 생산해낸 기호학의 한 분야이다. 엘리엇의 중심사고를 가장 잘 대변한 사유체계는 신비평이며 형식주의 비평이다.

신비평과 형식주의 비평은 모더니즘시대의 흐름이었다. 하지만 시대에 따른 분석도구로서 모더니즘과 포스트모더니즘의 차이는 구조와 탈구조, 혹은 중심과 탈중심의 역사적 변증과정을 살펴볼 수 있는 논제이다. 당시 문학계와 비평계에 대두되었던 두 가지 상반된 지적 흐름인 모더니즘 정신과 포스트모더니즘 정신이 전통적인 사유체계를 어떻게 다르게 정리하고 있는가 하는 논제이다. 그 출발은 포스트모더니즘의 사유체계와 모더니즘의 사유체계를 완전히 단절하여 설명할 수 있을 것인가에 대한 의혹이다. 아니면 시대적으로 모더니즘 정신은 이제 고루한 사고이기 때문에 항상 이에 대해 어떤 우려를 가지고 있어야 하는가, 아니면 방대한 포스트모던 지식 체계에 침묵으로 일관해야 하는가에 대한 답을 찾아야 한다.

해저드 애덤즈(Hazard Adams)는 데리다의 말을 인용하며 우리는 우리가 쓰는 언어의 속성 때문에 전통적인 사유체계로 부터의 탈피가 불가능하다고 한다. 그의 인용에 따르면, "이러한 언어로 부터 우리 자신을 해방시키는 것이 필수적이다. 언어로부터 우리 자신을 실제적으로 자유롭게 하려고 노력하지 말라. 왜냐하면 그것은 우리의 역사적 조건을 망각하지 않고는 불가능하기 때문이다. 그러나 언어를 상상해보라. 언어로부터 우리 자신을 실제적으로 해방시키지 말라. 왜냐하면 그것은 의미가 없을 뿐더러 의미의 빛을 빼앗기 때문이다."

물론 애덤즈는 모더니즘 언어, 특히 신비평의 기수 크린쓰 브룩스(Cleanth Brooks)가 즐겨 강조한 언어의 폐쇄성과 보편성, 그리고 '전체화'(totalization)에 강한 반론을 제기하고 있다. 언어에 대한 저항이란 언어가 가진 독단적 의미로부터 과감히 우리 자신을 해방시켜야 한다는 의미이다. 즉, 언어가 갖는 관념체계를 탈피하여 자유로운 사색을 하는 사유의 인간으로 복귀를 의미한다. 해체적 사유 인간, 그러나 역사 조건을 벗어나기 불가능한 인간, 이것이 엘리엇이 그렇게도 주장한 '전통과 개인의 재능'이지 않을까 싶다.

따라서 모더니즘의 언어와 정신은 탈중심이라기 보다 중심에서 탈중심으로의 변환을 시도하는 점에서 철저히 탈중심의 포스트모더니즘의 전위에 서 있으며, 동시에 중심 사고로의 회기를 반복하는 모순을 안고 있다. 이는 역사의 반복도 아니다. 과거의 사유체계로의 끊임없는 회귀와 탈피의 연속일 뿐이다. 엘리엇처럼 데리다도 마찬가지로 끊임없는 회귀와 탈피의 반복으로 언어와 정신의 안정성을 훼손한다.

보수와 혁신의 대립은 항상 존재해 왔고 지금도 존재한다. 따라서 모더니즘에 대한 포스트모더니즘은 고전주의에 대한 반동으로, 고전주의에 대한 혁신을 부르짖던 과거 낭만주의 사고와 유사하다. 다만 최근의 낭만주의는 주관의 극단적인 선까지 생각하는 경향이 강해 독창성과 개성을 찬양하는 정도가 과거의 낭만주의와는 다소 다르다. 이러한 변화는 질서 중시의 모더니즘으로부터 독특성을 중시하는 포스트모더니즘의 흐름을 말한다. 이처럼 새로운 정신에로의 변증과정은 어느 시대에서나 가능한 일이다. 이 점에서 애덤즈는 아브람스가 문학비평사 및 문학이론의 과정을 체계적으로 서술하는 그 과정 자체를 역사의 변증으로 중요시하고 있다.

애덤즈는 "미국에 있어 신비평을 계승한 보다 새로운 비평, 이상하게 불리는 '포스트모더니즘'을 설명하고자 한다면 비평이론의 역사를 다소 상이한 관점으로 검증하면 이점이 있을 수 있다"고 한다. 이것을 중복되는 세 가지 종류의 영역으로 분류하고자 한다: "존재론, 인식론, 그리고 언어 사상.... 금세기 급속하게 힘을 얻은 이 [언어사상] 경향은 아마 너무나 급속하게 쉽게 동화하며 과거 인식론의 경향을 점차 대치하는 흐름으로 나타나고 있다."

애덤즈는 "비평은 많은 사람들의 지속적인 활동이 될 필요가 있다. 우리는 이 많은 것이 새로운 시대가 그 언어 사상을 대치하는 그 때 자신의 할 일을 끝내고 의당히 지나가리라는 것을 알고 있다"고 선언하며, 언어를 중시하는 포스트모더니즘을 하나의 시대흐름으로 진단한다.

애덤즈의 이론에 따르면 아브람스나 밀러나 한 시대의 주요 사상의 흐름의 연속선에 있게 된다. 이로보아 새로운 시대가 변증적으로 엘리엇의 인식 사유체계에 반동으로 작용할 것이다. 그러한 시대는 엘리엇에 대한 새로운 해석을 지속할 것이며 그 시대의 흐름에 의해 당위성을 갖게 될 것이다. 바로 엘리엇의 종교미학이다. 인간의 경험에 대한 종교미학은 언어 사상을 지배하는 과학적 사고가 팽배해 갈수록 우리의 사고를 되돌아보게 하는 그 무엇인가의 진실을 내포하고 있다.

우선 모더니즘의 특색은 완결된 미학을 지향하고 있기 때문에 전위적인 문학을 시도하였던 대표적인 시인인 엘리엇에게서 쉽게 찾아진다. 이러한 전위 문학형식은 전통적인 형식위주 보다 형식 자체가 주는 사고의 객관성과 그 구조적 힘을 바탕으로 하고 있다. 이는 필연적으로 두 사람이 종교적 명상시인이라는 데서 형식과 사유가 결합된 총체론적 종교미학을 요구하고 있다.

엘리엇이 명상시인이라는 점은 부정하기 어렵다. 그가 깊고 심오한 명상에서 얻을 수 있는 '정지점'(still point)은 종교철학적 사유의 정점으로서 존재의 일체를 목표로 한 종교미학의 핵심개념이다. 엘리엇은 끝없는 철학적 사유 속에서 통일된 의식의 집중을 통해 궁극의 이미지를 창출하는 사색의 시인이고 종교적인 명상의 시인이었다. 엘리엇의 시 『네 사중주』는 이러한 종교미학을 명백하게 보여주고 있다. 또한 비평 에세이에서도 비평가로서 엘리엇은 포스트모더니즘이 보여주는 이론비평보다는 실제비평을 통해 형이상학파 시인들이 보여주는 사색적이면서 동시에 종교미학의 경지를 선호하고 있다.

구체적으로 말하면, 파편적인 모든 대상이나 이미지, 혹은 어떤 형식 요소를 인식의 범위에서 구조적으로 결합하도록 요구하는 이러한 시적 행위는 그 구조를 존립시키는 어떤 내부형식을 다양하게 전개함에 따라서 미적 체험이 달라질 수 있다. 근래에 예이츠와 엘리엇에 대한 포스트구조주의적 접근을 시도하는 예가 증가하는 것은, 이런 시적 인식체험을 뒷받침하는 내적 형식구조를 다양하게 해석할 수 있는 가능성에서 비롯된다.

특히 엘리엇에 대한 포스트구조주의적 특성을 가리키는 "몰개성이론에 대한 포스트구조주의적 접근", 혹은 "엘리엇 시가의 공개성" 등의 주제는 특정한 작품구조의 하부를 지탱하고 있는 사유체계를 다양하게 해석한 노력이라 할 수 있다. 달리 말하면 포스트구조주의적 입장은 작품의 자율성을 기반으로 한 모더니즘 행태들을 수 없는 변종으로 만들어내는 비평활동이라 할 수 있다. 그러나 그 접근의 타당성에도 불구하고 여전히 엘리엇은 존재 자체가 현존한 실존주의자로서 명백하게 종교미학 사유구조를 형성하고 있는 사실을 부정하기 어렵다.

따라서 모더니즘 계열의 비평가들은 이러한 엘리엇의 특성을 탈중심과 무신론자로 해석하는 포스트구조주의 해석에 쉽게 동의하지 않을 수 있다. 그러나 필자는 어느 경우이든 엘리엇 문학을 다양한 해석도구로 접근하는 것을 평가하고 싶다. 새로운 시대의 새로운 흐름은 아마도 다원화된 비평의 역할을 통해 다양한 문화연구의 가능성으로 비치기 때문이다. 물론 문화연구 또한 한 시대의 흐름으로 지나가는 유행일 수 있다.

심지어 디지털시대에 엘리엇 문학은 그의 작품형식의 모자이크 미학 때문에 오히려 하이퍼텍스트 논리에 적절한 선구자로 평가받기도 한다. 이 점에서 엘리엇의 문학은 명백히 중심적 의미만을 강조하는 모더니즘적 입장에 동의하지 않는다. 동시에 그의 문학은 텍스트에 새로운 생명력을 불어 넣는 포스트구조주의적 접근을 결코 거부하지도 않는다. 여기에 엘리엇의 종교미학에 대한 새로운 이야기를 계속해야 할 당위성이 있다. 아브람스, 밀러, 애덤즈 모두 엘리엇의 종교미학에 대한 나름의 평가를 모더니즘, 포스트모더니즘, 문화비평으로 각각 제공할 수 있는 대표적인 비평가이다.

엘리엇의 시론과 비평의 흐름을 보면 시차를 두고 아브람스, 밀러, 엘리엇의 종교미학을 살펴볼 수 있다. 엘리엇의 초기비평은 1919년 시인으로서 작품 『시집』(*Poems*)을 발표한 시기와 거의 때를 같이하며, 1920년 『신성한 숲』(*The Sacred Wood*)이 출판되면서부터 그의 삶에서 비평과 시가가 함께 공유하게 된다. 그의 문학의 색깔은 밴 존슨(Ben Jonson), 존 드라이든(John Dryden), 알렉산더 포우프(Alexander Pope), 사무엘 존슨(Samuel Johnson), 사무엘 테일러 콜리지(Samuel Taylor Coleridge) 그리고 매튜 아놀드(Matthew Arnold) 등 모두 엘리엇에게 시인과 비평가로서 현격한 영향을 미쳤던 영문학전통의 '명령자들'(dictators)로부터 찾을 수 있다.

그의 중기비평은 1927년에 출간된 『에세이 선집』(*Selected Essays*)부터 1916년에 끝났지만 1964년에서야 발표된 박사학위논문인 영국 철학자 F.H. 브래들리(Bradley)에 관한 즉각경험철학(philosopy of immediate experience)을 체계화하여 종교미학에 대한 자신의 이론적 틀을 완성한다. 1926년 나이 38살에 영국국교도로 개종함으로써 이 시기의 비평은 종교에 대한 그의 남다른 관심이 잘 나타나고 있다. 1932년과 1933에 『노턴 강론』(*Norton Lectures*) 시리즈로 출간된 『시가의 효용과 비평의 효용』(*The Use of Poetry and the Use of Criticism*)에서는 미학과 신학 그리고 사회의식의 연대를 추구한다.

1934년에 출간한 『낯선 신을 쫒아서』(*After Strange Gods*)와 1939년에 출간한 『기독교와 문화』(*Christianity and Culture*)는 본격적으로 종교미학 이론을 적용하여 그의 초기 비평에서 나타났던 순수 문학 분야에서 점차 전통, 역사, 문화, 종교, 그리고 철학 등 비문학 분야를 통합한다. 이런 비문학 분야가 종교미학으로 통합되면서 엘리엇은 그 이론과 원리 적용을 점차 강화하기 시작한다.

1957년에 출간한 『시가와 시인에 관하여』(*On Poetry and Poets*)는 1932년에 출간한 『에세이 선집』(*Selected Essays*) 이후의 에세이들을 모은 것이다. 엘리엇은 이 출간도서로 시의 사회적 기능, 시의 음악성, 순수한 시, 비평의 변경지대를 제시함으로써 틀에 박힌 형식비평 자세와 태도를 지양하고 초기 종교미학에 나타나는 구조적 동일성을 후기비평까지 무한히 확대시키는 현대비평이론의 주요 선구자가 되고 있다.

『신성한 숲』에 실린 비평에세이 「완벽한 비평가」("The Perfect Critic")에서 엘리엇은 아써 사이몬(Arthur Symons)이 쓴 「문학에서 상징주의 운동」("The Symbolist Movement in Literature", 1899)을 언급하며, 동시대의 영국비평이 갖는 두 가지 문제점을 지적하고 있다. 그 첫째는 콜리지와 아놀드 이후 두드러지게 나타난 지성중심의 시론을 들고 있으며 둘째는 그에 대한 반동으로 나타난 월터 페이터(Walter Pater), 엘거논 찰스 스윈번(Algernon Charles Swinburne), 그리고 사이몬 등의 감성중심의 시론을 들고 있다.

우선 엘리엇은 콜리지를 가장 위대한 영국 비평가이면서 어떤 의미에서는 최후의 비평가로, 그리고 아놀드를 그 다음 비평가로 평가한다. 엘리엇은 콜리지의 비평을 진지한 형이상학의 결정체로 보고 그의 지성중심의 시론을 중시한다. 하지만 엘리엇은 콜리지 비평이 문학작품의 경우 시인의 감성문제로 종종 귀결됨에 따라 그의 지성중심의 시론을 순수하지 못한 것으로 분류한다. 반면 아놀드는 비평의 "선동가"며 혹은 생각의 "창조자"라기보다는 하나의 "보급자"로 평가하고 있다. 따라서 이들 시론이 지성행위를 최고 가치로 평가하는 고전주의 담론을 재현하고 있음에도 불구하고 엘리엇은 콜리지와 아놀드의 비평정신을 '순수 지성주의자'(pure intellectuals)로 여기기를 꺼려하고 있다.

다음으로 엘리엇은 페이터와 부분적으로 스윈번을 계승한 사이몬의 심미비평(aesthetic criticism) 혹은 인상비평(impressionistic criticism)을 논하고 있다. 이 비평들은 공통적으로 다양하고 감각적인, 세련된 정신을 강조하고 있다. 이들에게 비평행위란 그러한 정신이 받는 무수한 인상의 기록들이며 또한 하나의 인상기록은 바로 하나의 설명 혹은 하나의 번역인 만큼 우리에게 보다 더 많고 세련된 인상을 요구한다. 동시에 이 유형의 비평은 비평자체에서 전이된 새로 창조된 인상까지도 의미를 두어 다양한 예술과 새로운 언어 및 감정을 신성한 계시처럼 소개한다.

엘리엇은 프랑스 상징주의자들인 베르레느(Verlaine), 라포르그(Laforgue), 그리고 랭보(Rimbaud)를 인상비평의 시각으로 소개한 사이몬의 텍스트를 상징주의 작품에 대한 사이몬 자신의 새로운 인상을 기록한 것이라고 평가한다. 따라서 엘리엇은 인상비평을 비호의적인 시각으로 평가한다. 그는 이러한 유형의 비평이 비평가나 독자의 감성에 새로운 무엇인가를 산출하기 위해 지나친 자극을 강조하고 있다고 하며, 순수하게 일어나는 감정까지 오히려 방해하는 애매한 장애가 될 수 있다고 주장한다.

엘리엇의 초기 종교미학은 위에 소개한 19세기 두 가지의 영국비평을 하나의 통합된 형태로 받아들이고 나름대로의 독특한 비평형태를 정립하고 나선다. 우선 그중 시론과 비평은 감성보다 지성우위를 강조하며 고전적 모더니즘의 특성을 지향한다. 반면 인상비평이 갖는 감성위주는 낭만적 포스트모더니즘의 특성을 전위예술 형식으로 보존하고 있다. 그러나 엘리엇은 지성으로 감성의 '애매성'(obscurity)을 보다 선제적으로 제어하려고 시도한다.

엘리엇은 어떤 대상의 아름다움에 대한 하나의 인상으로 보다 새롭고 다양한 인상들을 제어하고 제한하는 정신현상의 인상체계(a system of impressions)를 세우려 한다. 그에 의하면 시란 하나의 우연적인 충동이며 그 기쁨에 대한 마지막은 하나의 순수한 명상이어야 하며 과정에서 나타나는 모든 우연한 개인적 감정들은 제거되어야 한다고 한다. 여기에 지성 활동이 필요하게 되고 작가는 새로운 미학 단계를 체험하게 된다고 한다.

따라서 인상비평은 순수한 감성위주로 우연한 감정들을 선제적으로 제어한다면 지성비평과 구분될 수 없으며, 심리학이 비평과 분리될 수 없는 이치와 같다. 이처럼 엘리엇은 감성과 지성을 대립균형화시키며 인식에 대한 일반화된 총체성을 지향하는 일종의 변증인식과정을 중시한다. 비평은 바로 이러한 '인상들을 구조화'(the construction of impressions)하는 작업이며 이 구조를 표현하는 언어상의 서술이라고 엘리엇은 정의하고 있다. 다시 말하면 그의 미학비평은 '구조적 미'(structural beauty) 혹은 '구조화된 미'(structured beauty)를 강조하고 있다.

이로보아 엘리엇은 시인은 스스로 비평가이며 시를 창작하기위해 시를 비평한다고 말함으로서 비평가와 예술가를 동일시하고 있다. 그는 18세기 존슨이후 19세기 아놀드까지의 '형이상학적인 형제애'(metaphysical brotherhood)의 '질서'를 나타내는 고전주의를 20세기까지 계승

발전시키고 있다.

다만 그 이전 세기와는 달리 엘리엇은 낭만주의 전통인 감성의 중요성을 포기하지 않는다. 고전주의 전통과 더불어 엘리엇의 미학비평은 시적 직관과 연관 없이는 설명할 수 없다. 1919년에 발표한 「전통과 개인의 재능」("Tadition and the Individual Talent")에서 문학 전통이 갖는 형이상학적인 질서를 시간과 무시간대를 초월한 신성한 대상으로 이해하고 있다. 엘리엇의 초기 미학비평에 나타나는 문학에 대한 시적 직관과 비평적 객관의 변증혼합은 항상 정신현상을 제어하기 위한 대상이 요구된다.

엘리엇은 인상비평이 갖는 애매성도 다양한 인상들을 선제할 대상이 없는 데서 일어난다고 생각한다. 인상이 인상을 낳고 무수히 펼쳐지는 인상들의 유희, 즉 밀러 등의 포스트구조주의자들이 선호하는 기호 유희를 연상시키는 인상들이 드러내는 의미의 애매성과 개인성을 제어할 보다 더 객관적인 그 무엇, 즉 어떤 상징이 되는 대상을 통해 감정의 제어를 엘리엇은 선호하고 있다. 그 대상은 또한 주관적으로 창조된 것이라고 하더라도, 마치 아브람스가 강조한 낭만적 감성조차도 문화사회적 의미를 공유한 대상이어야 한다. 비록 형이상학적인 문학 질서는 예술가나 비평가가 직관적으로 체험해야하는 구체적 대상이지만 동시에 문화사회적 표준 대상으로서 직관체험을 제어하는 어떤 체계와 구조적인 미를 제공한다는 것이다.

따라서 엘리엇의 미학비평은 대상에 대한 순수하면서 보다 과학적인 마음이다. 대상을 다루는 수학이나 순수과학을 취급하는 과학자의 순수한 감각이 그 대상으로 인해 점점 체계화 되는 것, 그는 이를 '촉매'(catalyst)과정이라 정의하고 있다. 수학자인 파스칼(Pascal), 버트란드 러셀(Bertrand Russell), 더 멀리 아리스토텔레스(Aristoteles) 등이 가졌던, 순수한 감성과 지성이 결합되고 원칙과 정의의 지점까지 감성을 즉각적으로 분석운용하고 체험하는 정신활동은 지성의 정신과정을 중요시하고 있다. 다시 말해서, 엘리엇의 미학비평은 바로 대륙적인 것보다 영미 전통기반인 인식론적 체험에 바탕을 둔 경험주의적이다.

이제 엘리엇의 미학비평은 도덕적 기준의 관계로 발전한다. 엘리엇은 바르고 선한 것에 대한 미적 가치를 예술의 정신현상과 동일시하고 예술 형식이 갖는 도덕적 가치의 의미를 강조하게 된다. 엘리엇에 따르면, 낭만주의 미학은 전통이나 현실이라는 대상을 벗어나 신비하고 낯선 세계를 예술가의 주관적이고 심미적인 환상으로 창조한다고 한다. 엘리엇은 이를 가리켜 문학이 갖는 정치적 의미의 "제국주의에의 합병"이라 부르고 낭만주의 예술가들, 블레이크(Blake), 워즈워쓰(Wordsworth), 콜리지, 챨스 램(Charles Lamb), 조지 윈담(George Wyndham), 그리고 인상주의 예술가들, 스윈번, 페이터, 사이몬 등에 자주 나타나는 용어인 "sick", "sorry" 등의 언어에 주목한다.

엘리엇은 낭만주의 미학이 보이는 비도덕적이고 부도덕적인 무책임성과 표현의 애매성을 지적하고 있다. 어떤 대상에 대한 예술가의 감정 표현은 미에 대한 진지함과 성실함이 있어야 한다며 미학이 갖는 교훈적인 측면을 강조하는 엘리엇은 문학 표현의 정확성은 물론 문학외의 세계에 대해 책임성을 강조한다.

그러나 엘리엇 자신에 의한 표현의 애매성은 피할 수 없다. 비록 정신작용을 위한 객관적 대상이 필요하고, 대상과의 상관을 통한 구체적 체험을 강조하고 있지만 엘리엇의 미학비평은 특성상 동시적이고 직관적인 정신현상을 피할 수 없다. 대체로 그의 시는 의미 전달시 항상 암시적이고 간접적이고 때로는 미묘하고 아이러니컬하다. 그래서 엘리엇은 자신의 이러한 인상주의적 (혹자는 낭만주의적) 특성 때문에 의미전달의 대상을 현실의 삶이나 혹은 언어적 상징들로부터 찾아 자신의 정신현상을 제어하고 객관화하여 보다 표현의 정확성과 책임성을 두려고 노력한다.

그 예로서 엘리엇은 셰익스피어의 햄릿을 들고 있다. 햄릿의 문제는 자신의 감정을 조정할 수 있는 '객관적 상관물'(objective correlative)의 부재에서 온다고 한다. 엘리엇에 따르면, 시란 상이한 상관물에서 오는 다양한 감정을 대상들의 일련의 집합이나 사건들의 사슬이라는 형식을 통해 감정을 객관화하려는 예술 형식이다. 따라서 이러한 대상들이나 사건들의 배열을 통해 나타내고자하는 생각 혹은 믿음을 전달할 때 감정에 대한 책임성을 제시함으로서 표현의 애매성을 피하고자 한다.

엘리엇은 미학비평에 나타난 정신작용의 직관성에서 오는 의미의 애매성을 이해하고 있었기 때문에 예술 미학만 시의 본질로 삼고 있지는 않는다. 시론을 논할 때 그는 종종 비합리적이면서 이해하기 힘든 어떤 미로를 경험하게 되는데 그 이유는 그가 시론과 지성이 요구되는 비평을 결합하려 하기 때문이다. 비평은 윤리적이며 도덕성을 강조하는 그의 종교성과 관련이 깊다.

엘리엇은 시인이며 동시에 비평가다. 시인으로서 그는 예술 미학의 즐거움을 강조하지만 비평가로서 그는 순수한 감성에 대해 상당히 합리적인 객관성을 요구하고 있다. 과연 미학의 창조에 대해 합리적인 설명이 필요한 것일까? 이 문제에 대해 엘리엇은 직관적이고도 비합리적인 감성이 강조되는 예술 미학에 객관적이며 보다 합리적인 지성이 요구되는 비평의식을 결합하고자 한다.

따라서 엘리엇이 명상시인으로서 심리적 체험미학에 근간을 두면서도 동시에 자신의 사유체계를 비평에 결합하려는, 즉 이러한 체험미학과 도덕비평을 결합시키고자 하는 노력 그자체가 바로 불합리하고도 모순된 감정이기 때문에 종종 그의 비평은 설명하기 힘든 신비적 직관을 보인다. 그러나 상이하게 모순된 것들을 대립적으로 유연하게 결합할 수 있는 형식은 시인과 비평가로서 인식론적 '즉각경험'(immediate experience)이다.

이로부터 시와 믿음(poetry and faith)에 관한 엘리엇의 중기비평이 확실한 종교적 색깔을 보인다. 그는 시의 본질이 미학연구에만 국한된다는 이론과는 달리 시와 철학, 신학, 그리고 사회와의 연대 속에서 파악하고자 하는 노력을 제시한다. 이러한 변화는 초기 미학비평과의 단절이 아니라 확대를 의미하는 것으로서 브래들리의 즉각경험 철학과 영국국교도의 개종으로 이어진다. 영국 전통 기독교 신앙의 본질이 그의 초기 미학이 가졌던 순수한 체험, 나아가 시와 비평이 사회적으로 어떻게 반영되는가와 연계된다. 즉, 미학비평의 도덕성과 책임성을 종교미학으로 강조하려는 것이다.

그러므로 엘리엇의 순수문학 이외의 외적인 것에 대한 엘리엇의 철학적, 신학적, 사회적 신념은 예술을 통해 체험될 수 있어야 하며, 표현될 수 있어야 한다고 보고 예술형식이 제공하는 미학적 감각으로부터 도덕성과 종교체험을 제공하려 했다.

브래들리에 관한 에세이가 실린 『에세이 선집』(*Selected Essays*, 1927)을 통해서 엘리엇의 철학에 대한 관심을 엿볼 수 있다. 여기서 엘리엇은 철학과 미학의 관련을 기술하고 있다. 엘리엇이 관심을 가진 철학은 복잡한 체계와 구조가 아니라 사물을 이해하고 인간 삶을 이해하는 데 필요한 직관적이고 즉각적인 경험철학이다. 즉각경험은 반드시 느껴져야 하는 실증적인 것이어야 한다. 우리의 마음은 지적 활동의 한정된 중심이지만 그 지적활동은 감정의 인상들을 통해 즉각적이고 느낄 수 있어야만 한다고 한다. 따라서 감정은 지적활동의 장애라는 인식을 벗어나 인간 의식활동의 근저이고 보다 높은 진리에 이르는 통로이기도 하다.

이러한 즉각경험 철학을 통해 엘리엇은 미학비평에 대한 확실한 철학적 경험을 정의하게 된다. 즉 '느껴지는 지성'이란 다분히 형이상학적인 의미를 떠나 인식론적인 체험을 지칭하는 것으로서 초기 미학비평에서 요구하던 구체적 실체 혹은 대상의 철학적 은유임이 확실하다. 이러한 인식론적인 대상은 브래들리가 주장하는 진리와 실체로서의 '유일 절대자'(the one Absolute)로 형상화 된다. 브래들리의 절대자가 기독교신앙의 신과는 의미상 일치하지 않지만 엘리엇은 신이라는 것을 '느껴지는 실체' 혹은 '느껴지는 지성'으로 받아들여 철학과 종교를 결합하고자 한다. 따라서 엘리엇은 철학이 신앙적인 체험에서 이해되어야 한다는, 즉각적이고도 직관적인 미학비평과 입장을 같이하고 있다.

『시가의 효용과 비평의 효용』(1933)에서 엘리엇은 미학비평과 철학비평이 건전한 신학에 의해 인도되지 않는다면 위험에 처하게 될 것이라고 경고하고, 시의 사회적 효능인 종교미학을 완성시키려고 노력한다. 시의 어려움은 시인이 갖는 마음상태의 애매성과 그 표현의 난해성에 기인한다고 보고 비평에 있어서 한편으로는 예술적 표준을, 다른 한편으로는 도덕, 철학, 신학적 표준을 강조한다. 그 예로 엘리엇은 콜리지의 『문학전기』(*Biographia Litteraria*)가 제공하는 미학시론과 비평을 정신현상의 '유기적 경험'(organic experience)의 직관적 산물로 칭찬하고 있는 반면에 그 미학비평의 어려움은 철학적 애매성과 난해성에 있다고 지적한다.

엘리엇은 낭만주의 예술가들이 선호하는 '독창성'(originality)과 '진기함'(novelty)은 예술 및 도덕, 철학, 신학적 표준에 대한 '반동'(revolt)으로 규정한다. 반면에 시론과 미학비평에만 치우친 빅토리아 시대 예술가들의 예술성은 예술세계로의 '은둔'(retreat)은 엘리엇의 강한 비판을 받고 있다. 엘리엇에 따르면, 예술을 통한 셸리(P.B. Shalley)의 혁명적 사고,

기독교 정통에 도전한 워즈워쓰와 괴테(Goethe)의 범신주의와 자연주의, 순진하고 조정되지 않는 지성의 몸짓으로 창조된 블레이크의 환상세계와 그 기괴함, 이해하기 힘든 브라우닝(Browning) 시의 예술지향적 은둔은 모두 사회적 효능과 무관한 불완전한 예술가들이다.

얼마 안되어 엘리엇은 『낯선 신을 쫓아서』(1934)에서 종교미학을 문학 활동의 표준으로 적용하는 예를 보여준다. 엘리엇은 미학비평이 보이는 구조적 직관성 때문에 낭만주의와 고전주의의 구별이 갖는 '이분기호체계의 정신현상'(the mentality of a dual coding system)을 벗어나 '제반 형식들의 전체성'(the totality of forms)으로서의 예술, 도덕, 철학, 종교적 체험을 변증적으로 강조하고 있다. 이는 과거의 두 가지 상이한 전통의 모순을 극복하고, 혹은 두 전통으로부터 새로운 전통으로 사유체계를 확대하는 일이며, 동시에 경험의 총체성이라는 형식에 도덕기반의 종교미학을 선제적으로 적용하여 지나친 감정의 비약과 의미없는 심리적 인상들을 제어하고 있다.

엘리엇은 심지어 어빙 베빗(Irving Babbitt)과 폴 모어 (Paul More)의 고전주의적이며 도덕중심의 입장을 비판하기까지 한다. 그는 문화사회적 유산인 전통과 기독교 정통을 거부한 당시 지식인들을 역시 비판한 것이다. 문학의 위대성은 문학과 비문학이 갖는 총체적 표준으로 결정이 되어야 한다는 입장으로, 이러한 위대성을 가진 대표적 예술가로 엘리엇은 형이상학파 시인인 단(Donne), 단테(Dante), 밴 존슨(Jonson), 드라이든(Dryden), 포우프(Pope), 사무엘 존슨(Johnson), 파운드(Pound) 및 때때로 셰익스피어를 들고 있다. 엘리엇에 따르면, 이들은 정도의 차이는 있지만 문학작품 속에 예술, 도덕, 철학, 신앙적 체험을 총체적으로 구현한 작가들로 인식기반 미학비평이 갖는 감성의 애매성과 직관주의를 종교미학으로 융합시킨 영국전통의 질서를 보여준 시인들이다.

다음으로 엘리엇의 후기비평 특성은 1957년에 출간한 『시가와 시인에 대하여』에서 잘 나타나고 있다. 엘리엇은 문학의 판단을 여전히 예술작품의 사회적 책임성과 예술성에 두고 있지만, 두드러진 특징은 특별한 원칙에 입각한 비평 감각보다는 읽는 이가 느끼는 감정의 '진지함'(genuineness)에 두고 있다. 엘리엇은 1930년대 이후 다양한 담론들과 이론들을 수렴하고자 나타난 비평이론과 체계를 '레몬압착기 비평학파'(lemon-squeezer school of criticism)라 칭하고 모든 것을 하나의 정의로 무리하게 짜내려는 비평태도를 비난한다.

그 예로 그 자신 속하였던 신비평(New Criticism)이 갖는 엄격하고 날카로운 비평 감각을 유감스럽게 생각했다. 그는 별도의 에세이인 「비평의 변경지대」("The Frontiers of Criticism")에서 '이해'(understanding)와 '기쁨'(enjoyment) 개념을 새롭게 제시한다. 비평이란 지성과 감성의 원활한 균형과 총체적인 화합을 체험하는 것이지만 지혜를 보여야 한다는 것이다. 여기에서 우리는 시차에 따른 엘리엇의 시론과 비평의 흐름을 읽을 수 있다. 그는 문학을 통한 인간의 원만한 인격 완성과 보편성을 갖춘 순수 체험의 단순함을 제안한다.

에세이 「시가의 사회적 기능」("The Social Function of Poetry")에서 엘리엇은 특히 언어의 사회성에 상당한 비중을 두게 된다. 시인의 역할은 일상 언어에서 표현되는 사람의 개성과 감정을 언어가 갖는 구조, 리듬, 소리, 그리고 특질 등에서 살펴보아야 한다. 엘리엇은 여기에서 인위적인 시의 언어보다 일상 언어에서 표현되는 시를 통해 감정교환의 기쁨과 이해를 총괄적으로 경험할 수 있다고 지적한다.

그리고 「시의 음악」("The Music of Poetry")에서 엘리엇은 언어의 리듬, 소리, 이미지의 관계를 보다 강화시키고 있다. 여기에서 엘리엇은 리듬이 갖는 감정적 전달이 모든 소리를 활성화시킨다고 설명하고, 생각과 감정이전의 가장 원시적인 즉각성을 회복해야한다고 강조한다. 다시 말하면 엘리엇은 소리의 음악적 패턴과 그 소리를 구성하는 말들의 음악적 패턴은 나눌 수없는 하나라고 지적하면서, 소리와 말의 음악적 구조가 생각과 이미지를 탄생시킨다고 말한다. 이때의 이미지는 순수한 개인적 차원이 아닌 문화사회적인 상징적 가치를 갖는 확실한 이미지이다. 즉각 체험은 이러한 이미지를 기반으로 지성과 감성의 혼합을 나타내야 한다. 이러한 경향을 휴 케너(Hugh Kenner)는 후기상징주의라 정의하고 파운드와 엘리엇을 후기 상징주의자라 칭하는 것을 주저하지 않는다.

언어를 통해 음악성이 갖는 자유와 이미지가 갖는 의미의 엄격성을 새롭게 통합하는 장치는 일견 포스트모더니즘의 시적 언어유희에 해당되어 보인다. 시의 사회적 기능을 강조한 엘리엇은 예술을 위한 예술의 이론을 앞세우던 초기 상징주의와는 다른 입장을 취하고 있다. 대신 엘리엇은 언어의 예술미학을 추구한 모더니즘이나 언어 자체의 유희적 측면을 추구하는 포스트모더니즘보다 언어사용의 사회적 효능인 진지함과 인간체험의 단순함을 더욱 강조한다. 예를 들어, 엘리엇은 「시의 상징주의」(“The Symbolism of Poetry”) 에세이에서 예이츠 상징주의를 “마음이 의지의 압력에서부터 벗어난 황홀한 상태에서 얻은 상징적 체험”으로 이해한다. 이처럼 엘리엇은 언어사용이 질서와 진지한 체험을 수반해야한다는 문학의 사회적 특성을 보다 강조하고 있다.

이러한 언어의 사회성에 관해 엘리엇은 「밀턴」(“Milton”) 에세이에서 밀턴의 언어가 갖는 인위적이며 고답적 특성을 죽은 언어로 평가한다. 엘리엇은 종교미학의 잣대로 밀턴의 사탄을 “고수머리의 바이런(Byronic)적 영웅”이라 칭하며 그의 악마적 특성을 대단히 위험스럽게 보았다. 1947년에 쓴 「밀턴」 에세이에서 엘리엇은 일상 언어에서 나타나고 있는 상징성에 주목하고 언어의 복잡한 경험보다 즉각 경험을 중요시하면서 그러한 밀턴적 언어의 위험성을 경계하고 있다.

엘리엇은 시인이 글을 쓰는 환경에 이해와 관심을 갖는 학자들의 비평에 대해 시인 자신의 언어를 하나의 고유한 노력으로 인정하면서도, 시인보다 시 자체에서 느끼는 종교미학 체험의 즉각성을 강조하며 그러한 지나친 언어미학을 강조하는, 특성상 포스트모던적 언어개념과 유사한 학문적 비평에 대립시키는 계기를 갖게 된다. 이로보아 엘리엇의 시론과 비평은 모더니즘과 포스트모더니즘의 논쟁을 함께 살펴볼 수 있는 내용과 형식을 담고 있다.

엘리엇은 단테의 언어를 일상 언어의 이상적 표현으로 보고 또한 그 언어가 소유한 종교적 상징의 의미를 평이한 스타일로 전개하는 것을 선호한다. 복잡성을 평이함으로 화합하는 것, 이것이 바로 엘리엇의 종교미학이 언어사용의 진지함과 단순함을 강조하던 후기까지 지속되는 속성을 입증하고 있다.

엘리엇의 종교미학은 아브람스와 밀러의 모더니즘과 포스트모더니즘 논쟁을 함의하고 있다. 그의 종교미학은 엄격하게 말해서 과학적인 사고보다 인식론적 경험주의에 입각되어 있다. 그의 초기 시론과 비평은 고전적 모더니즘 경향을 이어받아 감성보다 지성우위를 강조하며 낭만주의 계열의 인상비평이 갖는 표현의 애매성을 비판한다. 이어 그의 미학비평은 감성과 지성을 통합한 구조적 미를 강조하며 인식론적 체험미학으로 발전한다.

그의 중기 시론과 비평은 시와 믿음을 동일시하여 미학위주의 지나친 이론에서 벗어나 시와 철학, 신학, 그리고 사회와의 연대 속에서 시의 사회적 책임성을 강조한다. 즉, 미학비평의 사회에 대한 도덕성과 책임성을 시에서 제공해야 한다는 주장은 시적 감수성을 지성으로 제어할 수 있는 선제적 심리기제를 중시하는 시각을 의미한다. 이러한 선제적 심리기제의 대상은 종교미학이다. 이는 영국전통 질서 자체를 기독교 정신에서 찾고 영국문학의 전통에서 그러한 질서를 문학의 미학으로 복원하는 것을 의미한다.

그리고 후기 비평의 두드러진 특성은 특별한 원칙에 입각한 비평감각을 극복하고 지성과 감성의 원만한 화합을 체험하는 인간성회복을 향한 지혜의 능력을 가장 강조한 점에서 그의 일관된 종교미학을 엿볼 수 있다. 말년에 원숙한 인격을 총괄적 체험미학으로 인식한 엘리엇은 단테야말로 믿음기반의 삶의 지혜를 가장 이상적으로 제공한 예술인으로 평가하고 있다. 단테는 일상 언어를 이상적 표현매체로 보고 그 언어가 소유한 종교적 상징의 의미를 평이한 스타일로 전개하는 것을 선호한다. 다시 말하면, 엘리엇은 언어, 철학, 신념, 사회에 대한 책임성, 예술 및 문학, 음악, 과학 등의 총체적인 지식인을 강조한다.

엘리엇의 시론과 비평을 종합해보면 그의 담론의 중심은 항상 존재하며 동시에 열려있는 형국이다. 이로보다 그의 사유체계는 탈중심적이면서 동시에 중심성을 추구하는 모순된, 즉 회귀와 이탈을 반복하는 변증적 통일을 모색하는 인격체를 반영한다. 종교미학은 자유로움과 책임이라는 포스트모더니스트의 쾌락과 모더니스트의 미학이 주는 엄격성의 사유체계를 동시에 함의하고 있다.

여기에서 엘리엇은 명상시인이며 비평가, 기독교인이며 불교인, 고전주의자며 낭만주의자, 전통주의자며 진보주의자, 이성을 강조하며 또 다른 우상을 만드는 자, 구조주의자며 탈구조조의자, 현실주의자며 이상주의자, 이성과 감성을 동시에 주장하는 자, 합리주의자요 신비주의자인 모순을 형상화한 변증적인 인간이다. 아브람스의 자연적 자연주의자, 밀러의 포스트모더니스트 모두를 모색하는. 그러면서 그는 삶의 지혜를 으뜸으로 강조한다.

엘리엇의 이러한 종교미학기반 삶의 철학은 그의 청교도적인 편견으로부터 결코 자유로움을 의미하는 것은 아니다. 그의 에세이 「현자로서 괴태」("Goethe as the Sage", 1955)에서 괴테를 단테와 세익스피어 다음의 위대한 서구 고전주의자 계열로 재규정하고 또한 그의 지혜를 가치있게 여기면서도 그를 이교도적인 자연주의자요 반기독교인으로 규정함에 있어서이다. 그럼에도 불구하고 괴테의 사유체계와 문학스타일을 여전히 평이하고 일반적인 경험으로 보고 괴테의 문학을 통해 얻어지는 지혜의 지성미를 가장 선호하고 있는 사람도 엘리엇이다. 엘리엇에게 단순하고 즉각체험은 평이함 속에서 다양함을 추구하고 다양함속에서 통일된 감각을 지향하는 체험미학으로, 문화사회적 기독교 전통을 벗어나지 않는 범위에서 엘리엇이 추구하는 독특한 비평의식이다.

문학과 비평의 경계선을 허무는 포스트구조주의가 언어라는 기표의 유희에 고착되고, 다양한 분야에서 기호학의 과학적인 모델을 문화연구의 기본 형식으로 설정하는 한, 인격이라는 범주 속에서 지혜를 소중히 하는 자유로운 사유인을 보여주지는 못하지 않을까 생각한다. 여기에 엘리엇의 종교미학은 적어도 서구의 사회와 문화에서 21세기에도 무엇인가 비전을 제시하는 사유방식으로 한곳에 고여 있는 우물이 아니라 새로운 물을 흡수해 새롭게 변화해 가는 지혜로운 공개성에 의미가 있다 하겠다.

제8장 종교기호학 논쟁: 퍼어스, 엘리엇, 데리다

엘리엇(T.S. Eliot)과 데리다(Jacques Derrida)에 관한 논의는 데리다의 해체주의에 비추어 1960년대 이후 엘리엇만큼 자주 논의되는 사람도 없고, 80년대 이후 데리다 만큼 주목받는 사람도 없을 것이다. 하우드(John Harwood)는 1965년까지 2,700여 권의 연구서적과 논문이 발표되었고, 1975년 후반에는 4,319편에 이른다는 통계를 언급하고 있다. 현재 엘리엇에 관한 연구결과는 대략 10,000여 편에 이르고 있다고 한다(22). 소위 엘리엇의 '유령'(spectre)이라고 하여도 과언이 아니다.

유령이란 데리다가 쓴 『마르크스의 유령들』(*Specters of Marx*, 1994)과 같은 문맥으로 엘리엇에 관한 어떤 이상이나 환상이 다양하게 변형된 형태로 나타남을 의미한다. 같은 맥락은 아니라고 하더라도 유럽공동체는 일찍이 엘리엇의 아이디어다. 물론 기독교 전통이 기반이 된 통일된 유럽문화, 혹은 유럽정신을 가리키고 있지만 지금과 같은 유럽경제정치 통일체를 가리켰던 것은 아니다.

엘리엇에 대한 문학, 철학, 역사, 종교, 사회 및 문화에 대한 지속적이고 활발한 관심은 주로 데리다적 포스트모더니즘 담론에서 출발한다. 엘리엇을 논할 때 이러한 담론들이 수사학기반 기호학을 중심으로 이루어지고 있는 것도 주요 현상의 하나이다. 현대기호학은 움베르토 에코(Emberto Eco) 등의 종교를 해석하는 방법론과 그 근원적 진실에 접근하는 가설이나 모형으로부터 기존 관념들에 대한 철저한 회의, 철저한 부정으로부터 진리의 상대성의 문제를 접근하는 기본적인 입장을 한편으로 취하고 있다.

구체적으로 종교기호학의 담론은 엘리엇에게 도덕성과 책임성을 둘러싸고 일어난다. 엘리엇은 개인의 차원에서든 유럽공동의 사회문화적인 차원이든 이 책임성을 강조하고 데리다는 책임성의 아이러니를 폭로한다. 유한 책임과 무한 책임사이의 양면의 모순이 데리다의 핵심 전략이다. 책임성의 문제는 엘리엇의 중요한 종교사상으로 엘리엇과 직접적인 관계는 없지만 데리다에 의해 종교이데올로기에 대한 기호학적 해체가 가능하도록 작용한다(Asher 9).

엘리엇에게는 영국국교회에 대한 종교적인 믿음이 어떤 윤리적인 목적을 위해 유럽문화나 사회에 종교적으로 기능하는 부분이 분명하게 있다. 엘리엇 자신이 종교 이데올로기 부분을 거의 인정하지 않겠지만 기독교문화라는 종교적 이상을 염두에 두었다면 명백히 그는 어떤 의미에서든 윤리적인 책임성을 유럽의 사회문화 측면으로 확대시키고 있다고 보여 진다. 그럼에도 불구하고 데리다의 종교기호학 해체는 이러한 엘리엇의 문학활동이 결국 그의 서구 기독교 이데올로기 행위라는 인식을 깨닫게 한다.

데리다의 기호학적 해체란 그의 전용 용어인 '차이'(difference)와 '흔적'(trace)의 개념을 통해 여전히 종교 이데올로기를 분석하는 기본 틀을 말한다. 엘리엇의 종교사상 역시 데리다적 인식의 틀에서 은유 기호로 노출되거나, 혹은 다른 스토리를 가진 (즉 환유 문맥 안에서) 알레고리 형태로 전개된다. 달리 말하면 기호(sign)란 외부로 드러난 형태(form, 혹은 signifier)와 내부의 의미(meaning, 혹은 signified)로 구성되어 있고 이 둘의 관계가 자의적이면서 독단적인 구조를 형성하고 있다는 사실이다.

그리고 이 구조관계는 유사한 형태들을 생성(signification)시키며 사회나 문화상황과 같은 우연적인 문맥에서 이러한 형태들을 다르게 결정(transformations)시킨다. 전자가 '흔적'의 개념이고 후자가 '차이'의 개념이다. 이를 비유 수사학에 비추어 은유와 환유의 패러다임으로 일컬어진다. 기호학적인 측면에서 보면 이러한 패러다임은 엘리엇의 문학이나 철학의 경우에 예외일 수 없도록 적용된다. 데리다의 해체주의는 이러한 패러다임을 분석하고 거기에 내재된 개념(ideas, 혹은 concepts)의 절대성을 부정하고 이의 허구를 비판 해체한다.

그러나 엘리엇에게는 이러한 구조적인 틀 내부에서 생성되는 기호와 개념관계를 넘는 차원이 있다. 실존 차원의 존재론적인 체험이 사회 현실을 비판하는 기반이 되고 있다는 사실이다. 즉, 엘리엇의 문학세계는 사회현실에 대한 비판과 실존적 체험이 융합되어 있다. 엘리엇 문학은 종교적 체험을 통해 생성되는 형태와 개념의 자의적인 관계를 부단히 해체하고 있을 뿐만 아니라 오히려 종교적인 비전과 현실 삶 사이의 타협점을 모색하고 있다. 그의 종교 비전은 삶의 현장에서 여전히 비판적으로 작용하기 때문에 그의 종교미학은 다양한 구조 차이를 넘어 새로운 통합을 제시하는 실천적인 기능이 있다.

문화비평가 크로우덜(Paul Crowther)은 해체주의를 새로운 대안인 '비판 미학'(critical aesthetics)으로 규정한다(xiii). 크로우덜은 예술을 생성하고 수용하는 사회문제와 역사문제를 예술 대신 다양한 비판 담론으로 활성화한 후기구조주의와 페미니스트들의 주장을 받아들인다. 이처럼 크로우덜은 예술과 담론을 분리하여 예술에 대한 담론의 순기능을 예술가의 비판적인 능력에서 찾는다. 말하자면, 예술이 갖는 창조 기능과 비판 담론을 동시에 수용하는 것이 해체주의와 포스트모던적 회의주의를 바르게 재평가할 수 있다는 시각이다. 예술의 창조기능과 비판담론은 엘리엇 시가와 비평의 핵심이기도 한다.

롤랑 바르트(Roland Barthes)는 '비평은 행위'라고 주장하고, 로버트 콘 데이비스(Robert Con Davis)는 '비평은 문화연구의 행위'라 강조한다. 그리고 줄리아 크리스티바(Julia Kristeva)는 '기호학은 곧 비평학'이라고 정의하고 있다. 엘리엇 문학을 종교 경험을 통한 체험의 산물이라는 해석을 벗어나 엘리엇의 종교철학사상을 종교 이데올로기로 규정하고, 이를 재현시키는 언어들을 끝없는 언어놀이로 보는 시각은 새로운 접근이다. 하지만 이러한 포스트구조주의적 접근은 엘리엇의 사유체계를 무한히 확대하면서도 동시에 명상시인에서 볼 수 있는 인식론적 종교미학을 애써 무시하고 있다.

이정호 교수를 예로 든다면, 「J. A. 프루프록의 사랑노래」의 경우 '안개', '고양이' 그리고 '인어'들은 신비평보다 포스트구조주의적 방법론에 의해 엘리엇의 언어 유희성을 살펴보는 기호로 인식된다. 다시 말하면 화자인 프루프록의 '그대와 나'의 독백을 해석할 때 신비평은 '그대'와 '나'의 이분화를 화자의 두개의 분리된 자아로 인식하며 읽는 경향이 있다. 하지만 이정호 교수에 따르면 화자라는 중심을 벗어나지 못하는 신비평 혹은 구조주의 해석은 '오류'이다. '그대'와 '나'는 모두 화자의 무의식 속에 형상화되어 있던 주체의 다른 기호일 뿐이다.

따라서 이정호 교수는 자끄 라깡(Jacque Lacan)의 용어를 빌려 화자는 여전히 '탈중심화 된 주체'(the decentered subject)로 남아 굴절된 욕망의 세계, 즉 "'아버지의 이름'으로 행해지는 '가부장적인 법'이 지배하는 상징계(the symbolic)"에서 "욕망이 지배하는 전상징(pre-symbolic) 세계인 '상상계'(the imaginary)"로 퇴행함으로서 '편집병적 정신분열증(paranoid-schizoid)"'을 보여준다고 한다. 이로보아 안개기호는 고양이의 기표로서 고양이의 "성욕"은 안개를 나타내는 '나태'의 기의로, 인어 기표는 상상계에서 상징계로 진입하지 못한 욕망이 좌절된 죽음의 기의로 나타난다.

이처럼 엘리엇 문학에 대한 기호학 연구는 소쉬르(Ferdinand de Saussure)가 창시한 구조주의 언어학에서 보여준 기호학의 기본 틀, 즉 기호(the sign)가 갖는 기표(the signifier)와 기의(the signified)의 자의적 관계, 혹은 기표와 기의의 지시적 의미가 언제나 불확정적인 관계를 정신분석 기호학 연구로 외연이 넓어진다. 라깡 외에도 대표적인 기호학자인 로만 야콥슨(Roman Jakobson)의 은유와 환유의 이중구조 또한 엘리엇 시의 기호연구를 넓혀주고 있다.

그러한 예로 '그대와 나'를 모두 언어상의 은유기호로 인식하는 시도는 기호의 기표에 대한 무한한 기의 해석을 가능하게 하고 있다. 우리는 여기에서 화자의 체험을 기호학의 본질과 방법론으로 적용할 경우 기호놀이로서 시인의 언어사용은 쾌락으로 목격된다. 따라서 문학은 주체의 인식론 접근보다 객체들의 유희로 남아, 인간의 주체적 체험이라는 문학의 고유의 본질보다 해석중심의 비평에 많은 비중을 두게 된다.

극단적으로 문학의 영역은 사라져 버릴지도 모른다는 우려의 목소리도 있다. 이런 우려는 현대비평의 다양한 해석 시도가 문학적이지 못한다는 것을 의미하는 것은 아니다. 다만 문학의 영역을 지나치게 기호학의 방법론에 치우쳐 '환원주의'(reductionism)로 혹은 논지의 '테마화'(thematization)로 전락하는 것은 경계할 필요가 있다. 따라서 본 장은 엘리엇의 종교철학이든 종교 이데올로기이든 그의 종교기반 개념들을 유희적인 기호로 보기보다 유의미적인 기호로 보는 것을 검토하고자 한다.

우선 데리다의 해체주의는 문제를 삼는 대상을 향해 있는 것보다 문제를 문제로 삼는 과정에 있다고 보여 진다. 다시 말하면, 데리다의 해체주의는 어떤 문제에 관해 특정한 의식이 어떻게 일반적으로 형성되고 있는

가를 구조적으로 설명하는 방법론으로 볼 수 있고, 그 문제에 대한 해석상의 행위로 간주될 수 있다. 예를 들면, 60년대에 데리다는 언어학의 구조적 모델을 기초로 인류문화의 구조 일반을 해명하던 레비-스트로스(Levi Strauss)의 방법론에 문제를 제기한다. 언어학의 모델이란 언어현상 이면에 선험적으로 작용하는 일반적인 규칙과 법칙을 패러다임화하는 것을 말한다. 인류학 역시 마찬가지로 인류문화의 제반 형식 이면에 일반적인 의미구조가 있다고 인식하고 이로부터 인류문화의 여러 현상을 분석하고 설명하는 데 관심을 갖는다.

신화의 경우 어떤 특정한 주제가 문맥이 다른 상황에서도 규칙적으로 작용한다는 사실이다. 이는 고정된 기의(signified) 구조가 다양한 메타포적 기표(signifier)로 환원되어 나타난다는 사실을 가리킨다. 물론 이 과정에서 데리다의 해체이론과 방법이 지나치게 단순화되어 있기는 하지만, 레비-스트로스가 관심을 가졌던 문화의 하부구조, 혹은 내면구조의 패러다임이 데리다의 해체과정에 앞서 前구조로 기능을 한다. 이러한 데리다의 해체주의 방법론은 60년대 이후부터 계속되어 온 전형적인 것으로 주제에 따라 변화하기보다 그 연속성이 유지되어 있다. 그가 90년대 이후 여러 연구결과에서 보여준 해체 전략 또한 자신의 전략적 모델을 여전히 확인시켜 주고 있다. 심지어 종교주제의 경우까지 이러한 기호학적 패러다임은 여전히 응용되고 있다.

엘리엇에게서 언어와 시는 종교적 의미 지평을 전개시켜 주는 기호이며, 종교역사의 지속성을 반복하는 수단이다. 대체로 엘리엇의 시의 세계는 언어를 통해 과거와 현재 그리고 미래가 열려 있다. 이때 삶의 세계는 시 속에서 새로운 긴장관계를 만들어 낸다. 현재 삶에 대한 불안과 불만족이 시의 세계에서 긴장을 형성하고 언어 속에서 갈등이 나타나게 된다. 따라서 언어는 과거 속에서 현재를 이해하고 새로운 의미를 만들어 내는 기호 활동의 본질에서 이루어진다. 엘리엇의 시 세계는 이러한 과거의 언어와 기호 이미지로 가득 차 있다. 결국 엘리엇의 삶의 세계를 의미는 그의 언어로부터 가능하다고 믿게 된다.

엘리엇에게 언어에 대한 회의, 용어에 대한 회의 그리고 언어와 의미에 대한 회의가 철학에 대한 회의나 종교에 대한 회의를 의미하는 것임으로 이점에서 엘리엇과 데리다는 분명히 공통점이 있다. 무엇보다, 엘리엇이 언어와 세계, 즉 현실세계에 대한 경험의 문제를 갖기까지는 언어에 대한 이해가 커다란 배경으로 차지하고 있다. 사실, 그의 하버드 대학원 시절 찰스 퍼어스(Charels S. Pierce)와 조시아 로이스(Joshia Royce)의 영향이 크다. 엘리엇은 퍼어스를 직접 대면하지 못하였지만 로이스를 통하여 그의 영향력을 느낄 수 있었다고 한다.

엘리엇의 마지막 세미나 과정으로 알려진 1913년에서 1914년의 로이스 세미나를 살펴보면 엘리엇의 언어와 기호학에 대한 이해를 알 수 있게 해준다. 그리고 이후 자신의 박사학위논문인 브래들리(F.H. Bradley)에 대한 체험중심의 이상주의 철학은 이상하게도 데리다의 『그라마톨로지』(*Of Grammatology*, 1974)와 일치하는 점이 많다고 지적된다(MacGregor 41). 특히 맥그러거(W.B. MacGregor)의 박사학위논문 제3장은 엘리엇의 사유체계의 형성 배경과 데리다의 『그라마토로지』 사이에서 발견되는 근본적인 유사점들을 구체적으로 다루고 있다.

특히 『그라마톨로지』에서 데리다는 퍼어스(Charles Peirce, 1839-1914)가 자신과 언어기호학에 대해 비슷한 시각을 가진 것으로 생각하고 있다고 고백한다. 퍼어스는 기호학을 연구한 미국의 논리학자, 수학자, 철학자, 그리고 과학자이다. 엘리엇과 데리다의 공통성을 살펴보면 데리다는 퍼어스의 기호학을 소쉬르의 기호학과 비유한다. 데리다는 '퍼어스는 내가 초월적 기의의 해체라 명명한 선에서 멀리 있지 않다'(MacGregor 42,

Derrida's *Of Grammatology* 49).

퍼어스가 기호를 '상'(icons), '지시'(indices), 그리고 '상징'(symbols)으로 분류한 것을 우연하게도 엘리엇 역시 관심을 갖는다. 엘리엇은 '지시'(the index)를 제외하고 퍼어스씨가 그 '이름'(the name)으로 부르는 것과 '상'(an eicon)으로 부르는 것 모두를 상징(symbol)으로 의미한다고 생각한다(MacGregor 42-43).

이처럼 퍼어스를 둘러싼 데리다와 엘리엇의 관심은 우선 언어의 특성을 이해하는 공통점이 있다. 퍼어스의 기호학에 대한 데리다의 관심은 적지 않았던 듯싶다. 이후 퍼어스를 둘러싸고 데리다와 엘리엇이 인용한 구문은 모두 맥그러거의 논문에서 재인용한 것임으로 본문에 대한 쪽수 번호는 데리다와 엘리엇의 해당 저서를 그대로 적기로 한다.

데리다는 "현 진리의 무의미 혹은 직관으로서 이해되는 어떤 의미화의 지반도 기호의 유희 아래에서 기호의 발생 아래에서 그 진리에 기반을 주고자 확장한다. 기호학은 논리에 더 이상 의존하지 않는다. 퍼어스에 따르면 논리가 유일한 기호학이다.... 이것은 비록 그 의미가 허위나 모순일지라도 의미를 갖기 위하여 혹은 의미하기 위하여 하나의 담론이 만족시키는 제반조건에 대한 형식원리를 정성들여 만드는 문제이다. 그러한 의미의 일반 형태학은 진리에 관한 모든 논리와 관련이 없다"고 한다(*Of Grammatology* 48ff).

퍼어스의 말을 따르면, 의미론이란 처음에 하나의 형식 논리학이지만, 다음에 그 논리학이 기호학으로 되었음이 틀림없다. 즉, "논리란 사고의 필수 법칙의 학문이며, 일반 기호학으로 진리를 취급할 뿐만 아니라 기호가 되는 기호의 일반 조건이다. 또한 사고의 진화 법칙에 관한 일반 조건이기도 하다"(Pierce 1,444, MacGregor 44 재인용).

퍼어스는 형이상학의 역사적 전개 과정을 논리에 근거를 둔 기호의 역사성으로 보고, 이 기호의 변화를 논리 법칙에 의해 규정하고 있다. 인간의 사고가 일정한 규칙에 의해 진화한다고 보면 그 진화는 기호를 기호로 변형시키는 논리법칙에 의존하기 때문이다. 이때 진리란 기호에 의해 논리적으로 형성되는 것이다. 언어행위란 이점에서 기의와 기표의 고유적인 관계가 아니라 삶과 연결된 사고의 진화에서 오는 논리와 기호학의 확대이다.

데리다는 언어와 사고의 문제에 있어서, 혹은 언어와 의미의 문제에 있어서 기표의 차이체계는 근원적이지 않다는 퍼어스의 견해에 동의한다. 즉, 인간의 언어와 행위는 의미사슬의 형이상학에 불과한 것이다.

사실상 퍼어스가 말하는 사고, 행위, 그리고 언어의 진화론적 개념은 존재나 경험과 관련이 있다. 그의 방법은 헤겔의 정신현상학, 훗설의 현상학처럼 현상학적이며 존재론적이다. 이러한 퍼어스의 언어논리는 무엇보다 진리와 지식, 언어의 근원성에 대한 거부이고, 역사 해석은 해석자 자신의 주관적인 관점에 따라 역사 사실을 해독하는 자세로부터 비롯된다. 즉, 전통 의미론 및 존재의 형이상학, '초월적 기의들'의 역사적 해체를 의미한다. 역사 해체는 역사적인 사실들과 역사상의 존재들에 대한 가능성을 전제하고 그들 사이의 '차이'와 '흔적'을 거슬러 올라가는, 혹은 찾아 내려오는 해석상의 방법론을 정의하는 것처럼 보인다.

그러나 엄격한 의미에서 퍼어스의 존재론적 기호학은 소쉬르(Saussure)의 구조적 기호학과 다른 차원에서 이루어지고 있고 보다 복잡한 특성을 보여주고 있다. 따라서 퍼어스의 기호이론은 데리다의 기호들의 차이 체계가 다소 허무주의 성격이 강해 덧없어 보이는 반면에 상당히 분류학적이며 범주적이다. 데리다의 '흔적'이란 기호의 사슬관계를 말하며 쓰는 사람의 의도와는 관계없이 말장난의 성격을 띤 유희적 개념이라는 비판을 받기는 한다. 이점에서 데리다는 퍼어스와 분명히 차이가 있다. 이 부분은 엘리엇이 기호학의 이해에 있어서 데리다와 근본적인 차이점을 보여주는 대목이기도 하다(MacGregor 46).

퍼어스의 기호론을 살펴보면 기호의 전개과정이 중시되고 있다. 첫째로부터, 다음번으로, 그리고 그 다음번으로 이어지는 지시 기호의 계속적인 연장이 강조된다. 이러한 기표의 사슬관계를 소위 개념상 '차이'(difference), 혹은 '보충'(supplement)으로 설명한다. 기의와 기표의 무한한 게임, 즉 프랑스 말 '차연'(differance)이 갖는 '차이'(differ)와 '지연'(defer)의 게임이 아니라 차이의 진화론적인 측면에서 이루어지는 범주와 분류에 두고 있다.

데리다는 아마도 이러한 퍼어스의 범주와 분류 자체가 언어의 탈구조 구도를 수반하고 있는 것으로 보고 퍼어스의 의도 속에 숨겨져 있는, 혹은 의도 자체가 나타내고 있을 해체를 자신의 해체론에 접목시킨 것이 분명하다. 그러나 퍼어스의 경우 첫 기호에서 다음 기호로 이어지는 과정은 첫 기호와 다음 기호가 대립되는 경향을 보이기기는 하지만 어떤 의미 범주가 다음 의미 범주로 연속 이어져 간다.

존재론적인 측면에서 퍼어스의 분류와 범주는 세 가지를 형성하고 있다. 첫째, 있는 그대로의 최초 존재 양식. 둘째, 두 번째 양식과 관련되어 나타나는 최초의 존재 양식, 혹은 오직 다음 단계로서 존재 양식. 마지막으로 두 번째와 세 번째 양식을 서로 연결시키는 최초의 존재 양식 단계이다.

예를 들면, 첫째가 어떤 특성 혹은 어떤 감성의 특성으로 규정되면, 둘째는 이를 반대, 반동, 혹은 비합리적인 힘의 문제로 기술하고, 셋째는 이 과정을 일반성, 혹은 법칙으로 설정한다. 즉, 세 단계는 특성, 저항, 그리고 종합으로서 각각 규정될 수 있다. 여기서 퍼어스의 첫째 특성은 인식 근원의 의미로 해석되는 것이 아니며, 다음 특성에게 특권으로도 간주되지 않는다. 데리다가 인식 근원으로 오해할 수도 있는 이 점은 첫째 특성을 모두 경험이전의 선험적인 형이상학의 실체로 의심을 받을 여지가 있다.

그러나 퍼어스는 경험을 중시한다. "경험은 저항의 경험 없이 존재할 수 없다." "행위의 의식은 낡은 감성을 파괴하고 새로운 감성을 형성하는 경험이다." 그리고 새로운 경험은 '잔인한'(brute)행위 과정을 거치지만 이는 인간의 이성의 힘과, 논리의 법칙 때문에 잔인하다는 의미이며, 이어 마지막 일반화 단계로 들어서기 위한 거쳐야할 중간 과정을 말한다 (MacGregor 48-49).

퍼어스의 존재론적 기호학으로부터 데리다와 엘리엇의 공통점과 차이점은 지식과 경험에 관한 브래들리의 논문에서도 발견된다. 우선 공통점은 데리다가 퍼어스의 기호론으로부터 발견했던 자신의 해체론이 엘리엇과 브래들리에게도 똑 같이 적용되는 문제이기도 하다. 데리다에게 기호의 사슬은 근원성의 특권과 근원성에대한 형이상학의 사슬을 해체하는 자세를 가리킨다. 차이점은 퍼어스의 해체특성으로부터 데리다와 다르게 엘리엇의 해체특성이 엿보인다.

만약 데리다가 퍼어스를 동반자로 보았다면 이들 셋은 동일한 주제와 동일한 전략을 함께 하면서 방법상 상당한 차이를 갖고 있던 셈이다. 따라서 엘리엇에 대한 해체나 혹은 포스트모던 읽기는 데리다를 통해 가능한 해석방법이 아니라 오히려 역으로 데리다의 해체특성이 엘리엇의 해체과정 속 어느 지점에 머물고 있다는 가정이 명백해진다.

엘리엇은 이미 역사의 해체와 재해석 그리고 이의 재구성을 통하여 과거와 현재를 비판하고 미래를 새롭게 연결하는 작업을 모두 함께 작업한다. 이런 과정이 퍼어스가 언급한 사고의 진화를 가리키는 것인가 하는 문제는 약간의 논란의 여지가 있다. 하지만 존재론적 기호학을 경험과 지식의 발달측면에서 수용한 것은 분명하다. 이로보아 데리다의 해체론과 전략은 퍼어스의 두 번째 단계를 말하는 것이지 마지막 단계인 통합성의 문제, 즉 이 단계에 큰 관심은 없었던 것이 아닌가 하고 생각이 든다. 마지막 세 번째 역시 첫 번째의 변형에 불과하다고 생각되어질 수도 있기 때문이다.

그러나 이성과 논리는 두 번째 단계를 통해 퍼어스의 용어를 빌리면 '잔인한' 행위일 수 있다. 데리다가 퍼어스의 두 번째 단계를 중시하고 세 번째 단계를 거부하며 회피하고 있다면 그는 오로지 중립적인 위치에서 첫 번째의 오류를 두 번째의 지혜로 깨우치도록 한 결과에만 만족하는 것처럼 느껴진다. 현대 실용주의 철학가인 리처드 로티(Richard Rorty)는 이러한 만족을 단순한 행복한 상태의 감상적 행위라고 비판하기도 한다(77).

사실 두 번째 단계에 대한 퍼어스적 용어인 이성의 힘과 논리 법칙의 냉혹성과 잔인성을 현실적으로 역사 및 문화에 대한 비판으로 데리다는 받아들인다. 혹은 두 번째 단계가 현실의 사건이나 상황에 적용되는 경우 억압받거나 소외된 정치 및 사회세력을 부각시키는 강한 실천적 사고도 있어 보인다. 그러나 기존 세력에 대한 저항의 의미와 같은 두 번째 해체행위는 소극적 현실 참여의 의지로 오해될 여지가 있다.

해체만 있지 보다 나은 인간의 행복과 정치적 행복을 위한 비전이 없다면 다가올 희망에 대한 것은 항상 미해결의 상태로 방치되는 결과를 낳을 수 있다. 이처럼 의미화의 매개 문제에 집착하고 영원히 해체하는 자세로 남아 있을 경우 새로운 경험을 통한 경험 일반으로 전환하여가는 적극적이고 실천적 태도는 찾기 어렵다. 즉, 진리의 상대성을 인정하면서도 진리의 실용적인 측면을 간과할 경우 경험 일반의 측면이 진지하게 고려되지 못하거나, 대립되는 세력사이에 있을 극한 대립의 상황을 무책임하게 방관할 수도 있다.

무엇보다 기호학 연구와 종교 이데올로기 관계에 대한 논의를 보면, 해체는 현실과 관련된 사건이나 아이디어를 대하는 기호학의 목적에서 발견된다. 우선, 바르트(Roland Barthes)는 기호학 해체에서 기호가 갖는 형식 혹은 형태가 역사성과 분리되어 설명될 수 없다는 것과, 동시에 기호가 이데올로기적인 요소로부터 분리되어 생각될 수 없다는 것을 강조한다(163). 즉, '형태를 갖춘 아이디어'(ideas-in-form)가 기호연구의 본질이기 때문에 기호 내의 이데올로기 연구를 피할 수 없다는 의미이기도 한다. 어떤 기호 형태도 형태(form) 내의 아이디어(ideas)로부터 파생되기 때문이다.

기호(sign)는 형식(signifier)과 내용(signified)으로 되어 있고 그 기호를 의미화(signification) 하는 과정에 이데올로기 개념(concept of ideas)이 개입된다는 사실이다. 그리고 이러한 개념화 과정에는 문법 규칙처럼 역사성이 필연적으로 인간의 의식을 결정시키고 있다는 지적이다. 엘리엇이 철학의 문제와 기독교 문제에 있어서 느낀 경험이란 이처럼 유사한 방식에 의해 그의 종교기호학 설명이 가능해진다.

엘리엇이 상당한 관심을 가지기 시작하였던 기독교 문제와 유럽 전통에 대한 문제의식이 그의 종교기호학의 실체이다. 기독교의 본질과 역사에 대한 로이스(Joshia Royce)의 이해는 당시 학생이었던 엘리엇에게 단순히 기독교 자체에 대한 문제보다 모든 종교에 대한 문제였다. 로이스의 '공동체 정신'(the spirit of community)을 인간의 실존에 대한 문제로 엘리엇이 이해한 듯싶다. 엘리엇에게 '존재'의 공동체는 '사랑의 공동체'(beloved community), 즉 '성실'(loyalty)한 '해석의 공동체'(community of interpretations)를 가리키고 있다. 이러한 공동체 의식은 그 공동체 구성원의 자아를 확대시키며 공동체와 동일하게 문화 공동체를 경험하고 형성해주며 개인의 존재 의의를 심어준다(Royce 60-68, MacGregor 61-62).

이러한 로이스적 이해는 공동체 안에 무한한 은유의 변형과 이를 의미화시키는 다양한 문맥이라 할 환유의 법칙이 밀접하게 작용하고 있다. 공동체의식이 현실에서 이루어지는 체험 역사의 산물이라는 것이 엘리엇의 생각이라면 기독교문화와 유럽전통은 당연히 그의 종교 이데올로기이며, 『네 사중주』는 그러한 종교 이데올로기를 언어기호로 의미화한 종교기학의 좋은 사례이다.

엘리엇이 문학이라는 거대한 몸체로부터 자신의 문학생명력을 가져온 많은 과거 이미지와 상징들은 의미사슬에 비추어 볼 때 과거에 대한 해석행위로서 자신의 아이디어를 설득시키기 위한 일종의 비유 수사학이다. 여기에는 자신의 실존적 체험인 프락시스(praxis)가 있다. 이는 엄격한 의미에서 자아와 문학 공동체간의 교류를 통한 해석상의 존재론적 만남을 의미한다.

이처럼 언어와 기호학의 이해, 그리고 세상을 위한 실천적 해석은 엘리엇이 철학이나 종교에 대한 다양한 진리를 접하면서 의미화된다. 이러한 사실은 그의 하버드대학원 시절 동료였던 코스텔로(Harry Todd Costello)에 의하여 알려진다. 엘리엇은 코스텔로와 함께 로이스 세미나(1913-1914)에 참석한 학업동문이다(Smith v). 엘리엇의 실천적 해석학 입장은 그의 스승인 로이스의 영향이 크고, 영미 실용주의 전통, 특히 퍼어스 및 브래들리의 영향이 커 보인다. 두 사람의 관계는 엘리엇이 이 수업을 위하여 준비한 네 리포트를 코스텔로가 소개하여 알려지고 있다.

해석의 진리에 대한 문제로 엘리엇이 제출한 네 리포트의 주제는, 우선 첫째로 1913년 12월 9일에 쓴 것으로 비교 종교에 관한 이론과, 기술, 해석에 관한 것이다. 비교종교의 이론이 어느 정도 기술되어야 하는지, 그리고 해석은 어느 정도 이루어져야 하는지가 문제였다. 두 번째는 1914년 2월 24일 제출된 것으로 기술과 설명의 제 차이에 대한 조사였고, 세 번째는 동년 3월 14일 급우에 의하여 낭독되었던 인과성에 관한 논의이다. 마지막으로 동년 5월 5일 제출된 것으로 대상에 대한 여러 유형의 분류에 관한 긴 담론이었다고 소개된다. 마지막 보고서는 2년 후 브래들리에 관한 학위논문에서 보다 구체화되고 명료한 형식으로 전개된 것으로 보여 진다(MacGregor 78-79).

비교 종교에 대한 연구로부터 종교기호학에 대한 엘리엇의 관심은 종교 아이디어 역시 언어와 관련된 기호적 진리와 의미의 특성 이상의 것이 아니다. "확신, 믿음, 편견, 그리고 정치와 같은 구성요소로 분리될 종교적인 아이디어가 또한 있다"(Ricks 112). 이로보아 엘리엇은 다양한 사실에서부터 용어의 문제까지 절대치와 사실의 절대화를 거부한다. 코스텔로에 따르면, 엘리엇은 "진리와 허위는 해석의 단계에서 상대적이다"라고 인정한다(MacGregor 82).

엘리엇은 진리치(truth-value)보다 사실(facts)이라는 용어를 선호한 것이 분명하다. 무엇보다 엘리엇은 종교기호학이 사회 및 정치적인 현상과 분리되어 설명하기 어렵다고 믿고 있었고, 종교 아이디어는 기호학에서처럼 법칙, 원인, 규칙의 개념으로부터 형이상학이 형성된다는 사실을 자연스럽게 이해하고 있었다.

엘리엇의 이러한 종교기호학을 데리다의 종교 해체론으로 살펴보면 매우 흥미있는 논제가 주어진다. 데리다는 종교에 대한 저서 『죽음의 선물』(*The Gift of Death*, 1992)에서 그의 전형적인 해체 스타일을 보여준다. 데리다는 파토츠카(Jan Patocka)의 「역사 철학에 관한 이단 에세이들」("Heretical Essays on the Philosophy of History")을 다루면서 파토츠가가 기술한 종교의 기원과 유럽의 책임성에 관한 관계를 해체한다. 데리다는 자신 특유의 해체방법론을 적용하여 책임성에 대한 종교의 허구를 폭로한다.

데리다는 파토츠카가 '유럽책임성'(European responsibility)이 역사적으로 어떤 '비밀'(secret)을 함축하고 있다는 해석에 주목한다. 특히 이 종교적 책임성이 그리스와 로마를 거쳐 기독교로 구체화되면서 본래의 윤리적인 차원이 '초월의 세계'(beyond)로 향하게 되고, '누구에게 보내는'(whom to give to) 죽음을 종교적 차원의 선물개념으로 생성시키는 논지에 데리다는 흥미를 갖는다. 물론 여기에서 누구란 신을 가리키는 대상이다.

파토츠가가 기술한 종교의 기원을 해독하면서 데리다는 두 가지 개념에 주목한다. 첫째는 종교를 '세속화의 악마 형태'(the demonic form of sacralization)로, 둘째는 종교를 '오로지 책임성'(religion is responsibility, or it is nothing at all)의 문제로 분류한다. 그리고 유럽의 종교 의식은 후자에 기초되어 있다는 파토츠가의 사유체계에 주목한다. 파토츠카에 의하면 악마적 비밀, 혹은 '주신(酒神)의 성스러움'(the orgiastic sacred)에 문제를 제기하면서 종교는 그 기원을 책임의식으로 접근한다. 술과 무책임의 관계를 넘어 종교는 이 세계를 넘어 초월의 세계까지 책임성을 지향한다.

이때 종교는 죽음을 신에게 드리는 선물로 규정하고 이러한 선물을 드리는 의식을 발전시켰다는 파토츠카의 해석으로부터 데리다는 종교의 기원을 전략적으로 해체한다. 해체의 방법론에 의하면 파토츠가가 역설한 종교의 기원설은 구조상 모두 언어학상 어떤 주어를 정의하는 술어가 동의어 반복 속에서 이루어지고 있다는 사실이다. 마지막 장의 제목이 동의어 반복을 나타내는 문장으로 되어 있다. "TOUS AUTRE EST TOUS AUTRE", 즉 모든 다른 것은 모든 다른 것이다. 이때 주어와 술어의 반복은 기호에 대한 의미형성이 무의미하다는 점이다.

이와 같은 해체방식은 종교의 기원을 설명하는데 적용되고 있다. 종교의 기원을 유럽의 책임의식으로 개념화한 언어상의 구조를 보면 책임의식이 주 개념이고 다른 개념(주신의 성스러움, 혹은 악마의 비밀)은 하위개념으로 나타난다. 이로보아 종교의 기원이란 '책임성은 책임성이다'라는 단순 반복적인 동의어 이상이 될 수 없다는 데리다의 생각이다. 최초 구조의 패러다임에 있는 기호의 의미관계가 동의어 반복으로 무의미하다는 것이다.

데리다의 전략은 파토츠카가 세운 패러다임(악마의 주술과 책임성 등)이 어느 한쪽을 상대적으로 우세하게 위치를 설정하는 구조자체에서 출발한다. 파토츠가의 종교의 기원이란 유럽이 책임성을 기초로 종교를 형성하게 되었고 악마적인 주술을 상대적으로 이용하여 적대시하며 기피하는 데서 출발한다. 결국 책임성은 악마와 같은 파괴적인 힘을 제어하는 새로운 힘으로 책임과 무책임이라는 두 이중구도에서 적극적으로 진화한다. 이후 계속해서 이 두 용어가 서로를 정의하고자 동의어 반복 형태로 주어와 서술어에 전개되는 현상이 나타난다. 다시 말하면, 무책임과 함께 책임성을 의미하는 무수한 상징 언어가 탄생할 수 있다는 사실을 가정할 때, 종교의 책임성을 나타내는 언어들이란 메타포적인 동의어 반복 이상이 아니라는 주장이다.

한편으로 유럽 종교가 미신과 주술신앙의 신비주의를 대신하며 개인과 사회의 책임성은 물론 죽음 이후의 책임까지 동반하며 출발하였다고 한다면, 다른 한편으로 그 책임성은 무한책임이라는 대립되는 요인을 동반한다. 책임이 있다는 생각에는 반드시 어떤 대상에 대하여 무한책임을 수반하기 때문에, 실제적으로 그 무한책임의 실현은 이상이나 환상에 불과하다는 지적이다. 또한 누군가에 대해 책임을 지는 경우도 그것이 최종 끝이 아니라는 사실이다. 역사는 계속되기 마련이어서 다른 책임이 오게 되고 다른 결정을 하는 상황은 계속해서 만들어지기 때문에 이 결정의 순간에 책임이나 결정이 한정되어 있다고 생각된다면 도덕적이고 책임성의 문제가 수반되지 않게 된다. 반대로 책임이나 결정이 무한하게 요구된다면 도덕적이고 책임성의 문제가 당연하게 논란의 대상이 된다. 아무튼 책임성의 한계와 무한성은 역설적으로 이 둘 사이에 어떤 선을 그을 수 없게 된다.

파토츠가의 경우 종교적 책임성은 공적인 책임과 사적인 무책임 모두가 문제로 다가온다. 종교의 유한/무한 책임 구도는 파토츠카에 이어 엘리엇의 딜레마이기도 한다. 여기서 엘리엇은 데리다를 상징적으로 만나게 된다. 엘리엇처럼 무엇인가 기독교중심 문화를 보려는 발상은 데리다의 해체주의에 의해 종교의 유한/무한 책임 구도에 대한 의혹을 피할 수 없다.

종교는 개인의 자유의지와 책임성을 강조하기 때문에 양심이 있는 개인이나 자유분방한 개인 모두에게 책임성은 압력으로 느껴지게 된다. 따라서 현실은 책임이나 결정이 유한할 수밖에 없다는 전제가 생긴다. 모두가 무한 책임을 질 수 없는 이유에서다. 그리고 책임성이 없다면 사회에 도덕적이고, 사후에 종교적 구원의 문제를 가질 수 없다. 또한 책임성으로 인해 종교에 개입할 수밖에 없는 모순을 갖게 된다. 종교는 이러한 딜레마를 구조적으로 안고 있기 때문에 책임성의 한계가 있어 보인다.

사실상 엘리엇이 강조하는 전통 의식, 몰개성, 보편성, 객관성, 정통성 등은 모두가 개인의 책임성을 기반으로 하고 있다. 하지만 엘리엇은 모두에게 무한책임성을 주장하지는 않는다. 개인이나 사회는 자신의 도덕성과 책임성을 종교에서 찾도록 요구하는 것이 엘리엇이기도 한다. 데리다의 패러다임에 따르면 허구라 할 수 있는 유럽중심의 기독교 전통은 엘리엇의 끊임없는 종교기호학의 실체이고, 유럽 사회 및 문화의 중심체를 찾으려는 욕망에서 비롯된다. 엘리엇처럼 무엇인가 종교중심 문화를 보려는 발상은 데리다의 해체주의에 의해 파토츠카처럼 종교 이데올로기 틀을 지향한다는 의혹을 피할 수 없다.

엘리엇의 종교기호학에 대한 데리다의 해체론은 퍼어스의 기호학 마지막 3단계를 적용하면 두 사람의 입장이 뚜렷이 구분된다. 첫째로 데리다는 부정적인 회의주의자가 된다. 데리다는 책임 소재 자체가 의미가 없기에 종교의 책임성의 문제는 처음부터 허구에서 출발한다. 그러나 엘리엇에게 책임 소재는 매우 중요하기에 종교는 완전한 종교적 구원을 얻기 위해 개인의 유한 책임을 묻는다. 개인의 도덕성 및 사회로의 책임성은 다수보다 소수 계층에서 훨씬 강하게 작용한다고 엘리엇은 생각한 것 같다. 따라서 현실은 책임이나 결정이 유한할 수밖에 없다는 전제가 생긴다. 모두가 무한 책임을 질 수 없는 이유에서다. 그리고 책임성이 없다면 도덕적이고 종교적인 문제를 가질 수 없다.

알려진 대로 엘리엇의 종교기호학은 그의 지리적이고 종교적 배경인 청교도 정신이 의미화되어 있다. 어떤 면에서 엘리엇은 개인의 자유의지와 믿음을 불신하고 있다. 그에 따르면 "철학이나 예술 작품에서 우리를 매혹시키는 개성, 그렇게 표현되는 개성은 부분적으로 자기 기만적이고 부분적으로 무책임해서 천성적으로 타락되는 개성이 되기 싶다. 그것은 자유 때문에 편견과 자기기만에 의해 지독하게 제한되어 인간의 천성이 선하거나 불순함에 따라서 그만큼 선하거나 크게 해를 끼칠 수 있다. 우리 모두는 천성적으로 불순하다"(ASG 63, Ricks 113)

다음으로 엘리엇에게 런던의 분위기 및 유럽의 오랜 전통, 사회, 기독교 문화에 대한 예찬은 미국에서 발견할 수 없는 지적인 안정감을 상대적으로 주게 되고, 사회의 응집력으로부터 비롯되는 개인의 무한 책임성을 생각해 보게 한다(Sigg 21). 물론 당시 시대적 배경이 엘리엇의 시가과 비평의 지적 허무주의와 문화 퇴폐주의, 전통의식의 약화 그리고 전쟁으로 인한 도덕성 파괴 등 현실 세계에 대한 환멸로서 크게 작용하고 있었다.

따라서 엘리엇의 시가와 문학의 언어기호에 의미화 되어있는 책임성의 문제는 엘리엇의 중요한 윤리적이고 종교 이데올로기이다. 이로부터 종교 기호(sign)는 형식(signifier)과 내용(signified)이 현실과 맞지 않아 무한 책임성의 개념이 반드시 필요한 것으로 보인다. 이런 데리다적 해석의 틀에서 보면 인간, 그리고 자유의 가치 모두가 무한 책임성이 없이 무한적으로 방치되어 보인다. 데리다의 무한 책임성과 유한 책임성의 논쟁은 이 두 가지를 모두 무책임하게 방치시키는 선에 머물러 있게 된다. 즉, 이 선으로부터 어떤 적극적인 방향이 모색되지 않고 있다. 엘리엇의 거부감은 여기에 있어 보인다.

퍼어스로부터 이어지는 엘리엇에게 전통과 권위의 보편성을 이해하고 이를 이상적으로 해석하는 방법론과 그 실천은 기호놀이의 무의미적 유희에 있지 않고, 다시 삶의 세계로 환원되는 점에서 존재론적 가치를 부여한다. 결국, 엘리엇은 전통과 권위를 수용하면서도 이에 대한 끊임없는 회의와 비판의 과정을 거쳐 새로운 질서를 구축하는 점에서 데리다의 비판 해석을 극복한다.

그의 대표적 작품 「프루프록의 사랑 노래」에서처럼 갈등과 방황하는 사유인이기도 하고 『황무지』에서처럼 현실 사회를 비판하기도 하고 『네 사중주』에서처럼 철학, 사회, 시, 종교, 국가, 종교, 전통, 역사, 문화, 언어 등에 대한 철저한 회의와 질의를 통해 경험 일반과 해석의 공동체를 추구하는 실존적 비판 해석가임이 분명하다. 그에게 중요한 것은 전통에서 비롯되는 종교의 책임성과 개인의 책임성의 소재였다. 엘리엇은 종교의 허위의식과 종교의 형이상학을 싫어하였으며, 다중의 무책임성을 싫어하고 종교의 무비판적인 책임성을 거부한다.

제9장 종교정치학 논쟁: 발레리, 엘리엇, 데리다

엘리엇(T.S. Eliot)과 자크 데리다(Jacques Derrida)에 관한 논의는 데리다의 해체주의(deconstruction)에 비추어 엘리엇의 사상이나 철학, 혹은 문학의 성향을 분석하고 설명하려는 경향이 지배적이다. 이렇게 나온 연구결과가 엘리엇과 데리다 사이에 있을 수 있는 사유체계의 유사성이나 차이점을 매우 적절하게 보여주고 있음에도 불구하고 이런 접근 방법에 대한 타당성을 검토하고자 느낀 사람이 필자만은 아니라고 생각한다. 물론 두 사람은 대학에서뿐만 아니라 이후 삶 내내 철학을 연구하고 관심을 가지며 깊이 있는 논의를 계속한 공통성이 있다. 그럼에도 불구하고, 이들의 지식이 여러 학문 분야에 광범위하게 관련이 되어 있기 때문에 이 두 사람을 특정한 논의의 범위로 설정하는 것이 어렵다.

근래 엘리엇에 대한 문학, 철학, 역사, 종교, 사회 및 문화에 대한 지속적이고 활발한 관심이 주로 데리다적 포스트모더니스트들이라 할 수 있다. 포스트모더니스트의 개념과 정의를 탈현대성 혹은 탈근대성으로 해석하는 사람도 있다. 영어로 포스트모던성(postmodernity)이나, 탈현대주의 혹은 포스트모더니즘(postmodernism)을 지향하는 생각을 가진 작가들이나 문화비평가들을 가리키고자 한다. 여기에서는 테리 이글톤(Terry Eagleton)의 개념을 따라 탈현대성을 진리, 이성, 정체성 그리고 객관성에 대한 고전적인 개념들을 의심하고, 보편적인 진보나 해방에 관한 생각을 불신하고, 독단적인 틀, 장엄한 내러티브, 혹은 궁극적인 설명 토대에 대한 의혹을 가진 정치사상의 유형을 의미하고자 한다. 그리고 탈현대주의는 이러한 신기원적인 변화에 대한 정치적인 무엇인가를 사색하는 정치담론 유형으로 정리한다.

특히 엘리엇의 반유태주의 및 파시즘, 심지어 인종 편견의 정치적 논의까지 새롭게 다루어지는 배경에는 그가 늙은 들쥐처럼 수많은 가면을 보여주고 있기 때문일 것이다. 엘리엇의 정치사상에 대한 중심 논의는 대표적으로 릭스(Christopher Ricks)의 『엘리엇과 편견』(*T.S. Eliot & Prejudice*, 1994), 모리슨(Paul Morrison)의 『파시즘 시론』(*Poetics of Fascism: Ezra Pound, T. S. Eliot, Paul de Man*, 1996), 줄리어스(Anthony Julius)의 『엘리엇, 반유대주의, 그리고 문학 형식』(*T.S. Eliot, Anti-Semitism, and Literary Form*, 1995), 그리고 아셔(Kenneth Asher)의 『엘리엇과 이데올로기』(*T.S. Eliot and Ideology*, 1995) 등이 있다. 이들은 대체로 엘리엇에 대한 정치적 담론을 다루고 있다. 엘리엇을 논할 때 이러한 담론들이 그의 사상의 중심을 이루고 있는지는 여전히 문제로 남는다.

이처럼 엘리엇 연구는 인문학 분야에서부터 정치담론까지 미치며 그의 사상에 대한 끊임없는 의혹에서 비롯되고 있음이 분명하다. 더욱이 엘리엇의 정치 성향에 대한 연구가 다방면으로 이루어지는 환경에는 데리다의 관심이 인문학으로부터 사회 및 정치 분야로 커지는 데 다소 기인하고 있는 듯하다. 정치적인 견해에 대한 데리다 자신의 구체적인 언급은 그의 에세이 「해체주의와 실용주의에 관한 논평」("Remarks on Deconstruction and Pragmatism," 1996), 『죽음의 선물』(*The Gift of Death*, 1995), 『다른 표제: 오늘의 유럽에 대한 사색』(*The Other Heading: Reflections on Today's Europe*, 1992) 등이 있다.

엘리엇과 데리다 사이의 긴장은 이 들에 대한 특정한 정치적인 해석에서 커져 보인다. 엘리엇과 데리다는 20세기 전반과 20세기 후반이라는 시대적인 거리만큼이나 철학적인 진리를 해석하는 방법론과 그 근원적인 진실에 접근하는 가설 혹은 사상이 다르게 보인다. 엘리엇은 자신의 사상에 대한 정치적인 해석을 바람직하게 생각하지 않고, 데리다는 은연중 이를 방치한다. 엘리엇은 한때 누구나 정치적인 확신이나 편견을 가질 수 있지만 이를 강요할 수 없다는 점을 강조한다. 이는 자신의 사상을 특정한 정치적 견해로 고정시키려는 태도를 경계하고 있다.

엘리엇은 "나는 일부 독자들이 이러한 논의로부터 여러 정치적인 추론들을 끌어낼 것이라고 감히 말한다. 특정한 사고라 할 그들 자신의 정치적인 확신이나 편견에 대한 어떤 긍정이나 반박으로 나의 텍스트를 해독 하려는 것은 보다 그럴 듯 해 보인다. 작가 자신 정치적인 확신이나 편견이 없는 것은 아니다. 그러나 그러한 생각을 강요하는 것은 그 작가의 현재 의도하는 부분이 결코 될 수 없다"(*Notes towards the Definition of Culture* 16, Ricks 114)고 선언한다.

이와는 달리 데리다는 자신의 해체주의를 어떤 특정한 정치적 목적으로 활용하려는 자세를 경계하기보다 오히려 고의적으로 방관하거나 묵시적으로 허용한다. 그는 "해체주의는 이것이 활용되고 작용하는 방법에 있어 항상 고도로 불안정하고 거의 비어 있는 모티브이다. 나는 해체주의가 정치적으로 중립적임을 의미하는 듯한 그 동기를 아주 다른 정치적인 관점을 위해 자기들 마음대로 활용할 수 있다고 주장하였다"(Mouffe 85).

이로보아 엘리엇과 데리다는 자신들의 생각이 전혀 정치와 무관하지 않다는 것을 너무나 잘 알고 있다. 어느 개인도 사회나 정치로부터 자유로울 수 없기 때문이다. 만약 엘리엇이 유럽 정신과 기독교사상을 사적인 측면보다 지면이라는 공적인 형태로 제기할 경우, 어떤 정치적인 동기를 전혀 배제할 수는 없다. 특히 엘리엇이 자신의 사상을 사적인 문학형식을 통해 보여주었다고 하더라도, 문학이 비정치적인 영역일 수 있지만 그 공적 기능 때문에 명백히 정치적인 특성을 띠게 된다.

엘리엇의 정치적인 견해나 편견을 그가 의도하는 방향과는 다르게 해석되는 것은 별개의 문제일 수 있다. 다만 데리다는 이러한 개인적인 생각조차 사적인 영역으로 초정치적인 성격을 보이고 있을 때도 이의 정치적인 관련성을 분명히 한다.

데리다는 "해체주의가 명백하게 정치적으로 중립이라는 사실은 한편으로는 정치적인 것의 본질에 관한 사색을 허용하고, 다른 한편으로는 해체주의로 나의 흥미를 끄는 초정치화이다. 해체주의는 명백히 비전통적인 방법과 규범을 따르는 데 있어 초정치적이다"(Mouffe 85)라고 명백한 정치 중립성을 선언한다.

이처럼 두 사람은 어떤 특정한 정치적인 견해나 확신을 공적으로 부여하고 싶은 의도는 없어 보인다. 하지만 이들의 생각으로부터 정치적인 이데올로기를 고려할 수밖에 없는 점들이 분명히 있다. 우리의 사고가 하나의 문학적인 행위나 철학적인 행위로 구체화될 경우 이는 분명히 어떤 아이디어나 개념이 수반되기 때문이다.

데리다는 90년대 들어 유럽의 문화와 사고 유형을 분석하고 설명하는 자신이 비록 정치적인 의도는 없지만 명백하게 자신이 정치적일 수밖에 없음을 밝힌다. 그에 따르면 어떤 정치와 무관하게 보이는 철학이나 문학 역시 정치적인 특성을 배제하기 어렵다고 보고 있다. 다만 인문학의 자율성이나 독립성을 부정하고 모든 현상을 사회학의 차원에서 분석하고 접근하려는 마르크스주의자들이 있기는 하나, 이와는 다른 차원에서 데리다는 문학의 정치화를 설명하고 있다.

데리다에 따르면, "[문학을] 인권으로부터, 표현의 자유로부터 분리할 수 없다. 문학은 무엇이든 말할 수 있어야 한다는 권리의 역사를 살펴볼 수 있고, 이러한 권리를 강요하는 많은 제한들을 검토할 수 있을 것이다.... 어느 경우이든 문학은 원칙적으로 무엇이든 말할 권리이다. 그리고 이것은 문학에 크게 유리하게 정치적이며 민주적으로, 그리고 철학적으로 작용한다. 문학은 철학적인 문맥에서 종종 억압되는 문제들을 제기하는 것을 허용할 정도까지 영향을 미치고 있다"(Mouffe 80).

문학의 정치성뿐만 아니라 데리다는 최근 유럽이 경제적인 이유로 지정학적으로 인접한 유럽국가들을 유럽공동체(EC), 이어 유럽연합(EU)이라는 정치경제공동체로 구성하려고 하자 그 철학적인 정체성에 깊은 의혹을 제기한다. 그는 이러한 일련의 노력을 유럽인들이 의식적으로 혹은 잠재의식적으로 간직하고 있는 유럽중심이라는 형이상학의 실체로 인식한다. 데리다는 이러한 형이상학이 정치적으로 매우 불순한 저의가 있다고 폭로한다. 말하자면, 유럽의 로고스중심주의와 유럽인종중심의 정치의식을 그는 간과할 수 없었다.

유럽공동체는 유럽인의 환상이 유령처럼 다시 나타나고 있다고 데리다는 보고 있었다. 크게 보면 이러한 유럽중심 사고, 혹은 '유럽'이라는 형태에 담겨 있는 철학은 구조적으로 유럽인종 중심의 편향된 사고와 경제 및 정치 패권주의를 역사적으로 개념화한다. 데리다는 『다른 표제: 오늘의 유럽에 대한 사색』에서 이러한 유럽의식이 허구라는 것을 확실하게 보여주고 있다. 데리다는 이러한 허구의식의 실상을 보여줌으로써 유럽의 로고스중심주의를 재삼 확인시켜 주고 있다. '민주주의'와 '유럽의식'에 대한 데리다의 해체주의 정치담론으로는 이 2권의 저서 『다른 표제: 오늘의 유럽에 대한 사색』과 『죽음의 선물』에서 너무 잘 드러나고 있다.

우선 엘리엇의 정치담론이 데리다에게 직접적으로 관계는 없지만 '유럽의식'과 '민주주의'에 대한 담론을 둘러싸고 두 사람은 대립하고 있다.

종교적인 측면에서도 윤리적인 책임성 문제를 둘러싸고 두 사람은 여전히 정치적으로 상대적인 긴장관계를 형성하고 있다. 무엇보다 두 사람 사이의 긴장은 일찍이 '유럽의식'에 관심을 가졌던 폴 발레리(Paul Valery)로부터 극적으로 조성된다.

발레리는 엘리엇 시대의 프랑스 지식인이며, 유럽공동체 정신을 강조하고 기독교를 동시대 유럽의 중심실체로 받아들인 인물이다. 이러한 발레리의 시각은 엘리엇과 너무나 유사한 것이어서 데리다는 20세기 후반 유럽공동체의 역사적인 유형들을 검토해보는 동기를 갖게 된다(*The Other Heading,* xxiv-xxv).

그래서 엘리엇과 데리다는 발레리를 중심으로 논리적으로 밀접한 관련을 갖게 된다. 데리다의 발레리에 대한 관심은 결국 엘리엇에 대한 관심으로 비춰지고 있다. 사실 데리다는 발레리의 유럽의식과 유럽중심의 철학적 담론이 여전히 유럽 현실정치의 중심이 되고 있는 실제를 중시한다. 보편성, 혹은 의미 일반성을 지시하는 유럽 형이상학의 유형이라 할 수 있는 이러한 발레리의 사상은 엘리엇과 데리다의 관심으로 지속되고 있다.

그리고 이들 사고는 '유럽이성', '유럽정신', 혹은 '유럽통일체', 혹은 '유럽공동체', 혹은 '유럽'이라는 기호 속에 담긴 전체성에 대한 담론, 혹은 유럽공동체라는 형이상학, 합리주의 형이상학, 정치적 전체주의, 다수의 합의 형식을 띈 민주주의 담론, 그리고 사회에 대한 개인의 정치적 책임성의 문제 등에 폭넓게 자리한다. 따라서 엘리엇의 사고가 유령처럼 데리다의 해체과정에서 정치 이데올로기 형태로 분명하게 드러난다. 즉, 데리다적 비판이 철학이나 문학이 암시하는 정치 이데올로기를 노출시키는 일이라면 엘리엇 역시 이 정치 이데올로기로부터 자유로울 수는 없다.

엘리엇과 데리다는 현 유럽의 경제 및 정치 공동체 주제로 인해 상징적으로 만나게 된다. 대표적으로 유럽의식의 전통과 권위를 상기시키는 유럽공동체의 재인식과, 세계적으로 유럽 민주주의 정치 형태의 현실적 선호 등을 들 수 있다. 이러한 문맥은 경제 및 정치 현실이며, 유럽중심의 민주주의 사고와 경제통합이 정치 이데올로기로 작용한다. 이러한 일련의 과정에 대한 구체적인 논의는 엘리엇과 데리다의 정치적인 견해를 살펴보는 동기를 부여한다.

무엇보다 경계해야 할 것은 정치 주제에 관한 데리다의 견해를 항상 해체주의와 관련이 있다고 보는 자세는 매우 위험할 수 있고, 역으로 그의 해체주의는 항상 정치적인 문제의식이 개입되어 있다는 자세 모두 위험할 수 있다. 달리 말하면, 두 가지 모두 어떤 특정 의식에 대한 그의 해체주의 전략 때문에 의식적이든지 무의식적이든지 항상 정치적 의도가 숨겨져 있다는 생각을 할 수 있다.

사실, '해체주의'(deconstruction)가 현실과는 거리가 먼 형식 구조를 탐구하고 분석하는 것을 강조하기 때문에 '탈'(de-)이라는 행위 과정에는 정치적인 무관심과 이에 대한 허무주의가 발견되기가 쉽다. 데리다가 후기에 보여준 '유럽의식'에 대한 해체과정은 다소 정도의 차이가 있지만 탈정치를 한층 표면화한 것 같은 생각이 든다. 더욱이 현실 정치의 무의미성을 강조하는 듯한 그의 탈구조주의적인 사고는 비정치적이라는 비난을 받을 수 있다. 따라서 사회나 정치현실에 대해 무책임하다는 윤리적인 비난도 받을 수 있다.

이러한 데리다의 아이디어들은 그의 탈정치적 의도가 "현 정치 문제에 대한 해체주의 이론의 계획된 응용"으로 보여지기도 하고, 역설적으로 "계몽주의 프로젝트를 새롭게 급진시키는, 철저한 휴머니즘에 대한 약속을 이행하는 방법"처럼 비쳐지기도 한다(*The Other Heading*, xiii-xiv).

후자가 진실이라고 생각한다면 엘리엇과 데리다는 사상적인 측면에서 기본적으로 큰 차이가 없어 보인다.

우선, 민주주의에 대한 데리다의 해체주의 이론은 「민주주의를 단념하라」(“Call It A Day For Democracy”)라는 에세이에서 보다 구체적으로 제시되고 있다. 이 에세이는 『다른 표제』에 실린 글이다. 이 에세이에서 데리다는 루소(J. Rousseau)를 통해 민주주의 대표주의가 오히려 민주주의를 대표하지 못하는 모순을 역설한다. 그의 주장에 따르면 대표성도 그 근원을 보면 이성의 산물이고 대표주의 역시 계몽주의의 결과이지만, 모두가 그 이성을 발휘할 수 없는 현실 때문에 계몽주의 이성은 허실이라는 아이러니를 보여준다. 그럼에도 민주주의는 다수를 떠나서는 결코 대표성을 논의할 수 없는 모순을 지니는 제도라고 할 수 있다. 그 다수가 결국 본래 이성의 산물이었으나 이성을 떠나 너무 멀리까지 전개되는 경우에도 그 다수의 결정을 이성의 자율로 보아야 하는 모순이다.

데리다는 다수의 다른 표현인 ‘대중’(public)의 의미를 프랑스 혁명과 미국의 혁명을 통해 의미화된 역사적인 측면에서 찾고 있다. 이후 인간의 이성 개념은 현대성을 지배하게 되었다고 믿고 있다. 말하자면, 칸트의 순수이성 개념을 토대로 한 주체의 이성은 모든 영역에서 대중이라는 차원에까지 자유롭게 활용되고 적용되기에 이르렀다. 대중이란 주체의 이성이 모인 이성의 결집체인 셈이다. 이는 비록 이성을 다수의 ‘의견’(opinion)으로 환원시킬 수는 없지만 다수의 의견이 마치 전체 이성으로 조율되는 것처럼 인식된다.

그러한 예로, 다수 의견이 국가적인 차원으로 전개되고, 또한 텔레비전 등의 언론 미디어로 즉각 국제적으로 효과가 나타날 때 국민의 전체 이성, 국가 이성, 심지어 국제적 이성으로까지 오인될 수 있다고 데리다는 지적한다. 신문의 경우 기술상 소수에게 목소리를 제공할 수 있고 오류와 부정을 교정할 수 있지만 제도상 대표성을 빼앗긴 소수에게 이런 민주주의 결정은 결코 적법하다 말할 수 없다.

요약하면, 데리다는 민주주의의 대표성이 갖는 허위를 지적하고, 다수의 의견이 마치 이성의 조율처럼 그 위치를 차지하게 되는 과정을 문제시한다. 동시에 그 구조적 모순이 드러나면 현실 정치의 무의미성이 폭로되고, 민주주의 정체성은 전형적으로 전복된다. 전복으로 다수의 의견이 이성의 조율이 아니라는 모순이 드러나면, 민주주의는 다시 이성의 조율을 포기하던지 그렇지 않으면 이성의 조율을 명확하게 완성해야하는 과제가 주어진다. 세부적으로 민주주의는 적절하게 보다 세련된 과정, 보다 차별화된 입법과정을 거쳐 자유시장의 기술경제 교환을 항상 검열할 수 있어야 하고, 이에 대한 경계를 게을리 해서는 안되는 현실론으로 전개된다. 그럼에도 불구하고 데리다는 칸트의 말을 인용하여 다수의 힘에 의존한 현실 비판은 결코 이성이라는 본래의 지반을 회복하지 못할 것이라고 한다.

이로보아 데리다의 민주주의에 대한 비판은 상당한 설득력이 있다. 구조적인 맹점이 있는 민주주의의 제반 형식은 소수의 의견을 다수의 의견으로 집약시킬 수 없는 한계를 가진 제도로서 형식이나 의미 모두 이성을 완성할 수가 없다. 그 기대는 희망으로만 남는 일종의 환상이다. 따라서 데리다의 해체는 현실의 정치적 삶과 현실의 모순된 사회구조를 항상 폭로하기 때문에 마치 그 모순을 해결해야 한다는 급진 자유주의 성향을 보이는 측면이 있다.

그래서 데리다의 해체주의 이론은 그 파괴적 특성으로 인하여 그가 체질적으로 비현실적인 정치비평가라는 느낌을 준다. 하지만 데리다는 스스로 정치적이 아니라고 부정하지 않지만 초정치적으로 자신을 바라보아 주기를 요청한다. 그러므로 데리다의 해체 자체를 현실 참여의 완곡한 표현으로 고려하는 것이 바람직해 보인다.

다음으로 문학과 정치에 관한 논쟁에서 데리다는 문학이 사적인 삶을 표현한다는 기본 전제는 매우 잘못되어 있다고 지적한다. 문학이 사적인 차원으로 언급되는 경우 대립되는 요소로는 공적이 아니라는 전제가 있다. 그러나 문학은 공적인 요인을 함께 공유하고 있기 때문에 사적이라는 인식은 잘못된 것이라는 지적이다. 데리다에 따르면, 문학은 유럽의 역사에서 원칙적으로 무엇이든 말하도록 허용되는 법의 진화와 관계가 있고, 비교적 짧은 역사에 비추어 문학 또한 최근 떠 오른 공공제도의 하나로 간주된다("Remarks on Deconstruction and Pragmatism" 80).

이 점에서 문학은 법과 정치 혁명과 심각하게 관련이 있고 무엇이든 말할 원칙적인 권위가 공적으로 발생한다. 따라서 문학사와 민주주의 역사는 별개일 수 없다는 데리다의 주장이다. 즉, 문학은 인권과 표현의 자유 역사를 가리킨다.

민주주의나 문학에 대한 관점뿐만 아니라 일반적으로 해체주의가 윤리적인 측면에서나 정치적인 측면에서 무책임하다는 비난을 받자 데리다는 이의 모순을 또한 해체한다. 달리 말하면, '무책임성'은 그 자체로 어떤 '미결정'(undecidability)의 형태로 보이지만, 다른 한편으로 무한 책임이라는 대립되는 요인을 동반한다.

결정과 책임이 있다는 생각에는 반드시 어떤 대상에 대하여 무한 책임을 동반하기 때문에, 실제적으로 그 무한 책임의 실현은 이상이나 환상에 불과하다는 지적이다. 또한, 누군가를 책임지는 경우도 그것이 최종 끝이 아니라는 사실이다. 도덕이나 역사와 정치는 계속되기 마련이어서 다른 책임이 오게 되고 다른 결정을 하는 상황은 계속해서 만들어지게 되어 있어, 어느 결정의 순간에도 미결정은 단순하게 극복할 수 없는 모순을 안고 있다.

물론 책임이나 결정이 한정되어 있다고 보면 도덕적이고 정치적인 문제를 수반하지 않게 된다. 반대로, 책임이나 결정이 무한하게 요구된다면 도덕적이고 정치적인 문제가 당연하게 개입된다. 아무튼, 책임성의 한계와 무한성은 역설적으로 매우 정치적인 결정을 요구하기 때문에 무한 책임을 질 수도 없고 책임성을 부과하기도 어려운, 이 둘 사이에 어떤 선을 그을 수 없게 된다.

데리다는 종교에 대한 저서 『죽음의 선물』 또한 책임성/무책임성 구도로 그의 전형적인 정치담론의 해체 스타일을 보인다. 소위 종교정치학이다. 데리다는 파토츠카(Jan Patocka)의「역사 철학에 관한 이단 에세이들」(“Heretical Essays on the Philosophy of History”)을 다루면서 파토츠카가 기술한 종교의 기원과 유럽 책임성에 관한 관계를 종교정치학 측면에서 책임성에 대한 종교차원의 허위의식을 폭로한다. 데리다는 유럽책임성‘(European responsibility)이 역사적으로 어떤 ’비밀‘(secret)을 함축하고 있다는 파토츠카가의 해석에 주목한다.

데리다의 패러다임에 따르면 유럽인은 끊임없이 유럽 사회 및 문화의 중심체를 찾으려는 종교정치학의 비밀로 가득 차 있다. 이 유럽인의 하나가 엘리엇이다. 엘리엇의 유럽중심 사고나 발상은 데리다로부터 정치제국주의나 패권주의의 틀을 지향한다는 의혹을 피할 수 없다. 엘리엇의 마키야벨리즘에 대한 색깔론 역시 이러한 제국주의적 발상으로 인해 비판받고 있는 측면이 없지 않다. 데리다의 해체주의를 상대주의 특성과 ‘정치적 교화’(political correction)의 의미로 비추어 볼 때, 엘리엇은 자신의 생각에 대한 어떤 정치적인 입장을 강요받게 된다. 왜냐하면 현실문제가 항상 어떤 관념의 구조 안에 있다는 것과 어느 누구도 이런 관념의 구조가 매우 정치적이라는 의도로부터 빠져나올 수 없다는 사실을 인식하게 된다.

지금까지 데리다의 정치적인 논의를 엘리엇에 비추어 볼 때, 데리다의 위치가 매우 흥미있게 발견된다. 첫째, 엘리엇은 엘리트 계층에서 그 책임성이 훨씬 강하게 작용한다고 생각하고 있다. 엘리엇에게 민주주의는 완전한 자유와 평등을 지향하는 의미로 보이기 때문에 민주주의 자체가 '다수'의 자유로운 사고를 똑같이 권장한다는 측면은 현실적으로 불가능해 보인다. 개인의 도덕성 및 사회로의 책임성을 강조하는 엘리엇에게 무한책임 의식이 엿보인다. 민주주의는 자유와 책임이 강조되기 때문에 양심이 있는 개인이나 자유분방한 개인 모두에게 책임성이 압력으로 작용하게 된다(Sigg 15).

하지만 현실은 책임이나 결정이 유한할 수밖에 없다는 전제를 수반한다. 모두가 무한책임을 질 수 없는 이유에서다. 모순적으로 책임성이 없다면 도덕적이고 정치적인 문제를 가질 수 없다. 반대로, 책임성으로 인해 정치에 개입할 수밖에 없게 된다. 민주주의는 이러한 딜레마를 구조적으로 안고 있기 때문에 엘리엇의 책임성은 한계가 있어 보인다. 사실상 엘리엇이 강조하는 전통 의식, 몰개성, 보편성, 객관성, 정통성 등은 모두가 모더니즘 특성인 책임성에 대한 정치적 의미가 강하다. 이러한 단어들은 지식의 공리주의와 정치적 진보주의에 대한 불신이 깔려 있다.

한 가지 흥미 있는 사실은 신실용주의자로 알려진 로티(Richard Rorty)가 96년 한국을 방문하였을 때 한 세미나에서 실용주의가 공리주의와 근본적으로 같을 수 없다고 주장한다. 그가 언급한 실용주의는 공리주의보다 한 걸음 나아간 형태로써 진리란 대중에 의해 민주적인 절차로 다양하게 이루어진다는 점에서 실용주의와 공리주의의 차이가 있다. 로티의 민주주의에 대한 관점은 인간의 다양성이 최대로 발휘되고 존중되는 형식에서 실용주의 색깔을 보인다(김동식 1996).

그러나 엘리엇에게서 민주주의란 개인의 책임성으로부터 제기되는 다소 보수적인 색채가 강하다. 즉, 공적인 책임과 사적인 무책임 모두가 문제로 다가온다. 유한/무한 책임 구도가 엘리엇의 딜레마이다. 어느 경우이든 이 구도는 엘리엇을 정치적으로 개입시키고 있다. 알려진 대로, 문화적, 정치적으로 엘리엇의 사유는 그의 지리적이고 종교적 배경인 청교도 정신 때문에 종교정치학 성격이 강하다. 어떤 면에서 엘리엇은 미국의 민주주의 덕목인 자유를 불신까지 하고 있다고 볼 수 있다. 유한 책임만이 현실 삶에서 목격되기 때문이다.

다음 인용문은 엘리엇이 어느 정도 개인의 자유로운 사고에 대해 불신하고 있는지를 잘 알려주는 대목이다. 첫째, "철학이나 예술 작품에서 우리를 매혹시키는 개성, 그렇게 표현되는 개성은 부분적으로 자기 기만적이고 부분적으로 무책임해서 천성적으로 타락되는 개성이 되기 싶다. 그것은 자유 때문에 편견과 자기기만에 의해 지독하게 제한되어 인간의 천성이 선하거나 불순함에 따라서 그만큼 선하거나 크게 해를 끼칠 수 있다. 우리 모두는 천성적으로 불순하다(Ricks 113). 둘째, 엘리엇에게 런던의 전통 및 유럽의 오랜 전통, 기독교 문화는 미국에서 발견할 수 없는 지적인 안정감과 정치적인 안정감을 심어주며, 사회에 대한 자신의 무한 책임성을 생각해 보게 한다(Sigg 21).

물론 엘리엇이 당시 시대적 배경이 지적 허무주의, 문화 퇴폐주의, 전통의식의 약화, 그리고 전쟁으로 인한 도덕성 파괴 등 현실 세계에 대한 환멸이 크게 작용하였지만, 근본적으로 사회제도나 정치제도에 대한 불신을 가지고 있던 점에서 그는 진정한 회의주의자이다. 민주주의 문제 역시 개인의 자유로운 사고가 가져오는 지나친 편견과 분리주의를 경계하고 있어 보인다. 러셀(Bertland Russell)에 대한 다음 평은 이러한 엘리엇의 걱정을 잘 드러내고 있다.

"러셀의 말은 자신과 같은 표어를 사용하는 사람들의 마음을 선동할 것이다. 그는 자유, 박애 등을 선호하면서 전체적으로 합리적이지 못한 편견을 가지고 있다. 그는 똑같이 독재와 폭력에 대해 합리적이지 못하다"(Ricks 112).

이처럼 엘리엇에게 개개인의 정치의식에 대한 회의와 사회에 대한 무책임성의 문제로부터 개인의 자유에 대한 불신이 깔려 있다. 따라서 책임성의 문제는 엘리엇의 중요한 윤리적이고 정치적인 이데올로기다. 이로부터 민주주의라는 기호(sign)는 형식(signifier)과 내용(signified)이 현실과 맞지 않아 자유에 대한 인간 본성의 비합리성과 억압이라는 비합리성 모두가 탈구조적인 모순을 갖게 된다.

이런 정치담론의 틀에서, 전체주의, 인간, 그리고 자유의 가치 모두가 무한 책임성이 기피된 채 무한적으로 방치되어 보인다. 데리다의 무한책임성과 유한 책임성의 논의는 이 두 가지를 모두 무책임하게 방치시키는 선에 머물러 있어 보인다. 즉, 이 딜레마로부터 어떤 적극적인 방향이 모색되지 않는다. 엘리엇의 거부감은 여기에 있을 것으로 추정된다. 따라서 종교는 엘리엇에게 정치적으로 무한책임과 책임을 살펴볼 수 있는 좋은 지렛대이다.

반유태주의로 지적되는 문제 역시 처음에 유태인의 자유로운 사고에 대한 엘리엇의 거부감이 있다. 유태인의 문제에 관한 한 그가 반유태주의를 고의적으로 시작품이나 산문에 표현하였다는 주장은 잘못된 것으로 알려져 있다(Julius 10-11).

본인 스스로도 자신이 그러한 반유태주의자로 고려되는 것을 마땅치 않게 생각한다. 오히려 그는 유태인에 대한 서구의 역사가 '적의감'(hostility)이라는 편견으로 가득 차 있다고 생각할 정도이다. 그가 가장 싫어한 것이 편견이 가지고 있는 불합리성과 무책임성이라고 생각되기 때문이다. 이러한 잘못된 형이상학 실체가 어떻게 문학형식으로 나타나는지는 매우 흥미롭다. 줄리어스(Anthony Julius)는 유태인에 대한 서구의 관념이 자연스럽게 엘리엇에게 이전되었고, 시작품에서는 상상력에 의해 약간은 적극적으로, 그리고 산문에서는 추론적으로 제시되는 점들을 자세히 지적하고 있다(11).

「프루프록의 사랑 노래」("The Love Song of J. Alfred Prufrock"), 『황무지』(*The Waste Land*), 「만가」("Dirge"), 「게론티온」("Gerontion"), 그리고 『낯선 신을 쫓아서』(*After Strange Gods*)는 대표적인 시와 산문으로 유태인에 대하여 때로는 암시적으로 때로는 적극적으로 인종편견일 수 있는 부정적 이미지를 묘사하고 있다(Julius 26-27).

엘리엇은 "[우리는] 우리의 힘 안에서 일어나도록 우리가 바라는 사회를 키울 조건이 무엇인지를 [발견하여야 한다].... 인종과 종교에 관한 여러 이유들이 결합하여 자유롭게 사유하는 많은 유태인들을 바람직하지 못하게 하고 있다"(Julius 1, ASG 재인용).

엘리엇이 유태인에 대한 편견이 매우 심각하다는 것은 유태인을 "we"에 포함시키지 않고 있는데서 은연중 드러난다. 이러한 반유태주의가 자연스럽게 작품이나 에세이에 나타났다면 엘리엇은 유대인에 대한 서구의 인종편견 이데올로기를 적극 모색한 선구자임이 분명하다. 당연히 엘리엇은 정치적으로 비판을 면하기 어렵다. 그는 마땅히 인종편견과 백인우월주의로 비판받는 일이 당연하지 않는가 싶다.

그러나 역설적으로 유대인 편견에 대한 서구의 무책임성과 비윤리성을 자신을 포함하여 서구사회에 적극적으로 보여주려 하였다면 그의 유태인에 대한 책임성은 서구인들의 도덕적 해이를 상징적으로 보여주는 적극적 사례에 해당한다고 할 것이다. 그러나 줄리어스는 문학에서 반유태적 주제는 자그마한 부분에 해당되기 때문에 엘리엇이 자신의 다른 목적을 위해 이를 수사학적인 변용으로 사용하였지 않았나하는 가정을 한다(Julius 180).

이렇게 볼 때, 엘리엇은 현대 사회에서 유태인의 위치가 혹시 자신의 이미지와 유사하다는 생각이 들 수도 있고, 또한 '유태인'이라는 언어에 자신의 편견을 지우고 이에 대한 무한 책임을 느낄 수도 있었지 않나하는 생각이 든다. 그러나 시 작품 속에는 어떤 미결정의 상태가 무한정으로 방치되어 있어 보인다(Julius 25). 이러한 방치는 데리다의 미결정의 해체상태를 연상시킨다.

마지막 단계로 엘리엇이 민주주의나 전체주의, 인종, 계급, 그리고 정치적인 폭력을 선호한 것이 아니라면 무엇인가 사회적인 차원이나 정치적인 차원을 넘어 인간의 참된 인성에 대해 깊은 관심을 가졌으리라는 생각이 든다. 회의 자체가 엘리엇의 궁극적 가치는 아니기 때문이다. 현실 세계를 여러 힘의 요인으로 분리시킨 이후 다른 세계로의 통합을 지향하는 자세는 그의 예술혼이나 실존의식을 형성하는 기본 틀이 된다. 데리다적 분리주의로부터 철저한 회의를 통해 분리주의자나 편견주의자로 남기보다 유한 책임을 넘어 다음 단계인 무한 책임성을 실현할 수 있는 이상을 향해 있다.

데리다와는 달리 엘리엇은 해체주의자로 남기보다 또 다른 통합을 그리고 있던 셈이다. 특히 엘리엇 자신이 문화 상대주의와 철학의 진리들을 '사실'(facts)이나 '의견'(opinions)으로 생각한 경우라도, 세계 속에 유럽문화의 정통성 재건을 바라고, 궁극적으로 진리와 지식의 실현을 바란 것이 분명하다면 단순히 이 모두를 허구라고 보기는 어렵다. 이러한 엘리엇의 자세는 절대적이고 근원적 진리에 대한 철저한 회의가 있었기 때문에 가능한 것이다.

오히려 로이스(Joshia Royce)처럼 진리란 개념에 불과하고 범주에 속한다는 원칙은 그의 해석학 자세에서 비롯된다. 따라서 선험적이고 근원적인 형이상학은 그 자체의 무가치한 특성 때문에 당연히 도그마로 비치게 되고 거부된다. 무엇보다 엘리엇은 현실 세계에 대한 불만족 때문에 세계와 자아의 상호 변증에 필요한 적절한 이론이나 체계가 필요하였을 것이다. 역사와 문화에 대한 실용주의 해석은 그러한 이론이나 체계를 위한 훌륭한 방법론이었을 것이다. 역사는 주체의 이해를 통하여 끝없이 해석을 요구받고 있는 텍스트여서 역사의 실제가 항상 똑같이 경험되지는 않는다.

이 점은 하이데거(Heidegger)처럼 주체가 역사와 실존적인 대화를 계속하는 것을 의미한다. 인간의 존재는 과거와 현재를 벗어나 의미를 찾을 수 없고 역사 속에 있는 인간 존재들의 실제에 직관과 통찰력을 통해 주체가 개입하는 것이라고 말할 수 있다. 20세기 초 실존주의 철학은 엘리엇에게도 역사의 의미와 인간의 의식을 찾는 데 중요하게 작용하였을 것으로 생각된다. 이 점에서 데리다의 한계가 엘리엇에게서 발견된다고 추정된다.

버나드 샤렛(Bernard Sharrat)은 데리다가 발레리를 유럽정신의 주제로 끌어들인 부분을 중시하며 엘리엇 역시 함께 논의될 수 있으리라 생각하고 있다(234). 샤렛은 구 소련의 몰락, 동구권의 몰락, 정치적 이데올로기 쇠퇴, 냉전의 종식 등 유럽의 정치 상황의 변동으로 유럽이 새롭게 유럽공동체 의식과 유럽정신을 세우려 하는 시점을 중시한다. 데리다와 발레리 그리고 엘리엇 모두 기독교기반의 유럽공동체에 관한 담론에 깊이 개입하고 있다.

엘리엇은 『문화정의에 대한 소고』(*Notes Towards the Definition of Culture*, 1948)에서 문화 공동체와 정체성, 지역과 국가의 관계, 파당과 결속의 관계를 통합의 차원에서 종교정치학을 다시 거론하고 있다. 다르게 말하면, 자유와 책임성, 이상과 현실, 진보와 보수, 자유주의와 공동체주의 등과 같은 갈등 개념으로부터 데리다는 어느 한쪽의 계층적 차별을 영속화하지만, 엘리엇은 한층 이러한 갈등으로부터 삶의 현실에 더욱 통합적으로 접근할 수 있는 종교정치학을 추구하고 있다. 이러한 접근은 '해체'로부터 결코 완성을 위한 단계는 아니지만 미래를 향해 새로운 질서를 추구하는 종교의 '통합' 정신이다.

결국, 데리다와 함께 엘리엇은 현실 정치에 참여하며 데리다의 현실에 대한 풍자와 그의 패러디 담론을 넘어 종교담론의 진지함과 책임성을 강조한다. 말하자면, 지식의 당위성과 역사적 진리의 건전한 실천성을 종교담론으로 보여주려 한 점이다. 즉, 현실비판, 혹은 사회비판에 대한 답으로 종교정치학의 변증을 모색한 자세는 데리다가 보인 정치 이데올로기에 대한 엘리엇의 대답이며, 해체주의 이후 실용주의 노선을 향하고 있는 유럽의 지적 경향을 반향하는 행위라 하겠다.

이에 대한 연구업적은 활발하다. 크로스토퍼 노리스(Christopher Norris)의 『제 학부들의 경합』(*Contest of Faculties*, 1985), 『비평의 진실과 윤리학』(*Truth and the Ethics of Criticism*, 1994), 『포스트모더니즘에 관한 진실』(*The Truth about Postmodernism*, 1995), 노리스 로일(Nicholas Royle)의 『데리다 이후』(*After Derrida*, 1995), 리처드 푸트남(Richard Putnam)의 『실용주의』(*Pragmatism*, 1995) 등이 해체주의 혹은 포스트모던 이후 지식인의

책임성을 강조하며 21세기 실용주의에 다리를 놓는다.

발레리에 대한 데리다의 해체주의적 해석과 엘리엇의 관련은 21세기 실용주의 철학과 문화의 배경을 생각해보지 않을 수 없게 한다. 마르크스 이후 지식과 이데올로기 문제, 푸코 이후 지식과 권력의 문제, 마르크스 사회학과 지식의 독점 및 패권의 문제, 지식의 파시즘과 인종주의, 정치적 편견, 그리고 역사와 사회 이해의 매개체인 언어와 언어의 역사성의 문제 등은 가볍게 넘길 수 없게 되었다. 즉, 전통 및 권위 개념에 대한 보편성과 맹목성을 추구하는 지식은 비판받아야 하고, 이의 정치 이데올로기는 가능한 한 비판될 필요가 있다는 데리다적 해체주의는 매우 중요하게 인식된다.

그러나 현대 인문학이 관심을 보이는 삶의 실천의식 또한 대단히 중요한 부분이기도 하다. 삶의 세계와 인간의 인식론적 관계에 대한 논쟁은 실천적인 경향을 보이는 오늘날의 문화 비판이론과 결코 무관하다 할 수 없다. 결국, 엘리엇은 전통과 권위를 수용하면서도 이에 대한 끊임없는 회의와 비판의 과정을 거쳐 새로운 질서를 구축하는 점에서 데리다의 비판 해석을 극복하며, 또한 실천적인 차원에서 다시 삶의 세계로 환원되는 점에서 인문학의 가능성을 제시하고 있다.

그러므로 현실과 과거 지향적인 정신을 넘어서 오히려 현실에 대한 변혁을 모색하는 미래지향적인 엘리엇의 비판의식 때문에, 그에 대한 마르크스적 평가가 바르게 이루어져 할 필요가 있다. 분명하게 그는 정신문화의 사유구조를 단순하게 이해한 사람은 아니며, 이를 단순하게 수용한 사람도 아니다. 동시에 그는 지식과 전통, 권위의 허위의식을 비판한 마르크스 사회비판자이기도 하다. 무엇보다 그에게 중요한 것은 전통에서 비롯되는 종교의 책임성과 개인의 책임성의 소재였다. 이것이 그의 정치 이데올로기를 형성하는 주요 관념들이다. 종교의 허위의식과 종교의 형이상학을 싫어하고, 무비판적인 대중의 평등개념을 거부한 엘리엇은 종교정치학의 가능성을 유럽에 새로 제안한 인물이다.

우리는 엘리엇이 전통과 권위, 그 역사적 실제를 비판하며, 이를 능동적으로 변혁하고 어떤 정치적 이상을 세우려는 사람으로 인식할 수도 있다. 그렇다고 그를 헤겔식 좌파주의자로 볼 수는 없다. 또한 그에게서 마르크스 유물론적 변증, 혹은 변증법적 유물론을 찾으며 계급투쟁을 하는 사회주의 좌파를 찾기란 어렵다. 다만 과거와 현실을 비판하며 냉혹한, 혹은 잔인한 이성과 그 법칙에 의존하는 그를 마르크스 우파의 성격을 띤 사회비판가로 볼 수는 있다. 왜냐하면 엘리엇 자신이 엘리트주의를 선호함에 따라 책임성이 결여된 다수의 평등을 강조하는 민주주의를 불신하고 때로는 부정하던 태도를 보여주는 연유에서다. 그러나 여기에서도 엘리엇을 지나치게 마키야벨리즘을 선호하는 체제수호주의자로 혹은 파시즘의 맹신자로 보아서도 안될 것이다.

엘리엇의 기독교 문화와 유럽공동체의 주장은 개인의 책임성을 전제로 하는 민주주의를 정체로 하고 있는지 모른다. 어떤 점에서, 엘리엇은 이론과 체계가 개인의 자율에 앞서야 한다고 생각하였을지 모른다. 유태인에 대한 인종편견에서처럼 이론과 체계로부터 맹목적으로 답습되고 있는 개인과 사회의 무책임성을 그대로 받아들일 수는 없었을 것이다.

엘리엇이 지향하는 사회는 윤리적 엘리트 계급을 허용하고 있다는 것을 잊지 말아야 할 것이다. 여기에서 엘리트 계급이란 마르크스의 계급론에서 말하는 경제의 주체 계급이 아님은 분명하다. 민주주의와 엘리트 계급은 민주주의 제도 아래서 대표성을 의미할 수 있고 합의에 의한 민주주의 실천의 적극적 리더일 수 있다. 이러한 엘리엇에게서 해체주의 이후 현대 실용주의 전망을 찾는 것은 결코 무리가 아니며 기독교기반 유럽공동체 및 유럽의식, 엘리트 민주주의 정치형태의 현실성을 부정하기 어렵다.

이런 맥락에서 엘리엇과 데리다는 동지이며, 동반자 관계에 있다 하겠다. 그것은 엘리엇과 데리다의 관계가 '메타'라는 2차적 재현과 '자연'이라는 1차적 현존 사이의 순환론적 아포리아 특성에 기인하기 때문이다.

참 고 문 헌

권순홍 역. 『현대해석학』. 조셉 블라이허. 한마당, 1990.

김경수 역. 『문학의 신학』(*Theology of Culture*). 폴 틸리히(Paul Tillich) 저. 현대 기독교사상 전집 제2권. 현대사상사, 1974.

김봉구 역. 『유물론과 혁명』. 사르트르 저. 세계의 대사상. 휘문출판사, 1986.

_____. 『반항적 인간』. 알베르 까뮈 저. 세계의 대사상. 휘문출판사, 1986.

김영철 역. 『성서와 문학』(*The Bible and Literature*). 노스롭 프라이(Northrop Frye) 저. 숭실대학교출판부, 1993.

김욱동. 『포스트모더니즘의 이해』. 문학과 지성사, 1990.

김정호 역. 『사회과학의 논리』. 이문출판사, 1986.

김철수. 『20세기 영미시』. 서울: 형설출판사, 1997.

김희보. 「종교와 문학」. 『현대신서』 91. 대한 기독교서회, 1988.

노양진. 「Rorty의 철학비판과 상대주의 문제」. 『미국학연구』. 광주: 전남대학교출판부, 1994.

송성용 역. 『종교와 과학』(*Religion and Science*). 러셀(Bertland Russell) 저. 전파과학사, 1991.

양병현. 「T.S. 엘리엇의 사유체계는 중심적인가? 탈중심적인가?」. 『T.S. 엘리엇 연구』 2-3호 (1994-1995).

안영수. 「T.S. 엘리엇과 낭만주의」. 『T.S. 엘리엇 연구』 3 (1995): 113-136.

윤성범 역. 『철학적 단편들』(*Philosophical Fragments*). 키에르케고르(S. Kierkegaard) 저. 세계 기독교사상 전집. 제2권. 신태양사, 1977.

이명용. 「Yeats와 Eliot 시에 나타난 죽음에 관한 연구」. 『한국예이츠저널』 10 (1999): 225-244.

이병섭 역. 『신앙의 역학』(*Dynamics of Faith*). 폴 틸리히(Paul Tillich) 저. 세계 기독교사상 전집 제2권. 신태양사, 1977.

이정호. 「안개, 고양이, 그리고 인어들: 엘리엇의 J.A. 프루프록의 사랑노래에 대한 포스트구조주의적 접근」. 한국 T.S. 엘리엇학회 발표논문, 1994.

_____. 『영미시의 포스트모던적 읽기: 베오울프에서 T.S. 엘리엇까지』. 서울: 서울대학교출판부, 1994.

_____, 편저. 『포스트모던 T.S. 엘리엇』. 서울: 서울대학교출판부, 1996.

이준학 역. 『문학과 종교연구 서설』. David Jasper 저. 동인, 1999.

이효상 역. 『문학과 종교』(*Literature and Religion*). 샤를르 묄러(Charles Moeller) 저. 이문출판사, 1985.

정정호, 강내희 편저. 『포스트모더니즘의 쟁점』. 문화과학사, 1994.

정진홍. 「문학적 상상의 구원론적 함의-멀치아 엘리아데의 『만툴리사 거리』를 중심으로」. 『문학과 종교』, No. 4 (Winter 1999). 한국문학과종교학회, 1999: 67-96.

조만, 고진하 편역. 『현대문화과 종교』. 현대사상사, 1987.

최재현 편역. 『현대 독일사회학의 흐름』. 형성사, 1991.

최종수. 『문학과 종교(*Literature and Religion*)-20세기 문학의 실존적 갈등의 연구』. 차알즈 글릭스버어그(Charles I. Glicksberg) 저 (1960). 성광문화사, 1981.

_____. 『문학과 종교의 대화』. 성광문화사, 1987.

_____. 『엘리엇 문학의 종교성. 문학과 종교의 대화』. 성광문화사, 1987.

최희섭. 「*The Waste Land*의 인도 사상적 접근」. 『T.S엘리엇 연구』 창간호 (1993).

_____, 양병현 편저. 『엘리엇과 동양사상 I』. 동인, 2000.

한승홍 역. 『기독교문학이란 무엇인가』(*Was Ist Christliche Literature?*). 쿠르드 호호프(Curt Hohoff) 저. 빛과 소금 시리즈 5. 도서출판 두란노, 1986.

홍기수 역. 『정치문화 현실과 의사소통적 사회비판이론』. 위르겐 하버마스. 문예마당, 1996.

_____. 「하버마스의 의사소통이론의 해석학적 기반에 대해서」. 『해석학 연구』 1호 (1995).

Adams, Hazard, ed. *Critical Theory Since Plato.* New York: Harcourt Brace Jovanovich, Inc., 1971.

_____. *Critical Theory Since 1965.* Tallahassee: U. of Florida P., 1986.

Albright, Daniel. *Quantum Poetics: Yeats, Pound, Eliot, and the Science of Modernism.* Cambridge: Cambridge UP, 1997.

Asher, Kenneth. *T.S. Eliot and Ideology.* New York: Cambridge UP, 1995.

Babbit, Irving. "Buddha and the Occident" in *Irving Babbit: Representative Writings.* Ed. George A. Panichas. Lincoln & London: U of Nebraska P, 1981.

_____. *Irving Babbitt: Representative Writings.* Ed. George A. Panichas. Lincoln: Universiy of Nebraska P, 1981.

_____. "Romanticism and the Orient." *Bookman* 74 (1931)

_____. *Rousseau and Romanticism* (1919). Boston & New York: Houghton Mifflin Company, 1957.

Barnes, Annette. *On Interpretation.* Oxford, England: Blackwell, 1988.

Beardsworth, Richard. *Derrida & The Political.* London: Routledge, 1996.

Bergson, Henri. *The Two Sources of Morality and Religion.* Tr. R. Ashley Audra and Claudesley Brereton. Garden City: Doubleday and Co. Inc., 1935.

Bradley, F.H. *Appearance and Reality: A Metaphysical Essay* (1893). Oxford: Oxford UP, 1930.

_____. *Essays on Truth and Reality.* 3rd ed. Oxford: Oxford: At the Claredon Press, 1950.

Brooker, Jewel Spears & Joseph Bentley. *Reading "The Waste Land": Modernism and the Limits of Interpretation.* Amgerst: U of Massachusetts P, 1990.

Brooks, Cleanth. *A Study of His Writings by Several Hands.* Ed. B. Rajan. New

York: Funk & Wagnalls Company, 1948.

Chan, Wing-Tsit. "The Study of Chu Hsi in the West." *Journal of Asian Studies* 35 (1976): 555-575.

Ching, Julia.*Confucianism and Christianity: A Comparative Study.* Tokyo, Japan: Kodansha International, 1977.

Colum, Mary. "St. Louis over Bloomsbury". *T.S. Eliot: The Critical Heritage.* Ed. Michael Grant. London: Routledge & Kegan Paul, 1982. 656-659.

Conze, Edward. *Buddhist Thought in India: Three Phases of Buddhist Philosophy.* London: George Allen & Unwin Ltd., 1962.

Coomaraswamy, Ananda. *Time and Eternity.* Ascona, Switzerland: Artibus Asiae Publishers, 1947.

Craig, Raine. "*The Waste Land* as a Buddhist Poem." *Times Literary Supplement,* 4, 1973.

Creel, Herrlee G.*Chinese Thought from Confucius to Mao Tse-Tung.* Chicago: U of Chicago P, 1953.

Crowther, Paul. *Critical Aesthetics and Post Modernism.* Oxford, England: Clarendon Press, 1993.

Culler, Jonathan. *On Deconstruction: Theory and Criticism after Structuralism.* Ithaca, New York: Cornell UP, 1982.

The Dhammapada - The Path of Perfection. Trans. & Intro. Juan Mascaro. Meddlesex: Penguin Books, 1973.

Davidson, Harriet. *T.S. Eliot and Hermeneutics: Absence and Presence in "The Waste Land.*" Baton Rouge: Louisiana State UP, 1985.

Davis, Rober Con & Ronald Schleifer, 3rd. ed. *Contemporary Literary Criticism: Literary and Cultural Studies.* New York & London: Longman, 1994.

Dembo, L.S.*The Confucian Odes of Ezra Pound: A Critical Appraisal.* Berkeley & Los Angeles: U of California P, 1963.

Derrida, Jacques. *The Gift of Death.* Tr. David Wills. Chicago: U of Chicago

UP, 1995.

_____. *Of Grammatology*. Tr. G.C. Spivak. Baltimore: Johns Hopkins UP, 1976.

_____. *The Other Heading: Reflections on Today's Europe*. Tr. Pascale-Anne Brault & Michael B. Naas. Indianapolis: Indiana UP, 1992.

_____. *Positions*. Tr. Alan Bass. Chicago: U. of Chicago P., 1978.

_____. "Structure, Sign and Play in the Discourse of the Human Sciences." In *Modern Criticism and Theory*. Ed. David Lodge. London & New York: Longman, 1988, pp. 108-123.

_____. *Writing and Difference*. Tr. Alan Bass. Chicago: U of Chicago P, 1978.

Drew, Elizabeth. *T.S. Eliot: The Design of His Poetry*. New York: Charles Scribner's Sons, 1953.

Dyer, Nadine C. *T.S. Eliot: A Taste for Mysticism*. Dissertation, Wayne State University, 1983.

Eagleton, Terry. *The Illusions of Postmodernism*. Oxford, England: Blackwell, 1996.

_____, ed. *Ideology*. Harlow, England: Longman, 1994.

Eliot, T.S. *After Strange Gods*(ASG). London: Faber & Faber Ltd., 1934.

_____. *Christianity & Culture*(CC) (1939). San Diego, New York, London: A Harvest/HBJ Book, 1977.

_____. *The Complete Poems and Plays of T.S. Eliot*. London: Faber & Faber, 1960.

_____. *Dante*. London: Faber, 1929.

_____. "Eeldrop and Appleplex, I." *Little Review* 4 (May 1917): 7-11.

_____. "Ezra Pound."*An Examination of Ezra Pound*. Ed. Peter Russell. Norfolk, Conn.: New Directions Books, 1950, pp. 25-36.

_____. "The Humanism of Irving Babbitt." *Selected Essays: 1917-1932*. 1932. New York:Harcourt, Brace & Co., 1942.

_____. "Journey of the Magi." *The Complete Poems and Plays: 1909-1950*. New York: Harcourt, Brace & World, Inc., 1971.

_____. *Knowledge and Experience in the Philosophy of F.H. Bradley*. London: Faber

& Faber, 1964.
_____. *Notes Towards the Definition of Culture.* London: Faber & Faber, 1962.
_____. *On Poetry and Poets*(OPP). London: Faber & Faber, 1971.
_____. "The Religion and Literature." *Selected Essays.* London: Faber & Faber, 1980. 388-401.
_____. *The Sacred Wood: Essays on Poetry and Criticism.* 7th ed. London: Methuen & Co., Ltd., 1950.
_____. *Selected Essays.* London: Faber & Faber, 1972.
_____. *To Criticize the Critic(*TCC). New York: Farrar, Straus & Giroux, 1965.
_____. *The Use of Poetry and the Use of Criticism*(USUP). London: Faber & Faber, 1970.
_____. "Ulysses, Order, and Myth." *Selected Prose.* Ed. Frank Kermode. NewYork: Harcourt Brace Jovanovich, 1975.
Euripides. *The Baccahe.* New York: A Meridan Book, New American Library, 1987.
Flanagan, Kathleen Theresa. *The Orient as Pretextfor Aesthetic Revolution in Modern Poetry in English.* Dissertation. U of North Carolina, 1987.
Foerster, Norman. *Humanism and American: Essays on the Outlook of Modern Civilization.* 1930. Port Washington, New York: Kennikat Press, INC., 1967.
Forster, E.M. *A Passage to India.* New York: A Harvest/ HBJ Book, 1984.
Freed, Lewis. *T.S. Eliot: The Critics as Philosopher.* West Lafayett, Indiana: Purdue UP, 1979.
Fry, Northrop. *The Anatomy of Criticism: Four Essays.* Princeton: Princeton UP, 1973.
Fu, Charles Wei-hsun. "Morality or Beyond: The Neo-Confucian Confrontation with Mahayana Buddhism." *Philosophy East & West* 23 (1973): 375-96.
Fung, Yu-lan.*A Short History of Chinese Philosophy.* Ed. Derk Bodde. New York:

The Macmillan Company, 1960.

Gardner, Helen. *The Art of T.S. Eliot.* London: The Cresset Press, 1949.

_____. *The Composition of "Four Quartets."* New York: Oxford UP, 1978.

_____. *Religion and Literature.* New York: Oxford UP, 1971.

Gordon, Lyndall. *Eliot's Early Years.* Oxford: Oxford UP, 1977.

Grant, Michael, ed. *T.S. Eliot: The Critical Heritage.* Vol. 1. London: Routledge & Kegan Paul, 1982.

Gunner, Eugenia M. *T.S. Eliot's Romantic Dilemma: Trandition's Anti-Tranditional Elements.* New York: Garland Publishing, Inc., 1985.

Gunn, Giles B. *Literature and Religion.* Chicago: Chicago Divinity School, 1971.

Haber, Honi Fern. *Beyond Postmodern Politics.* London: Routledge, 1994.

Habermas, Jurgen. "Modernity vs. Postmodernity." *New German Critique* 22 (1981): 3-14.

Harwood, John. *Eliot to Derrida: The Poverty of Interpretation.* Ipswick, England: Ipswick Book Co. Ltd, 1995.

Heidegger, Martin. *Poetry, Language, Thought.* Trans. & Intro. Albert Hofstadter. New York: Harper & Row, Publishers, 1971.

Howarth, Herbert. *Notes on Some Figures Behind T.S Eliot.* Boston: Houghton Mifflin Co., 1964.

Hutcheon, Linda. *The Politics of Postmodernism.* London: Routledge, 1989.

Jakobson, Roman. "The Metaphoric and Metonymic Poles." In *Modern Criticism and Theory.* Ed. David Lodge. London: Longman, 1988.

Jasper, David, ed. *Postmodernism, Literature, and the Future of Theology.* New York: St. Martin's Press, 1993.

Jha, Ashok Kumar. *Oriental Influence in T.S. Eliot.* Allahabad, India: Kitab Mahal, 1988.

Julius, Anthony. *T.S. Eliot: Anti-Semitism and Literary Form.* New York: Cambridge UP, 1995.

Kearns, Cleo M. *T.S. Eliot and Indic Traditions: A Study in Poetry and Belief.* New York: Cambridge UP, 1987.

Kenner, Hugh. "The Possum in the Cave." In *Allegory and Representation.* Ed. Stephen J. GreenBlatt. Baltimore: The John Hopkins UP, 1981.

_____. *The Pound Era.* Berkeley & Los Angeles: U of California P, 1971.

_____. *T.S. Eliot: A Collection of Critical Essays.* Englewood Cliffs, N.J.: Prentice Hall, Inc., 1962.

Kierkegaard, Soren. *Fear and Trembling.* Middlesex: Penguin Books, 1987.

_____. *The Sickness unto Death.* Meddlesex: Penguin Books, 1989.

Kim, Yong Choon.*The Oriental Thought: An Introduction to the Philosophical and Religious Thought of Asia.* Totowa, N.J.: Rowman and Littlefield, 1973.

Knight, G. Wilson. *Laureate of Peace: On the Genius of Alexander Pope.* London: Routledge & Kegan Paul Ltd., 1955.

Lee, Han Mook. "The Biblical Intertextuality in Yeats's Poetry." *The Yeats Journal of Korea* 6 (1996): 151-164.

_____. "W.B. Yeats's Use of the Bible in His Poetry." *W.B. Yeats and His Connections* (1996): 109-120.

Lerner, Laurence. Ed. "Introduction." In *Reconstructing Literature.* Oxford, England: Basil Blackwell, 1983.

MacGregor, William Bruce. *T.S. Eliot: Metaphors for Presence.* Dissertation. U of Colorado at Boulder, 1981.

Magliola, Robert R. *Phenomenology and Literature.* West Lafayette, Indiana: Purdue UP, 1977.

Margolis. John D. *T.S. Eliot's Intellectual Development: 1922-1939.* Chicago & London: U of Chicago P, 1972.

Matthiessen, F.O. *The Achievement of T.S. Eliot.* New York: Oxford UP, 1947.

McCarthy, Harold E."T.S. Eliot and Buddhism."*Philosophy East & West* 2 (1952): 31-52

Miller, Barbara Stoler. Trans. *The Bhagavad-gita.* 3rd ed. New York: Bantam Books, 1988.

Miller, J. Hills. "Literature and Religion." *Religion and Modern Literature: Essays in Theory and Criticism.* Eds. G.B. Tennyson and Edward E. Erickson, Jr. Grand Rapids, MI: William B. Eerdmans Publishing Co., 1975. 31-45.

Moody, A.D. *Thomas Sterns Eliot: Poet.* New York: Cambridge UP, 1980.

_____. *Tracing T.S. Eliot's Spirit: Essays on His Poetry and Thought.* New York: Cambridge UP, 1996.

Morrison, Paul. *The Poetics of Fascism.* Oxford, England: Oxford UP, 1996.

Mouffe, Chantal, ed. *Deconstruction and Pragmatism.* London: Routledge, 1996.

Murry, John Middleton. "Eliot and the 'Classical' Revival, 'Adelphi'." *T.S. Eliot: The Critical Heritage.* Vol. 1. Ed. Michael Grant. London, Boston: Routledge & Kegan Paul Ltd., 1955, pp. 88-89.

Murry, Paul. *T.S. Eliot & Mysticism.* New York: Macmillan, 1991.

Narasimhaith, C. D. *Indian Response to American Literature.* New Delhi, India: Manipal Power Press, 1967.

Norris, Christopher. *Contest of Faculties.* London: Methuen, 1985.

_____. *The Truth about Postmodernism.* Oxford, England: Blackwell, 1995.

_____. *Truth and the Ethics of Criticism.* Manchester, England: Manchester UP, 1994.

Palandri, Angela Jung. "Homage to a Confucian Poet." *Tamkang Review* 5 (1974): 129-141.

Perl, Jeffrey M. *Skepticism and Modern Enmity: Before and After Eliot.* Baltimore: Johns Hopkins UP, 1989.

Perl, Jeffrey M. and Andrew P. Tuck. "The Significance of T.S. Eliot's Philosophical Notebooks." in James Olney, ed., *T.S. Eliot: Essays from the Southern Review.* Oxford: Oxford UP, 1988.

Pomerantz, G.S. "Some Distinctive Features of the Literary History of the East." *Diogenes* 92 (1975): 32-46.

Pound, Ezra. *Jefferson and/or Mussolini.* London: Stanley Nott, 1935.

_____. "T.S. Eliot." *T.S. Eliot: A Selected Critique.* Ed. Leonard Unger. New York: Rinehart & Company, Inc., 1948.

Putnam, Richard. *Pragmantism.* Oxford, England: Blackwell, 1995.

Radhakrishnan, S. *Indian Philosophy.* London: George Allen & Unwin Ltd., 1941.

Rao, Nageswara. "The Upanishad in *The Waste Land.*" In *Asian Response to American Literature.* Ed. C.D. Narasimhaiah. New Delhi, India: The Unisted States Educational Foundation in India, 1967.

Ricks, Christopher. *T.S. Eliot and Prejudice.* London: Faber & Faber, 1988.

Royce, Joshiah. The Problem of Christianity (1918). Chicago & London: U of Chicago P, 1968.

Putnam, Richard. *Pragmantism.* Oxford, England: Blackwell, 1995.

Ricoeur, Paul. *Interpretation Theory: Discourse and the Surplus of Meaning.* Fort Worth: Texas Christian UP, 1976.

Ricks, Christopher. *T.S. Eliot and Prejudice.* London: Faber & Faber, 1988.

Rose, Margaret A. *Parody: Ancient, Modern, and Post-modern.* New York: Cambridge UP, 1993.

Rosen, Stanley. *Hermeneutics as Politics.* Oxford, England: Oxford UP, 1987.

Royle, Nicholas. *After Derrida.* Manchester, England: Manchester UP, 1995.

Royce, Joshia. *The Problem of Christianity.* 2 Vol. Chicago: Gateway-Henry Regney, 1968.

Rorty, Richard. *Contingency, Irony, and Solidarity.* Cambridge: Cambridge UP, 1989.

Russell, Bertrand. *Mysticism andLogic and Other Essays.* London: George Allen & Unwin Ltd., 1951.

_____. *Philosophyand Religion: Some Contemporary Perspectives.* Minneapolis: Burgess Publishing Co., 1968.

Russell, Francis. "The Return of T.S. Eliot." *Harvard Magazine* 91 (1988): 53-56.

Said, Edward W. *Orientalism.* New York: Vintage Books, A Division of Random House, 1979.

Sartre, J.P. *Essays in Existentialism.* Secaucus: The Citadel Press, 1965.

Saussure, Ferdinand de. *Course in General Linguistics.* Ed. Charles Bally and Albert Sechehaye. New York: Philosophical Library, Inc., 1959.

Selden, Raman. *The Theory of Criticism: from Plato to the Present.* Longman, 1988.

Scholes, Robert. *Semiotics and Interpretation.* New Haven: Yale UP, 1982.

Schwab, Raymond. *The Oriental Renaissance: Europe's Rediscovery of India and The East, 1680-1880.* New York: Columbia UP, 1984.

Schweitzer, Albert. *Indian Thought and Its Development*, Boston: The Bacon Press, 1960.

Selden, Raman. *The Theory of Criticism: From Plato to the Present.* Harlow, England: Longman, 1988.

Sharratt, Bernard. "Modernism, Postmodernism, and After." *The Cambridge Companion to T.S. Eliot.* Ed. David Moody. New York: Cambridge UP, 1994.

Shrivastava, S.N.L.*Samkara and Bradley: A Comparative and Critical Study.* Delhi, India: Motilal Banarsidass, 1968.

Sigg, Eric. *The American T.S. Eliot: A Study of the Early Writings.* Cambridge: Cambridge UP, 1989.

Skaff, William. *The Philosophy of T.S. Eliot from Skepticism to a Surrealist Poetic: 1909-1927.* Philadelphia: U of Pennsylvania P, 1986.

Smidt, Kristian. *Poetry and Belief in the Works of T.S. Eliot.* Oslo: Jacob Dybwad, 1949.

Smith, Grover. *T.S. Eliot's Poetry and Plays: A Study in Sources and Meaning.* Chicago: The University of Chicago Press, 1950.

Sontag, Susan. *Against Interpretation.* New York: Anchor Books, 1967.

Unger, Leonard. *T.S. Eliot: A Selected Critique*. New York & Toronto: Rinehart & Co., Inc., 1948.

Welbon, Guy Richard.*The Buddhist Nirvana and Its Western Interpreters*. Chicago: U of Chicago P, 1968.

Weston, Jessie. *From Ritual to Romance*. Cambridge: At the Universit Press, 1920.

Wetz, Morris. "T.S. Eliot: Time as a Mode of Salvation." In *T.S. Eliot: "Four Quartets"*. Ed. Bernard Bergonzi, London: Macmillan, 1969.

Wheeler, Kathleen M. *Romanticism, Pragmatism, and Deconstruction*. Oxford, England: Blackwell, 1993.

White, Hayden. *Tropics of Discourse: Essays in Cultural Criticism*. Baltimore: The John Hopkins UP, 1978.

Wood, Kamal. "The Poetry of the Way and the Poetry of Arrival: A Comparative Study of Some Images in *Four Quartets* and the *Upanishads*. In *Asian Response to American Literature*. Ed. C.D. Narasimhaiah. New Delhi, India: The Unisted States Educational Foundation in India, 1967.

Yang, Byung Hyun. *T.S. Eliot: Oriental Thought and Its Development: A Study of Poetry and Belief*. Dissertation. The University of Nevada-Reno, 1991.

Yeats, W.B. "The Magi." *The Poems of W.B. Yeats*. Ed. Richard J. Finneran. New York: Macmillan Publishing Co., 1983.

Yu, Beongchon. *The Great Circle*. Detroit: Wayne State UP, 1983.

Yuan, Heh-Hsiang. "East-West Communication and Cooperation." *Comparative Literature Studies* 15 (1978): 166-76.

양 병 현

상지대학교 영문학과 교수
문학과종교/문화비평/역사해석

저서: 『T.S. 엘리엇과 동양사상』(동인, 2000) 편저
『유비쿼터스시대: 이젠 교육도 경영이다』(범론사, 2006) 공저
『韓의 코드: 대한민국의 비밀코드 - 예한민국 I』(한빛문화, 2007)
『韓의 코드: 대한민국의 비밀코드 - 예한민국 II』(한빛문화, 2007)
『문학과 종교 I』(한빛문화, 2008)
『문학과 종교 II』(한빛문화, 2008)

문학과종교 관련 논문 다수
동서비교문학 관련 논문 다수
문학과비평 관련 논문 다수
디지털문학 관련 논문 다수
T.S. 엘리엇 관련 논문 다수

20세기 지성

T.S. 엘리엇
문학과 종교 Ⅲ

2008년 12월 15일 초판인쇄
2008년 12월 20일 초판발행

저 자: 양 병 현
발행인: 정 영 기
발행처: 한빛문화
서울특별시 성동구 금호1가 1597-1
전화 : 02) 2291-9761

값12,000원

ISBN 978-89-91432-40-6 93840